Fuentes Vivas o Cisternas Rotas

Un problema educativo para los protestantes

"Porque dos males ha hecho mi pueblo: me dejaron a mí, fuente de agua viva, y cavaron para sí cisternas, cisternas rotas que no retienen agua."
Jeremías 2:13

Por
E. A. Sutherland

Contenido

Prefacio

HAY pocos libros que traten sobre la historia de la educación, y aún menos que intenten mostrar el papel que la labor educativa ha tenido siempre en la construcción de las naciones. Que la religión está inseparablemente conectada con, y sostenida por, el sistema de educación mantenido por sus defensores ha sido reconocido por muchos historiadores de manera casual; pero, que el autor sepa, nadie ha hecho hasta ahora de este pensamiento el tema de un volumen.

El enseñar la historia de la educación y el crecimiento del protestantismo, la estrecha relación que siempre ha existido entre este último y los verdaderos métodos de educación condujo a un cuidadoso estudio del sistema educativo de las naciones de la tierra, especialmente de aquellas que han ejercido una influencia duradera en la historia del mundo. El presente volumen es el resultado de ese estudio.

D'Aubigné dice que en la Reforma "la escuela se colocó tempranamente al lado de la iglesia; y estas dos grandes instituciones, tan poderosas para regenerar las naciones, fueron igualmente reanimadas por ella. Fue mediante una estrecha alianza con el aprendizaje que la Reforma entró en el mundo".

La verdadera educación, el protestantismo y el republicanismo forman una triple unión que desafían derribar los poderes de la tierra; pero hoy las iglesias protestantes se están debilitando, y la jactada libertad de la democracia estadounidense se está cambiando por principios monárquicos de gobierno.

Algunos atribuyen con razón esta debilidad a la falta de educación correcta. La misma causa de degeneración sería sin duda asignada por muchos otros, si se rastrearan los efectos hasta su origen.

El autor ha intentado, mediante un amplio uso de citas históricas, ordenar los hechos de tal manera que el lector vea que la esperanza del protestantismo y la esperanza del republicanismo radica en la educación correcta de la juventud; y que esta verdadera educación se encuentra en los principios entregados por Jehová a su pueblo elegido, los judíos; que después fue demostrada más plenamente por el Maestro, Cristo; que la Reforma fue testigo de un renacimiento de estos principios; y que los protestantes de hoy, si son fieles a su fe, educarán a sus hijos de acuerdo con estos mismos principios.

Se da el debido crédito a los autores citados, una lista de cuyos nombres aparece al final del volumen. Un índice completo facilita la consulta de esta obra.

E.A.S.

Capítulo I
Introducción:
Dios la fuente de sabiduría

Ciertamente la plata tiene sus veneros, y el oro lugar donde se refina. El hierro se saca del polvo, y de la piedra se funde el cobre....

"De la tierra nace el pan, y debajo de ella está como convertida en fuego. Lugar hay cuyas piedras son zafiro, y sus polvos de oro.

Senda que nunca la conoció ave, ni ojo de buitre la vio; nunca la pisaron animales fieros, ni león pasó por ella.

"Mas ¿dónde se hallará la sabiduría? ¿Dónde está el lugar de la inteligencia? No conoce su valor el hombre, ni se halla en la tierra de los vivientes. El abismo dice: No está en mí; y el mar dijo: ni conmigo. No se dará por oro, ni su precio será a peso de plata. ...El oro no se le igualará, ni el diamante, ni se cambiará por alhajas de oro fino.... ¿De dónde, pues, vendrá la sabiduría? ¿Y dónde está el lugar de la inteligencia? ... Dios entiende el camino de ella, y conoce su lugar."[1]

El hombre siente a veces que comprende el camino de la sabiduría, y se jacta de conocer su lugar. Puede, en efecto, comprenderla en cierta medida, y puede averiguar su lugar de permanencia; pero ese conocimiento llega de una manera, y sólo de una. El que comprende su camino y conoce su lugar, abre un canal que conecta la tierra con esa fuente de vida.

En la creación del universo se manifestó esa sabiduría. "Cuando él dio ley a la lluvia, y camino al relámpago de los truenos, entonces la veía él, y la manifestaba; la preparó y la descubrió también." En la faz de la creación está escrita la sabiduría del Eterno. "Y dijo al hombre: He aquí que el temor del Señor es la sabiduría, y el apartarse del mal, la inteligencia." En otras palabras, cuando el hombre vive en armonía con Dios, es decir, cuando físicamente actúa de acuerdo con las leyes del universo; cuando mentalmente sus pensamientos son los del Padre; y cuando espiritualmente su alma responde al poder de atracción del amor, ese poder que controla la creación entonces ha entrado en el camino real que conduce directamente a la sabiduría.

¿Dónde está el sabio? Hay implantado en cada corazón humano un anhelo de entrar en contacto con la sabiduría. Dios, por la abundancia de vida, es como un gran imán que atrae a la humanidad hacia sí. Tan estrecha es la unión, que en Cristo están ocultos todos los tesoros de la sabiduría y el conocimiento. En un hombre, un hombre hecho de carne y hueso como todos los hombres que ahora viven habitó el espíritu de la sabiduría. Más que esto, en Él están "escondidos todos los tesoros de la sabiduría"; y de ahí que la vida de Emanuel sea un testimonio constante de que la sabiduría de los siglos es accesible al hombre. Y el registro añade: "Y vosotros estáis completos en él".

Esta sabiduría trae la vida eterna; porque en Él "están escondidos todos los tesoros de la sabiduría y del conocimiento" "y vosotros estáis completos en él." "Y ésta es la vida eterna: que te conozcan a ti, el único Dios verdadero."

Cristo, en el pozo de Jacob, explicó a la mujer de Samaria, y a través de ella, a usted y a mí, los medios para obtener la sabiduría. El pozo de agua viva, del que el patriarca había sacado agua para él, sus hijos y su ganado, y que legó como una rica herencia a las generaciones siguientes, en que bebieron y bendijeron su nombre, simbolizaba la sabiduría mundana. Los hombres de hoy confunden esto con aquella sabiduría descrita en Job, de la que Dios entiende el camino y conoce el lugar. Cristo habló de esta última cuando dijo, "Si conocieras el don de Dios, y quién es el que te dice: Dame de beber; tú le pedirías, y él te daría agua viva." "Si alguno tiene sed, venga a mí y beba."

¿Por qué, entonces, si se puede tener la sabiduría para pedirla, si se puede tener esa bebida espiritual para tomarla, no están todos llenos de ella? La fuente fluye libremente; ¿por qué no están todos satisfechos? Sólo se puede dar una razón: los hombres en su búsqueda aceptan la falsedad en lugar de la verdad. Esto embota su sensibilidad, hasta que lo falso parece verdadero y lo verdadero falso.

"¿Dónde está el sabio?....¿No ha enloquecido Dios la sabiduría del mundo?" "Sin embargo, hablamos sabiduría entre los que han alcanzado madurez; y sabiduría, no de este siglo, ni de los príncipes de este siglo, que perecen. Mas hablamos sabiduría de Dios en misterio, la sabiduría oculta, la cual Dios predestinó antes de los siglos para nuestra gloria."[2]

Hay, pues, una distinción entre la sabiduría de Dios y la de este mundo. ¿Cómo, entonces, podemos alcanzar la vida superior, la real, la verdadera sabiduría? Hay cosas que el ojo no ha visto ni el oído ha oído, que los ojos deben ver y los oídos oír, y éstas "Dios nos las reveló a nosotros por el Espíritu; porque el Espíritu todo lo escudriña, aun lo profundo de Dios."

Al hombre, pues, si ha nacido del Espíritu, le es dada una vista espiritual que penetra en la infinitud y capacita al alma para comulgar con el Autor de todas las cosas. No es de extrañar que la constatación de tales posibilidades en su seno llevara al salmista a exclamar "Tal conocimiento es demasiado maravilloso para mí; alto es, no lo puedo comprender." Y Pablo mismo exclamó, "¡Oh profundidad de las riquezas de la sabiduría y de la ciencia de Dios!....Porque ¿quién entendió la mente del Señor?" "Así tampoco nadie conoció las cosas de Dios, sino el Espíritu de Dios." Y "nosotros no hemos recibido el espíritu del mundo, sino el Espíritu que proviene de Dios, para que sepamos lo que Dios nos ha concedido." De ahí que se nos conceda el poder de comulgar con Él y de escudriñar en los misterios de lo que de otro modo sería insondable.

Ocuparse de la sabiduría es educación. Si se trata de la sabiduría del mundo, entonces es educación mundana; si, por el otro lado, es una búsqueda de la sabiduría de Dios, es educación cristiana.

Sobre estas dos cuestiones se disputa la controversia entre el bien y el mal. El triunfo final de la verdad situará a los defensores de la educación cristiana en el reino de Dios. "Dios es Espíritu; y los que le adoran, en espíritu y en verdad es necesario que adoren."

Esa educación que vincula al hombre con Dios, la fuente de la sabiduría, y el autor y consumador de nuestra fe, es una educación espiritual, y prepara el corazón para ese reino que está dentro.

Capítulo II
La escuela celestial

El trono de Dios, el centro alrededor del cual giraban los mundos que habían salido de la mano del Creador, era la escuela del universo. El Sustentador de los mundos era Él mismo el gran Maestro, y Su carácter, el amor, era el tema de contemplación. Cada lección era una manifestación de Su poder. Para ilustrar el funcionamiento de las leyes de Su naturaleza, este Maestro no tenía más que hablar, y ante las atentas multitudes estaba el ser vivo. "Porque Él dijo, y fue hecho; Él mandó, y existió."[3]

Los ángeles, y los seres de otros mundos en número incontable, eran los alumnos. El curso iba a extenderse a lo largo de la eternidad; las observaciones se llevaban a cabo a través del espacio ilimitado, e incluían todo, desde la fuerza más pequeña hasta la más poderosa, desde la formación de la gota de rocío hasta la construcción de los mundos y el crecimiento de la mente. Terminar el curso, si tal expresión es permisible, significaba alcanzar la perfección del propio Creador.

A la hueste angélica se le encomendó un trabajo. Los habitantes de los mundos estaban a prueba. La alegría de los ángeles era atender y enseñar a otras criaturas del universo. La ley del amor estaba escrita en todas partes; era el estudio constante de los seres celestiales. Cada pensamiento de Dios era tomado por ellos; y al ver el funcionamiento de sus planes, caían ante el Rey de reyes, exclamando: "Santo, santo, santo". La eternidad era demasiado corta para revelar Su amor.

El Padre y el Hijo estaban a menudo en consejo. Envueltos en esa gloria, el universo esperaba la expresión de Su voluntad conjunta. Como uno de los querubines cubridores, Lucifer era el primero en poder y majestad de toda la hueste angélica. Su ojo contemplaba, su oído escuchaba, sabía de todo menos de los profundos consejos que el Padre, desde toda la eternidad, había propuesto en el Hijo. "Cristo el Verbo, el Unigénito de Dios, era uno con el Padre Eterno: uno en naturaleza, en carácter y en designios; era el único ser en todo el universo que podía entrar en todos los consejos y designios de Dios... El Padre obró por medio de su Hijo en la creación de todos los seres celestiales. 'Porque en él fueron creadas todas las cosas, [...] sean tronos, sean dominios, sean principados, sean potestades; todo fue creado por medio de él y para él'. Los ángeles son los ministros de Dios, que, irradiando la luz que constantemente dimana de la presencia de Él y valiéndose de sus rápidas alas, se apresuran a ejecutar la voluntad de Dios. Pero el Hijo, el Ungido de Dios, 'la misma imagen de su sustancia', 'el resplandor de su gloria' y sustentador de 'todas las cosas con la palabra de su poder', tiene la supremacía sobre todos ellos." Lucifer, el "hijo de la mañana", era el principal de los querubines cubridores, santo e inmaculado. Estaba en la presencia del gran Creador, y los incesantes rayos de gloria que envolvían al Dios eterno, caían sobre él. "Así ha dicho Jehová, el Señor: Tú eras el sello de la perfección, lleno de sabiduría, y de acabada hermosura. En Edén, en el huerto de Dios, estuviste. De toda piedra preciosa era tu vestidura. [...] Tú, querubín grande, protector, yo te puse en el santo monte de Dios. Allí estuviste, y en medio de las piedras de fuego te paseabas."[4] Aquel que se había cernido sobre el trono de Dios, que había estado en el monte del testimonio a los lados del norte, y que caminaba arriba y abajo entre aquellas piedras vivas, cada una de las cuales destellaba con brillo eléctrico la gloria de la luz reflejada, miró al concilio y envidió la posición del Hijo.

Hasta entonces, todas las miradas se habían vuelto instintivamente hacia el centro de luz. Una nube, la primera conocida, oscureció la gloria del querubín protector. Volviendo sus ojos hacia el interior, razonó que había sido agraviado. ¿No había sido él, Lucifer, el portador de la luz y la alegría a los mundos del más allá? ¿Por qué no debería reconocerse su poder? "Perfecto eras en todos tus caminos desde el día que fuiste creado, hasta que se halló en ti maldad." "Se enalteció tu corazón a causa de tu hermosura, corrompiste tu sabiduría a causa de tu esplendor."⁵ "Tú que decías en tu corazón: subiré al cielo; en lo alto, junto a las estrellas de Dios, levantaré mi trono, y en el monte del testimonio me sentaré, a los lados del norte; sobre las alturas de las nubes subiré, y seré semejante al Altísimo."⁶

Mientras Lucifer razonaba así, Cristo, envuelto en la gloria del Padre, ofrecía su vida por el mundo en su creación. El pecado aún no había entrado, el mundo aún no había sido creado; pero mientras se trazaban los planes, el Hijo había dicho: "Si el pecado entra, Yo soy, desde este momento, uno con los que ahora creamos, y su caída significará Mi vida en la tierra. Nunca mi corazón se ha volcado en ninguna creación como lo hago en ésta. El hombre, en su hogar terrenal, tendrá la más alta expresión de Nuestro amor, y por él Mi amor exige que ponga Mi vida junto a la suya en su misma creación." ¡Oh, maravilloso don! ¡Oh, amor desinteresado! ¿Cómo podría ese querubín protector, en el momento en que el Hijo de Dios entregó su vida, planear su propia exaltación? El dolor, el primer dolor que se conoció, llenó el cielo. El coro de ángeles guardó silencio; las piedras vivas retuvieron su brillo. La quietud se sintió en todo el universo.

Se hizo una invitación a regresar, pero el orgullo cerró el paso. La lástima y la admiración por el líder de las huestes llevaron a muchos a sentir que Dios era injustamente severo. El universo estaba a prueba. "Satanás y los que simpatizaban con él luchaban por reformar el gobierno de Dios. Querían escudriñar su insondable sabiduría, y averiguar cuál era su propósito al ensalzar a Jesús y dotarle de tan ilimitado poder y comando." Aquellos que antes, inspirados por el amor, creían en Dios por su palabra, y encontraban su mayor placer en ver las revelaciones de su amor, ahora ponían sus propias mentes en lugar de la palabra de Dios, y razonaban que todo estaba mal. Las revelaciones de Su amor, que habían significado su propia vida, ahora no parecían más que oscuridad y desesperación. La sabiduría de Dios, oscurecida al colocar el yo entre el trono y ellos, se convirtió en una tontería. "Toda la hueste celestial fue convocada para que compareciese ante el Padre a fin de que se decidiese cada caso." "Alrededor del trono se congregaron los santos ángeles, una vasta e innumerable muchedumbre, 'millones de millones,' y los ángeles más elevados, como ministros y súbditos, se regocijaron en la luz que de la presencia de la Deidad caía sobre ellos."

Los principios del gobierno de Dios quedaron ahora al descubierto: no era más que un gran y amplio sistema de desarrollo educativo, y las huestes angélicas decidieron allí y entonces si la fe en su palabra sería la norma de su obediencia, o si la razón finita se impondría. Incluso Satanás mismo estuvo a punto de ser ganado, mientras las notas de alabanza resonaban a través de las cúpulas del cielo; pero de nuevo, el orgullo gobernó. Aquí nació el sistema rival: el egoísmo absoluto frente al olvido de sí mismo de Cristo, la razón frente a la fe. Después de largas súplicas, y en medio de un profundo luto, los portales del cielo se abrieron para cerrarse para siempre sobre aquel que, con sus seguidores, se apartó de la luz hacia la oscuridad de la desesperación.

Se inauguró una nueva era; se inició un conflicto. El alto cielo, con sus principios eternos de amor, vida y progreso, fue desafiado por un enemigo sutil, el padre de todas las mentiras. Por profunda que sea la miseria que acompaña al paso, sin embargo, coexistente con el avance descendente se formuló el plan que, después del lapso de las edades, probará en mayor grado y manifestará eternamente la verdad de que "Dios es amor". El camino es el camino de la cruz. Es un retroceso de la degradación mental ocasionada por la caída, pero el proceso es según la ley de la escuela del cielo: "Conforme a vuestra fe". Si creéis, todo es posible.

Capítulo III
La escuela edénica

Porque él habló, y fue hecho; Él mandó, y existió."[7] Desde el trono del Infinito salió el decreto, la vida se desbordó en el espacio, y un mundo se levantó. Miríadas de otros mundos, sostenidos en sus órbitas por el incesante poder del amor, hicieron su circuito alrededor del trono de Dios. Pero se había reservado ya un espacio en el universo para la más alta expresión de su amor, donde se iban a manifestar las profundidades de este atributo divino. "Y la tierra estaba desordenada y vacía, y las tinieblas estaban sobre la faz del abismo."[8]

Pero incluso en las tinieblas penetró Su presencia; y mientras "el Espíritu de Dios se movía sobre la faz de las aguas," Él dijo: "Sea la luz," y las tinieblas se dispersaron ante la palabra. La luz, reflejo de su propio ser, le agradó; y quiso que estuviera siempre presente, acompañando toda forma de vida. El trabajo del primer día estaba hecho, un día como el que conocería el hombre futuro y que, incluso en su estado caído, mediría sus años.

El segundo día escuchó el mandato de que las aguas se separaran; y un tercero reunió las aguas en los mares, apareciendo la tierra seca. Y entonces "Después dijo Dios: produzca la tierra hierba verde, "la humilde brizna cubriendo la desnudez de la tierra con un manto de verde vivo, ella misma tan humilde, pero parte de Su vida; pues Su aliento vital la formó y ella participó de esa vida. Luego vinieron las hierbas y los árboles elevados, cada uno de los cuales portaba una semilla auto productiva, porque la vida es reproductiva; y como el carbón vivo enciende un fuego sagrado, así cada árbol llevaba en sí mismo el poder de reproducir su especie. "Y vio Dios que era bueno." Entonces, para que Su propia luz fuera siempre la causa del crecimiento colocó luminarias en los cielos, siendo cada una de ellas el reflejo de Su propio semblante. De este modo, la vida debía ser sostenida.

En las aguas corrientes pasó el poder de la vida. "Dijo Dios: Produzcan las aguas seres vivientes, y aves que vuelen sobre la tierra, en la abierta expansión de los cielos."[9] Con su palabra, una abundancia de vida llenó la tierra, el cielo y el mar. Cada gota de agua sostenía la vida; cada centímetro cuadrado de aire sostenía sus miríadas. Y, desde el poderoso leviatán que se divertía en las aguas hasta la mota que flotaba en el aire, toda la vida proclamaba el amor de Dios; y el Creador, contemplando con satisfacción la obra de su mano, pronunció cada forma de vida perfecta en su esfera. Cada una albergaba en su propio cuerpo el aliento de vida; cada una, en cada uno de sus movimientos, cantaba aleluyas al Hacedor de los cielos y de la tierra.

Pero la obra aún no estaba completa. Una mente controlaba el universo; pero sus poderes podían ser apreciados, y el amor de su corazón devuelto en el sentido más completo, sólo por la mente, por seres hechos a imagen de Dios mismo. Y así "entonces dijo Dios: Hagamos al hombre a nuestra imagen, conforme a nuestra semejanza." Entonces podrá tener dominio sobre los órdenes inferiores de la creación, y al parecerse a ellos como Nosotros al universo, toda la naturaleza verá Nuestro poder en él. "Y creó Dios al hombre a su imagen, a imagen de Dios lo creó; varón y hembra los creó."[10]

Como si el momento del esfuerzo supremo hubiera sido alcanzado incluso por Dios, Él moldeó la forma de barro, una sola, a imagen de sí mismo. Sopló en sus fosas nasales Su propio aliento, ese aliento que, vocalizado, movía los mundos; ante el que los ángeles se inclinaban en adoración. Ese elemento omnipresente de la vida surgió a través de la poderosa estructura, los órganos desempeñaron sus funciones, el cerebro actuó; el hombre Adán se levantó, fuerte y perfecto; y en lugar del grito desgarrador que ahora anuncia el comienzo de una nueva vida, sus labios se separaron y un canto de alabanza ascendió hacia el Creador.

A su lado estaba su Hermano Mayor, Cristo, el Rey del cielo. Adán sintió la emoción de la unidad y la armonía; y aunque por un "poco de tiempo era inferior", dentro de él yacían las posibilidades de alcanzar alturas mayores que las que tenían los ángeles. Iba a ser el compañero de Dios, el reflejo perfecto de su luz y su gloria; no había pensamiento de Dios que no tuviera acceso al cerebro del hombre. El universo se extendía en vista panorámica ante él. La tierra, recién nacida, presentaba bellezas incalculables. A su lado estaba su compañera, la otra mitad de su propia naturaleza, los dos formando un todo perfecto. La armonía del pensamiento trajo fuerza y vida; y, como resultado de esta unidad, nuevos seres como ellos serían llevados a la existencia, hasta que la tierra estuviera poblada.

Dios plantó un jardín al este del Edén, y de entre las bellezas de la tierra eligió el lugar más hermoso para el hogar de la nueva pareja. En medio del jardín se encontraba el árbol de la vida, cuyo fruto proporcionaba al hombre un alimento físico perfecto. Bajo sus ramas extendidas, Dios mismo los visitó y, hablando con ellos cara a cara, les reveló el camino de la inmortalidad. Mientras comían del fruto del árbol de la vida, y encontraban suplidas todas las necesidades físicas, se les recordaba constantemente la necesidad de la alimentación espiritual que se obtenía al conversar abiertamente con la Luz del cielo. La gloria de Dios rodeaba el árbol, y envueltos en este halo, Adán y Eva pasaron mucho tiempo en comunión con los visitantes celestiales. Según el sistema divino de enseñanza, estaban aquí para estudiar las leyes de Dios y aprender de su carácter. Ellos "no sólo eran sus hijos, sino estudiantes recibiendo instrucción del Creador omnisciente". Los ángeles, al contemplar las maravillas de la nueva creación, se deleitaron en volar hacia la tierra; y dos de las huestes celestiales, por designación especial, se convirtieron en los instructores de los santos. "Se sentían pletóricos del vigor que procedía del árbol de la vida y su poder intelectual era apenas un poco menor que el de los ángeles. Los misterios del universo visible, "las maravillas del Perfecto en sabiduría" (Job 37:16), les suministraban una fuente inagotable de instrucción y placer. Las leyes y los procesos de la naturaleza que han sido objeto del estudio de los hombres durante seis mil años fueron puestos al alcance de sus mentes por el infinito Forjador y Sustentador de todo.

"Se entretenían con las hojas, las flores y los árboles, descubriendo en cada uno de ellos los secretos de su vida. Toda criatura viviente era familiar para Adán, desde el poderoso leviatán que juega entre las aguas hasta el más diminuto insecto que flota en el rayo del sol. A cada uno le había dado nombre y conocía su naturaleza y sus costumbres. La gloria de Dios en los cielos, los innumerables mundos en sus ordenados movimientos, "las diferencias de las nubes" (Job 37:16), los misterios de la luz y del sonido, de la noche y el día, todo estaba al alcance de la comprensión de nuestros primeros padres. El nombre de Dios estaba escrito en cada hoja del bosque, y en cada piedra de la montaña, en cada brillante estrella, en la tierra, en el aire y en los cielos. El orden y la armonía de la creación les hablaba de una sabiduría y un poder infinitos. Continuamente descubrían algo nuevo que llenaba su corazón del más profundo amor, y les arrancaba nuevas expresiones de gratitud."

A medida que nuevas bellezas llamaban su atención, se llenaban de asombro. Cada visita de los maestros celestiales suscitaba en los alumnos terrestres decenas de preguntas que los ángeles se alegraban de responder; y ellos, a su vez, abrían a las mentes de Adán y Eva principios de verdades vivas que los enviaban a sus tareas diarias de placer llenos de curiosidad maravillada, dispuestos a utilizar todos los sentidos dados por Dios para descubrir ilustraciones de la sabiduría del cielo. "Mientras permaneciesen fieles a la divina ley, su capacidad de saber, gozar y amar aumentaría continuamente. Constantemente obtendrían nuevos tesoros de sabiduría, descubriendo frescos manantiales de felicidad, y obteniendo un concepto cada vez más claro del inconmensurable e infalible amor de Dios." El método divino de enseñanza se revela aquí: la manera en que Dios trata con las mentes que le son fieles. Se expusieron las leyes que rigen el universo. El hombre, como si mirara en un cuadro, encontró en la tierra, el cielo y el mar, en el mundo animado e inanimado, la ejemplificación de esas leyes. Creyó, y con una luz celestial, que es la recompensa de la fe, abordó cada nuevo tema de investigación. Las verdades divinas se desplegaban continuamente. La vida, el poder, la felicidad; estos temas crecieron con su crecimiento.

Los ángeles estimularon el deseo de preguntar, y de nuevo llevaron a sus alumnos a buscar respuestas a sus propias preguntas. En su labor de adecentar el jardín, Adán aprendió verdades que sólo el trabajo podía revelar. Así como el árbol de la vida daba alimento a la carne y recordaba constantemente el alimento mental y espiritual necesario, el entrenamiento manual añadía luz a la disciplina mental. Las leyes del mundo físico, mental y espiritual fueron enunciadas; la triple naturaleza del hombre recibió atención. Esta era la educación perfecta y completa.

El poder magnético alrededor del árbol de la vida retuvo al hombre, llenando sus sentidos con un estremecimiento de deleite. Adán y Eva vivían de ese poder, y la mente humana era un canal abierto para el flujo del pensamiento de Dios. Rápidamente se estaba formando el carácter de la pareja edénica, pero la fuerza no podía provenir de la mera acción automática. Se dio libertad para elegir la compañía y el espíritu de Dios; y mientras Él los cortejaba con su más tierno amor, había colocado en medio del jardín un árbol de otro tipo.

Al hombre le dijo: "más del árbol de la ciencia del bien y del mal no comerás; porque el día que de él comieres, ciertamente morirás."[11] ¿Cuál era el significado de esta orden? Cuando los ángeles maestros escucharon la pregunta de labios del hombre, una nube pareció atenuar el brillo de su gloria. ¿No sintió Adán una sensación extraña, como si la plenitud del pensamiento divino se viera repentinamente frenada en su curso por su cerebro? Se estaba preparando para aceptar enseñanzas de un carácter diferente. Entonces se le contó la historia del único dolor que el cielo había conocido: la caída de Lucifer, y la oscuridad que le trajo; que, aunque viviera, el decreto de Dios era que ya no podía permanecer dentro de los muros del Paraíso. En tonos bajos se dijo cómo algunos no podían ver la justicia de esto; que a Lucifer se le había dado la tierra como su hogar actual; que usaría sus artes para capturarlos; pero que la luz y el poder habían sido colocados alrededor del árbol de la vida, y permaneciendo fieles a la enseñanza dada dentro del círculo de sus rayos, ningún mal podría alcanzarlos. "Fe, tened fe en la palabra de Dios", dijo el ángel mientras alzaba su vuelo hacia el cielo. La palabra "muerte" sonaba poco natural a los oídos humanos, y mientras estaban sentados juntos hablando de las palabras del ángel, un anhelo de comprender llenaba sus corazones.

¿Miedo? No conocían esa palabra. ¿No era su Hacedor el amor? Eva, alejándose del lado de su marido, encontró, antes de saberlo, que se acercaba al árbol del conocimiento del bien y del mal. Se quedó mirando desde la distancia, cuando desde el rico verdor llegó una voz de dulcísima música:

"Hermosa mujer, hecha a imagen y semejanza de Dios, ¿qué puede estropear tu perfecta belleza? ¿Qué puede detener esa vida que ahora corre por tus venas? ¿Conque Dios os ha dicho "No comáis de todo árbol del huerto"?.... No moriréis; sino que sabe Dios que el día que comáis de él, serán abiertos vuestros ojos, y seréis como Dios, sabiendo el bien y el mal." Hablando, arrancó y comió. ¿Era éste el engañador? ¿No se le había prometido el conocimiento de todas las cosas? ¿No iba a estar con Dios? Tal vez ésta era una nueva revelación de su bondad. Ella no sintió ningún peligro. Él comía, ¿por qué no iba a hacerlo ella?

Su curiosidad se despertó y se sintió halagada por las palabras de la serpiente. En lugar de huir, discutió con él, e intentó decidir en su propia mente entre el bien y el mal. Pero Dios le había dicho lo que era correcto. Ese momento de indecisión, de duda, fue la oportunidad del diablo.

Incapaz de llegar al alma del hombre por medios directos, Satanás se acercó a ella a través de esos canales exteriores, los sentidos. Tenía todo por ganar, y procedió con cautela. Si se podía ganar la mente del hombre, su gran obra estaría cumplida. Para ello utilizó un proceso de razonamiento, un método opuesto al utilizado por el Padre en su instrucción en el árbol de la vida. La mente de Eva era fuerte y sacaba rápidamente conclusiones; por eso, cuando su nuevo maestro dijo: "Si coméis, 'seréis como Dios'", en la mente de Eva surgió el pensamiento, Dios tiene inmortalidad. "Por lo tanto", dijo Satanás, "si coméis, 'no moriréis'." La conclusión se extrajo lógicamente, y el mundo, desde los días de Eva hasta la actualidad, ha basado su creencia religiosa en ese silogismo, cuya premisa principal, al igual que Eva, no reconocen como falsa. ¿Por qué? Porque utilizan la mente para decidir la verdad en lugar de tomar una declaración directa del Autor de la sabiduría. De esta única premisa falsa surge la doctrina de la inmortalidad natural del hombre, con sus infinitas variaciones, algunos de cuyos nombres modernos son teosofía, espiritismo, reencarnación y evolución. Los hijos e hijas de Eva la condenan por el error cometido hace seis mil años, mientras que ellos mismos lo repiten sin dudar. Se predica desde el púlpito, se enseña en las aulas, y su espíritu impregna el pensamiento de todo libro escrito cuyo autor no esté en perfecta armonía con Dios y la verdad. Ahora comienza el estudio de la "dialéctica", tan destructiva para la fe del cristiano.

Habiendo aceptado la lógica de la serpiente, y habiendo transferido su fe de la palabra de Dios al árbol del conocimiento por sugerencia de Satanás, la mujer podía ser fácilmente llevada a probar la verdad de todas sus afirmaciones por medio de sus sentidos. Se había avanzado una teoría; ahora comenzaba el proceso experimental.

Esa es la forma en que los hombres obtienen ahora su conocimiento, pero su sabiduría llega de otra manera. Ella miró el fruto prohibido, pero no se percibió ningún cambio físico como resultado del mal uso de este sentido. Esto la llevó a sentirse más segura de que el argumento utilizado había sido correcto. Sus oídos estaban atentos a las palabras de la serpiente, pero no percibió ningún cambio como resultado del uso pervertido del sentido del oído. Esto, para la mente cambiante de la mujer, era una prueba aún más concluyente de que las palabras de Cristo y de los ángeles no significaban lo que ella había creído al principio. Los sentidos del tacto, el olfato y el gusto fueron utilizados a su vez, y cada uno de ellos corroboró la conclusión sacada por el diablo. La mujer fue engañada, y a través del engaño su mente fue cambiada. Este mismo cambio de opinión puede producirse tanto por el engaño como por el resultado de un razonamiento falso.

Eva se acercó a Adán con el fruto en la mano. En lugar de responder con las repetidas palabras de Cristo, "el día que de él comieres, ciertamente morirás", adoptó la lógica de la serpiente. Habiendo comido, su mente también cambió. Aquel que desde la creación había pensado los pensamientos de Dios, estaba cediendo a la mente del enemigo. La exactitud con la que antes había entendido la mente de Dios quedó ejemplificada cuando nombró a los animales; pues el pensamiento de Dios que formó al animal pasó por la mente de Adán, y "todo lo que Adán llamó a los animales vivientes, ése es su nombre."

La totalidad del cambio que tuvo lugar se ve en el argumento utilizado cuando Dios se paseó por el jardín en el fresco de la tarde. Dijo Adán: "La mujer me dio de comer. Tú me diste a la mujer. Por lo tanto, Tú tienes la culpa". Esta fue otra conclusión decididamente lógica, desde el punto de vista de la sabiduría de la serpiente, y fue repetida por Eva, que echó la culpa primero a la serpiente, y finalmente a Dios mismo. La autojustificación, la autoexaltación, la autoadoración: este fue el origen humano del papado, ese poder que "se opone y se levanta contra todo lo que se llama Dios."

La muerte espiritual que siguió a la perversión de los sentidos fue acompañada, con el tiempo, por la muerte física. En efecto, apenas se había comido la fruta cuando la atención del hombre y de su esposa se volvió hacia lo externo. El alma, que había envuelto al hombre físico como un sudario de luz, se retiró y el hombre físico apareció. La sensación de su desnudez les horrorizaba ahora. Algo faltaba; y con toda la gloria que habían conocido, con todas las verdades que se habían revelado, no había nada que ocupara el lugar de la naturaleza espiritual que se había ido. "Ciertamente, morirás", fue el decreto; y si el Salvador no hubiera dado a conocer en ese momento a Adán el plan de la cruz, la muerte eterna habría sido inevitable.

Dios, mediante su instrucción, había enseñado que el resultado de la fe sería la vida inmortal. Satanás enseñó, e intentó probar su lógica mediante una apelación directa a los sentidos, que había vida inmortal en la sabiduría que viene como resultado del razonamiento humano. El método empleado por Satanás es el que los hombres de hoy llaman método natural, pero en la mente de Dios la sabiduría del mundo es una tontería. El método que, para la mente piadosa, y la naturaleza espiritual parece natural, es necedad para el mundo.

No hay más que dos sistemas de educación: uno basado en lo que Dios llama sabiduría, cuyo don es la vida eterna; el otro, basado en lo que el mundo considera sabiduría, pero que Dios dice que es necedad. Este último exalta la razón por encima de la fe, y el resultado es la muerte espiritual. No se puede discutir que la caída del hombre fue el resultado de elegir el falso sistema de educación. La redención viene a través de la adopción del verdadero sistema de educación.

La reconstrucción es un cambio mental, un intercambio de lo natural por lo espiritual. "No os conforméis a este siglo, sino transformaos por medio de la renovación de vuestro entendimiento". Para que ese cambio sea posible, Cristo debe herir la cabeza de la serpiente; es decir, la filosofía del diablo debe ser refutada por el Hijo de Dios. Cristo hizo esto, pero al hacerlo, su talón, que representa su naturaleza física, fue magullada. El resultado de la aceptación de la filosofía satánica ha sido el sufrimiento físico; y cuanto más completamente cede el hombre al sistema construido sobre esa filosofía, más completa es la sujeción de la raza a las enfermedades físicas.

Después de la caída, el hombre se inclinó por artículos malos en su dieta, y su naturaleza se volvió gradualmente más degradada. La naturaleza espiritual, al principio la parte prominente de su ser, fue empequeñecida y sobrepasada hasta que no fue más que la "voz delicada" interior. Con el desarrollo de lo físico y lo intelectual en detrimento de lo espiritual, han llegado los males de la sociedad moderna: el amor a la exhibición, la perversión del gusto, la deformidad del cuerpo y esos pecados concomitantes que destruyeron a Sodoma y ahora amenazan nuestras ciudades. El hombre se volvió descuidado en su trabajo también, y la tierra no rindió su plenitud. Como resultado, brotaron espinas y cardos.

No es sorprendente, después de seguir la decadencia de la raza, encontrar que el sistema de educación introducido por Cristo comienza con la instrucción dada en el jardín del Edén, y que se basa en la simple ley de la fe. Apreciamos mejor el don de Cristo cuando nos detenemos en el pensamiento de que, mientras sufría físicamente, mientras tomaba nuestras dolencias en su propio cuerpo, conservó sin embargo una mente sana y una voluntad totalmente sometida a la del Padre, para que así la filosofía del archiengañador fuera derrocada por la filosofía divina.

Además, es natural suponer que cuando se le pida que se decida entre los dos sistemas de educación, a saber, el humano y el divino, y se elija la educación cristiana, el hombre tendrá que reformar también su manera de comer y de vivir. La dieta original del hombre se da a conocer de nuevo, y para su hogar se le insta a elegir un lugar ajardinado, lejos de las ciudades abarrotadas, donde Dios pueda hablar a su naturaleza espiritual a través de sus obras. Dios utiliza los sentidos del hombre; pero el conocimiento así obtenido se convierte en sabiduría sólo cuando es iluminado por el Espíritu, la puerta de cuya fuente se abre con la llave de la fe.

Bajo el árbol de la vida se originó el método más elevado de educación, el plan que el mundo necesita hoy en día. Bajo las ramas del árbol del conocimiento del bien y del mal surgió el sistema conflictivo, que tiene siempre un único objetivo: el derrocamiento de los principios eternos de la verdad. Bajo una apariencia, y luego bajo otra, se ha impuesto sobre la tierra. Ya sea como el aprendizaje babilónico, la filosofía griega, la sabiduría egipcia, el alto brillo de la pompa papal, o los trabajos más modestos, pero no menos sutiles de la ciencia moderna, los resultados siempre han sido, y siempre serán, un sabor de muerte hasta la muerte.

Como fue la vida modesta del Salvador del hombre cuando caminaba por la tierra sin ser reconocido por los señoriales fariseos y sabios de su tiempo, así ha sido el progreso de la verdad. Se ha mantenido firmemente en la marcha hacia adelante, sin importar la opresión. Las mentes de los hombres, nubladas por el culto al yo, no reconocen la voz del cielo. La pasan por alto como los bajos murmullos del trueno en la Puerta Hermosa cuando el Padre habló con su Hijo, y el halo de luz celestial que rodea la verdad eterna se explica por causas naturales. La razón del hombre se opone a la simple fe, pero aquellos que finalmente alcancen el estado de completa armonía con Dios habrán comenzado donde Adán fracasó. La sabiduría se ganará por la fe. El yo se habrá perdido en la adoración de la gran Mente del universo, y aquel que fue creado a imagen de Dios, que fue pronunciado por la Mente Maestra como "muy bueno", después de la lucha con el pecado, será restaurado a la armonía del universo por el simple acto de fe.

"Si puedes creer, al que cree todo le es posible."

Capítulo IV
La historia de quince siglos

Como una piedra lanzada desde la cima de alguna montaña se estrella en su camino hacia el valle de abajo, ganando velocidad con cada pie de descenso, hasta que, envuelta en ella, se encuentra un poder de destrucción sin medida, así el hombre, apartándose de la puerta del Paraíso, comenzó una carrera descendente que en intensidad y rapidez sólo puede medirse por la altura desde la que inició.

Mentes gigantescas mantuvieron en vilo a poderosos poderes. Pocas fuerzas podían resistir ante la fuerte voluntad de los hombres de los primeros diez siglos. Así como el plano al que le era posible llegar era la perfección, el nivel al que descendía era la propia confusión. La vida de los hombres, en lugar de estrecharse por el breve lapso de setenta años, se medía por siglos; y los intelectos, poderosos por nacimiento, tenían tiempo, así como poder, para expandirse. El hombre de setenta años no era entonces más que un muchacho, con la vida y todas sus posibilidades desplegadas ante él. Adán vivió para ver a sus hijos hasta la octava generación; y cuando pensamos que de sus propios labios Enoc aprendió la historia de la caída y las glorias del hogar del Edén; cuando tenemos en cuenta que Enoc probablemente vio a este mismo antepasado colocado en la tierra, allí para descomponerse en polvo, comprendemos mejor la relación que deseaba mantener con su Dios. Después de una vida de trescientos años, en la que, dice el Registro Sagrado, "caminó con Dios", la atracción de la tierra se hizo tan leve que él mismo fue llevado al cielo. Esto ocurrió menos de sesenta años después de la muerte de Adán. Al pasar más allá de la puerta del Edén, se desarrollaron dos clases de mentes. La diferencia entre ambas era clara y distinta como la luz de las tinieblas. Caín, al exaltar sus propios poderes de razonamiento, aceptó la lógica de Satanás. Admitiendo que el plano físico era la base adecuada para vivir, perdió toda apreciación de las cosas espirituales, y dependió totalmente del sentimiento. Es cierto que durante un tiempo se adhirió a la forma de adoración, acudiendo semana a semana a la puerta del Edén para ofrecer sacrificios; pero su ojo de la fe estaba ciego. Cuando vio que el sacrificio de su hermano era aceptado, un sentimiento de odio brotó en su pecho y, levantando la mano, le quitó la vida a ese hermano.

Los hombres se asombran de la rapidez del descenso de la pureza edénica a una condición en la que el asesinato era fácil, pero fue el resultado natural del sistema educativo elegido por Caín. La razón exaltada por encima de la fe hace que el hombre sea como el motor sin el regulador.

El asesinato, sin embargo, no fue más que un resultado de la decisión tomada por Caín. Huyó de la presencia de Dios y, con sus descendientes, construyó las ciudades de Oriente. Predominaron las necesidades físicas, de modo que toda la atención de este pueblo se dirigió a la gratificación de los deseos carnales. El orgullo aumentó, el amor a la riqueza fue una pasión dominante; lo artificial tomó, cada vez más, el lugar que antes ocupaba lo natural. En el lugar de la adoración a Dios estaba la adoración a sí mismo, o el paganismo. Este era el aspecto religioso, y aquí se encuentran los primeros adoradores del sol, los progenitores humanos del papado moderno.

Así como hubo un cambio en la religión, también hubo un cambio en el gobierno. Ya no podía haber una teocracia, siendo el padre de familia el sumo sacerdote de Dios; pues se había perdido de vista a Dios, y su lugar lo ocupaba el propio hombre. Por lo tanto, estos descendientes de Caín se congregaron en ciudades, donde el fuerte gobernaba al débil, y así se desarrolló una monarquía absoluta, que se perpetúa hasta hoy en los reinos de Asia oriental.

La educación que sostenía el paganismo en la religión y la monarquía en el gobierno era la misma que en días posteriores controlaba Grecia, y que hoy en día conocemos como platonismo. No es más que otro nombre para una educación que exalta la mente del hombre por encima de Dios, y coloca la filosofía humana por delante de la divina.

La filosofía que así se exaltó, esta ciencia falsamente llamada, deificó la naturaleza, y hoy en día se conoce como la evolución. Podría pensar que el nombre es moderno, y puede que lo sea, pero la filosofía antecede al diluvio, y las escuelas de aquellos hombres antes del diluvio enseñaban como verdad las tradiciones de los hombres tan verdaderamente como se enseñan hoy en día.

Pensamos, tal vez, que en aquel entonces no había escuelas, pero eso es un error. "El entrenamiento de la juventud en aquellos días era del mismo orden que se educa y entrena a los niños en esta época: amar la excitación, glorificarse a sí mismos, seguir las imaginaciones de sus propios corazones perversos". Sus mentes agudas se apoderaron de las ciencias, y profundizaron en los misterios de la naturaleza.

Hicieron maravillosos progresos en los inventos y en todas las actividades materiales. Pero las imaginaciones de sus corazones eran de continuo el mal.

A los niños educados en las ciudades se les exageraron las tendencias al mal. La enseñanza filosófica de la época borró toda la fe; y cuando Noé, un maestro de la justicia, alzó su voz contra la educación popular y proclamó su mensaje de fe, hasta los niños pequeños se burlaron de él.

Tan contaminadas estaban las ciudades que Enoc escogió pasar mucho tiempo en lugares retirados, donde podía estar en comunión con Dios y en contacto con la naturaleza. A veces entraba en las ciudades, proclamando a los habitantes la verdad que le había sido dada por Dios. Algunos escuchaban, y ocasionalmente pequeñas compañías lo buscaban en sus lugares de retiro para escuchar sus palabras de advertencia. Pero la influencia de la formación temprana, la presión ejercida por la sociedad y la filosofía de las escuelas ejercieron un poder demasiado fuerte para resistirlo, y se apartaron de los ruegos de la conciencia a la vieja vida.

Mientras Noé contaba del diluvio que se avecinaba, y mientras él y sus hijos seguían construyendo el arca, hombres y niños se burlaban. "¡Agua del cielo! Ah, Noé, puedes hablar de tu perspicacia espiritual, pero ¿quién ha oído hablar de agua que venga del cielo? Eso es una imposibilidad; es contraria a toda razón, a toda verdad científica y a toda la experiencia de la tierra. Puedes pensar que tales cosas te han sido reveladas; pero desde los días de nuestro padre Adán, nunca ocurrió tal cosa". Tales afirmaciones parecían ciertas. Generación tras generación había mirado a un cielo sin nubes de tormenta. Noche tras noche el rocío regaba las plantas en crecimiento. ¿Por qué iban a creer lo contrario? No podían ver ninguna razón para ello. A aquellos antediluvianos, la posibilidad de un diluvio les parecía tan absurda como lo es su narración como un hecho de historia para el crítico superior moderno. Estaba fuera de armonía con los sentidos de los hombres, y, por lo tanto, era una imposibilidad.

El estudiante del siglo XIX encuentra en la corteza terrestre grandes yacimientos de carbón, o los restos de monstruos que una vez vivieron sobre la faz de la tierra, y explica esto diciendo que "el tiempo es largo". En palabras de Dana, "Si el tiempo desde el comienzo de la era silúrica incluyera cuarenta y ocho millones de años, lo que algunos geólogos pronuncian como una estimación demasiado corta, la parte paleozoica, según la proporción anterior, comprendería treinta y seis millones, la mesozoica nueve millones y la cenozoica tres millones." Los libros de texto modernos están llenos de éstas y otras ideas relacionadas con la evolución, que explican los efectos del diluvio mediante cambios graduales que consumen millones de años.

La Palabra de Dios es nuevamente dejada de lado, y el hombre por su propio poder de razonamiento saca conclusiones contrarias al testimonio del Registro Inspirado.

La teoría de la evolución es así corroborada en la mente humana; y así como los antediluvianos fueron incapaces de recibir el mensaje del diluvio por su investigación científica y su sabiduría falsamente llamada, así la gente de hoy en día, al seguir un curso similar, se está incapacitando para el mensaje de la aparición de Cristo en las nubes del cielo. ¿Cuándo aprenderá el hombre que hay cosas que el ojo no ha visto, ni el oído ha oído, y que, sin embargo, existen tan realmente como esas pocas cosas, pocas comparadas con las muchas de las regiones del más allá, que caen dentro de nuestro rango de visión?

Antes del diluvio, ningún trueno había resonado entre las colinas, ningún relámpago había surcado los cielos. Usted, que hoy en día ha leído las obras de los más grandes autores de la tierra, quienes han profundizado en los secretos de la ciencia, ¿habéis descubierto el alma del hombre? ¿Habéis encontrado ya el cordón de oro de la fe? Si el Todopoderoso os interrogara como a su siervo Job, ¿cómo pasaríais el examen? A usted le ocurriría el destino de la generación de Noé. Cuatro hombres construyeron el arca. Nunca se había visto algo así. "Qué mal proporcionada", dicen. "¡Qué absurdo es pensar que el agua se mantenga sobre la tierra hasta que flote!" Pero en los oídos de los cuatro fieles susurró la apacible y delicada voz de Dios, y la obra siguió adelante.

La controversia era un problema educativo. La educación cristiana estaba casi borrada de la tierra. La sabiduría mundana parecía estar a punto de triunfar. En número, sus adeptos superaban ampliamente a los de las escuelas de los cristianos. ¿Era este aparente triunfo del mal sobre el bien una señal de que el mal era más fuerte que la verdad? De ninguna manera. Sólo en materia de maquinación y engaño tiene el diablo la ventaja; porque Dios sólo puede obrar de manera directa.

El árbol de la vida seguía en la tierra, un emblema de la sabiduría de Dios. El hombre, sin embargo, le había dado la espalda. Comer el fruto del árbol del conocimiento del bien y del mal traía la muerte, y los habitantes de la tierra estaban a punto darse cuenta de esto, aunque su sabiduría mundana les enseñaba lo contrario.

El árbol de la vida fue llevado al cielo antes del diluvio,[12] simbolizando así la salida de la verdadera sabiduría de la tierra. El diluvio llegó. Profundos estruendos de truenos sacudieron la misma tierra. El hombre y la bestia huyeron aterrorizados de los relámpagos. Los cielos se abrieron; la lluvia cayó, al principio en grandes gotas. La tierra se tambaleó y se agrietó; las fuentes del gran abismo se rompieron; el agua vino de arriba, y también vino de abajo. Un clamor subió al cielo, mientras los padres abrazaban a sus hijos en la agonía de la muerte; pero el Espíritu del Dador de Vida se retiró. ¿Parece esto cruel? Dios había suplicado a cada generación, a cada individuo, diciendo: "¿Por qué lo haréis, por qué lo haréis?". Pero sólo se le hizo oídos sordos. El hombre, satisfecho con escolarizar sus sentidos y con depender de sus propios poderes de razonamiento, cerró, una a una, cada vía a través de la cual el Espíritu de Dios podía obrar; y la naturaleza, respondiendo a la pérdida, se quebró hasta su mismo corazón, y lloró inundaciones de lágrimas.

Una familia, y sólo una, unía el cielo y la tierra. Sobre el seno de las aguas se mecía el arca con seguridad. El Espíritu de Dios descansaba allí, y en medio de una agitación mayor que la que jamás habían presenciado los ángeles, una paz que sobrepasa todo entendimiento llenaba las mentes y los corazones de aquella fiel compañía.

Las aguas bajaron; la tierra yacía como una masa desolada. Las montañas quedaron lóbregas y estériles donde antes se extendían llanuras de verde vivo. Los árboles, magníficos en su imponente fuerza, yacían moribundos cuando las aguas abandonaron la tierra. Grandes masas de roca cubrían lugares hasta entonces habitados. Esta familia salió siendo extraños en una tierra extraña.

El plan de educación debe comenzar de nuevo. Cada paso sucesivo que se alejaba de Dios hacía más difícil el acceso del hombre a su trono; había alargado, por así decirlo, la escalera un peldaño más. Al principio había que tomar una lección por fe: que Dios era cierto al decir: "porque el día que de él comieres, ciertamente morirás". Era una lección de fe frente a la razón. Luego vinieron dos lecciones de fe: primero, la fe opuesta a la razón; y, segundo, el plan de redención a través de Cristo. Luego vino la tercera lección: el diluvio. Ojalá el hombre hubiera podido agarrar la primera, o, faltando ésta, hubiera tomado la segunda, o incluso perdiendo ésta, hubiera podido tomar la tercera por la fe, y evitar el diluvio.

Desde el principio hasta el final fue una cuestión de educación. Los cristianos de hoy en día exaltan lo material en detrimento de lo espiritual, tan ciertamente como lo hicieron los hombres antes del diluvio. ¿No debemos esperar resultados similares, ya que están actuando principios similares?

La educación de las escuelas populares abogaba por el estudio de la naturaleza; pero, dejando a Dios fuera, deificaban la naturaleza, y explicaban la existencia de todas las cosas por las mismas teorías que hoy en día se denominan evolución. Esta es la teoría del hombre sobre la creación dejando la fe descartada del cálculo.

"Estos ignoran voluntariamente que en el tiempo antiguo fueron hechos por la palabra de Dios los cielos, y también la tierra, que proviene del agua y por el agua subsiste, pero los cielos y la tierra que existen ahora, están reservados por la misma palabra, guardados para el fuego en el día del juicio y de la perdición de los hombres impíos".[13]

"Como fue en los días de Noé, así también será en los días del Hijo del Hombre."[14]

Capítulo V
La escuela de Abrahám

La facilidad con que los hombres caen en los malos hábitos queda ilustrada en la historia del mundo después del diluvio. Al salir del arca, cuatro familias que habían conocido a Dios se encargaron de poblar la tierra. Pero las malas tendencias, resultado de años de conocimiento de la iniquidad del mundo antediluviano, ganaron el predominio, y los hijos de Noé, al no llevar a cabo los principios de la verdadera educación en sus hogares, vieron a sus hijos alejarse de Dios.

Cierto, el arco de la promesa aparecía a menudo en los cielos como recordatorio de los terribles resultados del pecado, y les hablaba también del Dios Padre que buscaba el servicio de sus corazones. Pero de nuevo, la lógica del maligno fue aceptada, y los hombres dijeron: "Ciertamente, no moriremos". Como muestra de su confianza en sus propias fuerzas construyeron la torre de Babel. Se habían dispersado en la región de las colinas, donde la naturaleza y el paisaje natural tendían a elevar sus pensamientos. Siguieron el valle y construyeron ciudades en las llanuras bajas.

No había transcurrido más de un siglo desde que el diluvio destruyó todas las cosas. El cambio fue rápido. Los pasos sucesivos en la degeneración son fácilmente rastreables. Eligieron una educación de los sentidos en lugar de una de la fe; abandonaron el campo y se congregaron en las ciudades; y entonces surgió una monarquía.

Surgieron escuelas que perpetuaron estas ideas; el paganismo reemplazó el culto a Dios. La torre era un monumento al sol; los ídolos llenaban los nichos de la estructura. Los hombres ofrecían a sus hijos como sacrificios.

La matanza de bebés y niños no es más que llevar a cabo en extremo lo que siempre se hace mental y espiritualmente cuando se enseña a los niños la falsa filosofía. Para que el hombre no se atraiga a sí mismo la destrucción inmediata, se confundió el lenguaje y se dificultó así la educación en la falsa filosofía.

Fue de esta influencia, tal como se encontró en la ciudad de Ur de los Caldeos, que Abraham fue llamado. Aunque la familia de Taré conocía al verdadero Dios, y su culto se mantenía en el hogar, le fue imposible contrarrestar la influencia de la ciudad con sus prácticas idolátricas; así que Dios llamó a Abraham al campo.

Fue obligado a salir por la fe. El traslado significó el rompimiento de todo lazo terrenal. La riqueza y la facilidad se cambiaron por una vida peregrina. Cómo podría ganarse la vida Abraham no lo sabía. Cómo podría educar a sus hijos no lo entendía. Pero, partió. Taré, su padre, y Lot, su sobrino, fueron con él. Se detuvieron en Harán, una ciudad más pequeña, y permanecieron allí hasta la muerte del padre. Entonces llegó la orden de seguir adelante. Salió a un nuevo país, como peregrino y extranjero.

"Por la fe Abraham, siendo llamado, obedeció para salir al lugar que había de recibir como herencia; y salió sin saber a dónde iba. Por la fe habitó como extranjero en la tierra prometida como en tierra ajena, morando en tiendas con Isaac y Jacob, coherederos de la misma promesa; porque esperaba la ciudad que tiene fundamentos, cuyo arquitecto y constructor es Dios." "Tampoco dudó, por incredulidad, de la promesa de Dios, sino que se fortaleció en fe."[15]

Fue cuando el patriarca había viajado a esta tierra extraña, y no sabía a dónde iba, que comenzó su trabajo como maestro. La comisión de Cristo a los apóstoles, "Por tanto, id, y haced discípulos a todas las naciones", no fue más enfática que la orden a Abraham. Dios lo llamó a enseñar, y debía ser un maestro de las naciones. A los discípulos se les dijo: "Toda potestad me es dada.... Por tanto, id, y haced discípulos a todas las naciones". Un poder debía acompañar sus enseñanzas. El poder es sinónimo de vida; no hay poder sin vida, y un maestro tiene poder en la medida en que vive lo que quiere enseñar.

Abraham iba a ser un maestro de las naciones; por lo tanto, debía tener poder. El poder sólo podía venir como resultado de una vida de fe, y por eso toda su vida fue una continua lección de fe. Cada experiencia lo convirtió en un maestro más poderoso. Su fe crecía por medio de la prueba, y sólo mientras subía vuelta a vuelta la escalera que abarcaba el abismo entre el cielo y la tierra, y que parecía alargarse con cada generación sucesiva. Fue necesario un período de no menos de veinticinco años, años llenos de dudas, miedo y ansiedad, para llevarle al lugar en donde el nombre de Abraham, el padre de las naciones podía ser reclamado por él con derecho. Otro cuarto de siglo pasó por encima de su cabeza, años en los que observó el crecimiento del hijo de la promesa; entonces la voz de Dios le llamó a levantar la mano para tomar la vida de ese mismo hijo. Aquel que había dicho que en Isaac serían bendecidas todas las naciones de la tierra, exigía ahora el sacrificio de esa vida a mano del padre. Pero Él, el dador de la vida en el caso del nacimiento del niño era considerado ahora el dador de la vida en caso de que la muerte le robara a su hijo, y el padre no vaciló.

Estos cincuenta años, con Dios y los ángeles como maestros nos revelan, como ningún otro período, los resultados de la verdadera educación, y merecen una cuidadosa atención. Si la obra del Espíritu alguna vez obró cambios en el corazón humano, esos cambios llegaron a Abraham. No es extraño que cuando Dios llamó por primera vez, la voz pareciera lejana, y sólo despertara parcialmente el alma adormecida. Como en un sueño, él, su padre, su sobrino y su esposa, se separaron de los lazos terrenales y de las hermosas llanuras caldeas en donde el lujo y el aprendizaje eran cosas cotidianas de la vida, y viajaron hacia la región montañosa.

Se ha dicho antes que Dios enseña mediante la enunciación de principios, o leyes universales, y el espíritu que viene por la fe ilumina los sentidos para que puedan captar las ilustraciones de estas leyes en el mundo físico.

Ese es el método del cielo para enseñar a la multitud de ángeles, y era el método aplicado antes de la caída. Con Abraham el caso estaba al principio lejos de ser ideal. Aquí había un alumno que carecía de fe. ¿Cómo se le iba a enseñar la sabiduría del Eterno? Dios guía de forma misteriosa. Como Cristo vivió su vida visible, porque en Israel el ojo de la fe era ciego, así, en el tiempo de Abraham, Dios enseñaba inductivamente, como ahora dice que se enseñe a los paganos. A aquel que no tenía fe, Dios vino visiblemente al principio y, guiando paso a paso, desarrolló una fe que antes de su muerte permitió a Abraham captar los principios eternos de la verdad sólo si Dios hablaba.

En Ur, Dios dijo, "Y haré de ti una nación grande, y te bendeciré, y engrandeceré tu nombre." Pasaron los años, la edad avanzó, y todavía no había heredero. ¿Podría haber confundido la voz que le ordenó dirigir su rostro hacia Canaán, y que le prometió a él y a sus descendientes toda la tierra desde el "el gran río Éufrates... hasta el gran mar donde se pone el sol"? " Y respondió Abram: Señor Jehová, ¿qué me darás, siendo así que ando sin hijo, y el mayordomo de mi casa es ese damasceno Eliezer? Dijo también Abram: Mira que no me has dado prole, y he aquí que será mi heredero un esclavo nacido en mi casa."[16]

Esta fue la forma en que el hombre cumplió una promesa hecha por el Hacedor del universo. ¿Hemos nosotros superado esta lección elemental de fe? ¿Podemos nosotros captar la promesa de fe de Dios y, sin temor ni pensamiento, dejar los resultados en manos de Aquel que sabe?

No, Abraham; no pienses que el cielo está limitado por la línea que delimita tu horizonte. "No te heredará éste, sino que un hijo tuyo será el que te heredará". Y, de pie bajo el dosel estrellado del cielo, el alma de Abraham captó el poder del Creador. ¡Él mismo será un padre! Su rostro se iluminó con una santa alegría mientras relataba a Sarai su experiencia con Dios.

Pero Sarai no le dio hijos; y para ayudar al cielo a cumplir su promesa, renunció a la ley divina del matrimonio y dio a Abraham su sierva, Agar, para que fuera su esposa. ¡Ojalá el hombre pudiera captar al menos el principio de las posibilidades de Dios! Un sufrimiento incalculable fue el resultado de ese único paso de incredulidad. No una, ni dos personas, sino generaciones entonces no nacidas, tuvieron sus destinos estropeados por esta falta de fe. Agar, sentada frente a su hijo moribundo, y llorando por la amargura de su destino, es una representación constante de un intento de vivir por la vista.[17] De nuevo, la aproximación del ángel y el rescate del niño registran en caracteres ardientes el anhelo de Aquel que se compadece de nuestra ceguera, y nos concede mucho más de lo que podemos pedir o pensar.

Pasaron noventa y nueve años sobre la cabeza del patriarca, y todavía la voz del mensajero del cielo fue recibida con una risa cuando se repitió la promesa. Sara se volvió dentro de la puerta de la tienda cuando el ángel visitante, al que habían alimentado, repitió a Abraham la promesa relativa a su esposa. Pero ella dio a luz a Abraham un hijo al que Dios llamó Isaac, en el que fueron bendecidas las naciones de la tierra. Una alegría indecible llenó el corazón de la madre y del padre al contemplar al bebé.

Esta era la alegría de la vista. Veinticinco años antes, la cosa era igual de cierta, y Abraham podría haber obrado legítimamente sobre la base de su verdad; pero el obstinado corazón humano requiere muchas lecciones. Veinticinco años después de esto, la fuerza de la fe de Abraham fue puesta a prueba en el altar del sacrificio. Saliendo de su casa una mañana temprano, cargó el fuego, puso la leña sobre los hombros del joven y viajó hacia el Monte Moriah. "He aquí el fuego y la leña; pero ¿dónde está el cordero para el holocausto?", preguntó el hijo. "Dios se proveerá de cordero.", respondió el hombre que por fin había aprendido a creer en Dios. No es más que la simple historia de un antiguo patriarca; pero la palabra de Dios deja testimonio de que "Creyó Abraham a Dios, y le fue contado por justicia."

Y "si vosotros sois de Cristo, ciertamente linaje de Abraham sois, y herederos según la promesa". Aquí reside el valor de esta lección para nosotros. Somos sus herederos si nos vinculamos al poder del Infinito mediante ese cordón de fe. Sólo con una vida y una educación como la suya puede establecerse el reino de Cristo en nuestro interior. Tales lecciones hicieron de Abraham un maestro exitoso.

Los que deseaban adorar al Dios verdadero se reunían en torno a las tiendas de Abraham y se convertían en alumnos de su escuela. La palabra de Dios era la base de toda la instrucción, como está escrito: "Éstos, pues, son los mandamientos... que Jehová vuestro Dios mandó que os enseñase, para que los pongáis por obra en la tierra a la que pasáis vosotros para tomarla."

Esta Palabra fue la base para el estudio de la ciencia política, y los "métodos de gobierno" de Abraham fueron "llevados a cabo en los hogares que ellos [sus estudiantes] debían presidir". La igualdad de todos los hombres era una lección que se aprendía primero en el hogar. "El afecto de Abraham hacia sus hijos y su casa le movió a resguardar su fe religiosa, y a inculcarles el conocimiento de los estatutos divinos como el legado más precioso que pudiera dejarles a ellos y, a través de ellos, al mundo. A todos les enseñó que estaban bajo el gobierno del Dios del cielo. No debía haber opresión de parte de los padres, ni desobediencia de parte de los hijos". La suya no era una escuela en la que se enseñaba sólo la teoría, sino que se hacía hincapié en lo práctico. En el estudio de la ciencia política, formaban el núcleo de un gobierno divino; en el estudio de las finanzas, realmente ganaban el dinero y criaban los rebaños que traían el reconocimiento de las naciones vecinas. "La integridad inalterable, la benevolencia y la desinteresada cortesía que le habían granjeado la admiración de los reyes, se manifestaban en el hogar".

La influencia de la vida en el campo y el contacto directo con la naturaleza, en contraste con la influencia enervante de la ciudad con sus enseñanzas idolátricas y métodos artificiales, desarrolló una raza resistente, un pueblo de fe que Dios pudo utilizar para poner los cimientos de la nación israelita. Vemos, pues, que cuando Dios funda una nación, pone esos cimientos en una escuela. La nación de la que Abraham y sus seguidores formaron el principio prefiguraba la tierra redimida, donde Cristo reinará como Rey de reyes. La educación de la escuela de Abraham simbolizaba la educación cristiana.

"Y si vosotros sois de Cristo, ciertamente linaje de Abraham sois, y herederos según la promesa", no sólo al reino, sino a la educación que prepara a los habitantes para ese reino.

Así como la fe era el método empleado en la enseñanza en los días del patriarca, la fe debe ser el motivo de trabajo y la vía hacia la fuente de la sabiduría en las escuelas de hoy en día. Actualmente hay quienes no pueden armonizar sus sentimientos y sus ideas de educación con el plan que Dios ha encomendado a su pueblo. Asimismo, en los días de Abraham, hubo al menos una familia que se apartó de la influencia de la escuela.

Lot había sentido los efectos de las enseñanzas de Abraham, pero por la influencia de su esposa, "una mujer egoísta e irreligiosa", abandonó el altar donde una vez adoraron juntos y se trasladó a la ciudad de Sodoma. "El casamiento de Lot y su decisión de residir en Sodoma iniciaron una serie de sucesos cargados de males para el mundo a través de muchas generaciones". Si sólo él hubiera sufrido, no necesitaríamos seguir la historia; pero la elección de un nuevo hogar lanzó a sus hijos entre las escuelas de los paganos, en donde se fomentó el orgullo y el amor a la exhibición; el matrimonio con sodomitas fue una consecuencia natural, y su destrucción final en la ciudad en llamas fue el resultado terrible pero inevitable.

"Cuando Lot se estableció en Sodoma, estaba completamente decidido a abstenerse de la impiedad y a "mandar a su casa después de sí" a que obedeciera a Dios. Pero fracasó rotundamente. Las corruptoras influencias que le rodeaban afectaron su propia fe, y la unión de sus hijas con los habitantes de Sodoma vinculó, hasta cierto punto, sus intereses con el de ellos."

La afirmación es conocida, que se deben establecer escuelas donde se pueda dar una educación diferente a la del mundo, porque los padres son incapaces de contrarrestar la influencia de las escuelas del mundo. La experiencia de Lot es un recordatorio forzoso de la verdad de la afirmación. Y el mandato de "acordaos de la mujer de Lot", debe servir de advertencia a los cristianos para que no acudan a las ciudades a dar educación a los niños. Las palabras de Spalding son ciertas: "No vivas en una gran ciudad, porque una gran ciudad es un molino que muele todo el grano en harina. Ve allí para conseguir dinero o para predicar el arrepentimiento, pero no vayas para hacerte un hombre más noble".

Los dos sistemas de educación no se retratan en ninguna parte más vívidamente que en las experiencias de Abraham y Lot. La educación en las tiendas de Abraham, bajo la guía del Espíritu de Jehová, trajo la vida eterna. La educación en las escuelas de Sodoma trajo la muerte eterna. Esto no fue algo antinatural. No se puede encontrar aquí ninguna obra arbitraria por parte de Dios. Tomar parte del fruto del árbol de la vida imparte la vida. Pero del árbol del conocimiento del bien y del mal se ha dicho: "el día que de él comieres, ciertamente morirás". El sistema de educación revelado a Abraham, si se hubiera llevado a cabo plenamente, habría colocado a Israel en un plano de existencia por encima de las naciones del mundo. Era una educación espiritual, que llegaba al alma mediante una apelación directa a la fe, y habría colocado al pueblo de Dios como maestro de las naciones. No se destinaba a unos pocos a enseñar, sino que la nación en su conjunto debía enseñar a otras naciones. El segundo Israel ocupará una posición similar, y será llevado a esa posición por medio de la educación cristiana.

Capítulo VI
La educación en Israel

Por lo cual también, de uno, y ése ya casi muerto, salieron como las estrellas del cielo en multitud, y como la arena innumerable que está a la orilla del mar". Así como Dios trató con el único hombre, así trató con la nación. Así como condujo al hombre desde un plano humilde hasta una posición exaltada, así condujo a la nación hasta que fueron un espectáculo para el mundo entero. No los eligió por su gran número, sino que, tomando a la menor cantidad de hombres, quiso mostrar al mundo lo que se podía hacer con el poder del amor.

Este pequeño pueblo, sin embargo, estaba destinado a dirigir el mundo, y a dirigirlo en todo el sentido de la palabra. Para que pudieran liderar en lugar de ser liderados, Él los hizo un pueblo peculiar para sí mismo, dándoles en primer lugar el rito de la circuncisión, que puso una barrera para siempre entre el creyente en el Dios de Israel y todas las naciones del mundo. Esta separación tenía un propósito. El hecho de que tuvieran que ser peculiares a los ojos de las demás naciones era meramente un paso de precaución, no una cosa de importancia en sí misma. Dios tenía una misión para la nación; y para que se cumpliera, todo esfuerzo debía inclinarse en esa dirección. La unidad de propósito es una ley divina; y para que Israel pudiera liderar, Israel debía ocupar una posición adelantada a todos los demás pueblos.

Los hombres viven en varios planos. Existen aquellos que están constituidos físicamente como para contentarse con la gratificación de los deseos y necesidades físicas. Estos pueden ser fácilmente guiados por hombres que viven en un plano mental; pues la mente ha sido siempre reconocida como superior a la materia, de modo que, sin saberlo, el fuerte físicamente cede ante su superior mental.

Casi inconsciente de su poder, el hombre del plano mental guía y controla a los del plano físico; no puede evitarlo. Es una ley natural; el uno guía, el otro sigue. Dos individuos, uno de los cuales vive en una de estas esferas y el otro en la esfera superior, nunca se enfrentarán por motivos de principio, pues al hombre organizado físicamente le resulta natural seguir los dictados del otro. Esta es, y siempre ha sido, la condición de la sociedad. La propia naturaleza señala a los líderes. Nacen, no se hacen, para el liderazgo. Son pocos, es cierto; las masas siempre prefieren ser dirigidas.

Pero Dios no llamó a Israel como meros líderes mentales. Hay por encima del plano mental, uno aún más elevado, cuya escalera para alcanzarlo es escalada por muy pocos. Así como los números disminuyen al pasar del plano físico al mental, así disminuyen aún más al pasar del plano mental al espiritual.

El hombre alcanza este plano más elevado de la existencia sólo por la fe. Requiere una abnegación constante y un desarrollo continuo. En realidad, es vivir viendo a Aquel que es invisible. El hombre físico depende casi por completo del conocimiento obtenido a través de los sentidos. El desarrollado mentalmente depende de la razón.

Muchos combinan estas dos naturalezas, y tales individuos se guían por el sentido de la razón justo en la proporción en que se desarrollan las dos naturalezas.

El conocimiento como resultado de las percepciones de los sentidos y la razón finita captan a la mayoría de la humanidad. La vida de fe, el caminar con Dios, acoge a unos pocos.

¿Ve usted por qué Dios eligió a un pueblo pequeño? Los eligió, como nación, para ser sacerdotes o maestros para Él. Como individuos, y como nación, Israel debía situarse en el plano espiritual, alcanzando y manteniendo esa posición mediante una vida de fe. Estando allí, estaría de acuerdo con la ley natural que todos los que se encontraran en los planos inferiores rindieran obediencia. Así como lo mental controla lo físico sin ninguna fricción, lo espiritual controla a todos los demás.

Por eso (por esta razón) dijo el Señor, "yo os he enseñado estatutos y decretos…. Guardadlos, pues, y ponedlos por obra; porque ésta es vuestra sabiduría y vuestra inteligencia ante los ojos de los pueblos, los cuales oirán todos estos estatutos, y dirán: Ciertamente pueblo sabio y entendido, nación grande es ésta."[18]

Los estatutos en sí mismos no pueden imponer respeto a ningún pueblo, pero Dios dio a Israel una forma de vida que los vinculaba con Él mismo. Al vivir en un plano espiritual, todo el mundo los miraba en busca de orientación. Como uno no puede levantar la mano y ayudar a los que están por encima de él, sino que debe venir desde arriba y elevar a los demás hacia sí mismo, así Israel fue señalado a una vida que hizo que los demás lo siguieran a pesar de ellos mismos, mientras que al mismo tiempo seguían lo que sabían que era la verdad. Esta es la posición exaltada que la verdad ha ocupado siempre.

Reconociendo claramente que Israel dirigiría en virtud del plano de existencia en el que se encontraba, y que éste se alcanzaba mediante una vida de fe, se ve fácilmente por qué se marcó para la nación un sistema de educación que difiere tan completamente de los sistemas de las otras naciones del mundo como la vida espiritual difiere de una existencia puramente física o estrictamente mental. Esto hizo imposible que se produjera cualquier mezcla de sistemas sin la ruina total de lo espiritual; pues tan pronto como éste descendía al nivel de cualquiera de los otros, dejaba de ser espiritual y perdía su poder de liderazgo.

Si Israel intentara adoptar la educación de las naciones circundantes, en ese momento su educación se volvería de carácter papal, pues entonces sería una combinación de lo divino con lo mundano. Si una teocracia hecha por el hombre, un gobierno eclesiástico y estatal, es papal en principio, lo divino y lo mundano combinados en los sistemas educativos no es menos un principio papal. Israel formó tal combinación más de una vez, pero con los resultados registrados en el Salmo 106:34-38: "Antes se mezclaron con las naciones, Y aprendieron sus obras, y sirvieron a sus ídolos, Los cuales fueron causa de su ruina. Sacrificaron sus hijos y sus hijas a los demonios, y derramaron la sangre inocente, la sangre de sus hijos y de sus hijas, que ofrecieron en sacrificio a los ídolos de Canaán."

La verdad y el error nunca forman un compuesto, aunque puedan mezclarse. La unión de ambos nunca produce la verdad, y el final es la muerte. La verdad amalgamada con el error, como el oro con el mercurio, permanece latente hasta que se libera. Israel no podía renunciar positivamente a las formas de educación que Dios le había dado sin renunciar a su lugar como líder de las naciones. Destinada a ser la cabeza y no la cola, invirtió inmediatamente su posición cuando adoptó un sistema mixto.

La educación que se trazó para los hijos de Israel era la cultura del alma, pura y simple. Su objeto era desarrollar el alma la cual es Dios en el hombre; y la Divinidad planificó de tal manera que cada verdadero judío fuera un hombre de Dios.

La educación debía desarrollar la chispa de divinidad otorgada al nacer, y era el privilegio de todo judío tener, como lo hizo ese único judío, Cristo, el Espíritu sin medida.

Veamos, entonces, cuál era el plan que tomaría al bebé recién nacido y lo seguiría a lo largo de la vida, convirtiéndolo en una unidad en una nación de seres espirituales. Dios reconoció la influencia prenatal, y por ello dio instrucciones y leyes relativas a la vida de los padres. Esto se ilustra en la historia de Ana, y la esposa de Manoa, en Elizabet, y en María, la madre de Jesús.

En la historia temprana de la nación, "la educación", dice Painter, "estaba restringida a la familia, en la que el padre era el principal maestro. No había escuelas populares ni maestros profesionales. Sin embargo, la instrucción del judío... abarcaba un gran número de particularidades".[19] Hinsdale dice: "La educación judía comenzaba con la madre. Lo que era la verdadera madre judía, considerada como maestra, lo sabemos por los dos Testamentos y por muchas otras fuentes. Las propias tareas domésticas que ella realizaba moldeaban a sus hijos de acuerdo con la disciplina nacional. 'La comida del sábado, el encendido de la lámpara del sábado y la separación de una porción de la masa del pan para el hogar, son sólo ejemplos con los que cada Taph, mientras se aferraba a las faldas de su madre, debía estar familiarizado'. El trozo de pergamino atado al poste de la puerta, en el que estaba escrito el nombre del Altísimo... sería una de las primeras cosas que llamarían su atención.

"Fue en la escuela de las rodillas de la madre que las historias de los patriarcas y los profetas, los estadistas y los guerreros, los poetas y los sabios, los reyes y los jueces, los sabios y los patriotas, y del propio gran dador de la ley, el conjunto forma el mejor cuerpo de material para los propósitos de la crianza de los niños que se encuentra en cualquier idioma, fueron contadas y recontadas hasta que se convirtieron en partes de la mente misma". Luego menciona el caso de Timoteo, y añade: "Como maestras de sus hijos, las mujeres de todos los países pueden aprender lecciones de las matronas de Israel".[20] Este era evidentemente el plan original, y si las familias hubiesen sido fieles a la confianza, la mayor parte de la educación, si no toda, habría sido en la escuela familiar. Sin embargo, siempre, mientras Israel fue una nación, el niño (y el término abarcaba los primeros doce o quince años) estuvo bajo la instrucción de los padres.

De la escuela del hogar seguimos al niño judío a la sinagoga o a la escuela de la iglesia. Moisés fue instruido por el Señor para hacer de cada sacerdote un maestro, así que la nación tenía toda una tribu de maestros. Como cada pueblo tenía su sinagoga, así "un pueblo en el que no hay escuela debe perecer". Citando de nuevo a Hinsdale "Los niños se reunían para ser instruidos en las sinagogas y escuelas, donde el maestro, generalmente el Chazzan, u oficial de la sinagoga, 'les impartía el precioso conocimiento de la ley, con una constante adaptación a su capacidad, con una paciencia incansable, una intensa seriedad, una severidad templada por la amabilidad, pero, sobre todo, con el objetivo más elevado de su adiestramiento siempre a la vista: "Mantener a los niños alejados de todo contacto con el vicio; adiestrarlos para la dulzura, incluso cuando se haya recibido el mal más amargo"; mostrar el pecado en su repulsión, en lugar de aterrorizar por sus consecuencias; "adiestrarlos para una estricta veracidad"; evitar todo lo que pueda conducir a pensamientos desagradables o indelicados; y hacer todo esto sin mostrar parcialidad, sin severidad indebida ni laxitud de la disciplina, con un aumento juicioso del estudio y el trabajo, con una cuidadosa atención a la minuciosidad en la adquisición de conocimientos; todo esto y más constituía el ideal que se le presentaba al maestro, y hacía que su oficio fuera de tan alta estima en Israel.' "[21] Estos maestros tomaban a los jóvenes en el período más crítico de su desarrollo. Y ¡qué bien comprendían las necesidades de las mentes en desarrollo!

En los días de Samuel, leemos por primera vez sobre las escuelas de los profetas, donde se reunían los mozos para el estudio de la ley, la música, la poesía y la historia, y los diversos oficios. El nombre de "Escuela de los Profetas" indicaría la espiritualidad de su trabajo, y la referencia a la época de Elías y Eliseo, y la experiencia de Saúl probarían la verdad de la inferencia.

Con respecto a los temas que se enseñan, no quedamos en la ignorancia si estudiamos la historia del pueblo. Así, citando de nuevo a Painter, "El padre hebreo no sólo debía impartir instrucción oral a sus hijos, sino también enseñarles a "leer y escribir". Como debía inscribir las palabras del Señor en los postes de sus puertas y portales, él mismo debía haber aprendido a escribir; y, como las escribía para sus hijos, éstos debían haber sido enseñados a leer. Por lo tanto, parece que la capacidad de leer y escribir era general entre los antiguos judíos; y, en este particular, superaban a cualquier otra nación de la antigüedad."²² Hinsdale dice: "Desde la enseñanza del alfabeto, o la escritura en la escuela primaria, hasta el límite más lejano de la instrucción en las academias de los rabinos, todo estuvo marcado por el extremo cuidado, la sabiduría, la precisión y el propósito moral y religioso como objetivo final."²³

"Hasta los diez años de edad, la Biblia era el único libro de texto; de los diez a los quince se utilizaba la Mischna, o ley tradicional, y después el alumno era admitido a las discusiones de las escuelas rabínicas. Sin embargo, un curso de estudio tan extenso era tomado sólo por aquellos que mostraban una decidida aptitud para el aprendizaje. El estudio de la Biblia comenzaba con el libro del Levítico; luego venían otras partes del Pentateuco; después, los profetas y, por último, la Hagiografía".²⁴

Al obrar en favor de este pueblo elegido, Dios curaba las enfermedades físicas con la misma facilidad con que sanaba un alma enferma por el pecado; y con las leyes para el crecimiento espiritual se daban instrucciones para la conservación de la salud. Cada sacerdote era igualmente un médico, y las leyes relativas al uso de alimentos sencillos y saludables, la respiración correcta, la ventilación, el uso de desinfectantes, el baño, etc., eran conocidas por todos los que leían los estatutos de Jehová.

Painter dice, con respecto a otros temas enseñados "Entre los potentes elementos educativos de los judíos, el de los festivales nacionales anuales merece consideración…. Conmemorando importantes acontecimientos nacionales, mantenían el pueblo al corriente de su "historia" pasada…. Estas frecuentes reuniones no sólo contribuían a la unidad nacional y religiosa, sino que ejercían una fuerte influencia educativa sobre el pueblo."²⁵

"Los levitas, más que otros hebreos, debían estudiar el libro de la ley; conservarlo y difundirlo en copias exactas; desempeñar las funciones de "jueces y genealogistas", y, por consiguiente, ser teólogos, juristas e historiadores. Como los sacerdotes y los levitas debían comprobar la exactitud de los pesos y las medidas, era necesario que entendieran algo de matemáticas; y como debían determinar y anunciar las fiestas móviles, las lunas nuevas, los años y los años intercalares, tenían ocasión de estudiar astronomía", dice Jahn.

Dado que las escuelas de los profetas florecieron en los días de Saúl y David, no sería sorprendente que David adquiriera parte de su habilidad musical allí, así como en la ladera de las colinas cuidando ovejas, pues la poesía y la música formaban parte del curso de instrucción en estas escuelas. Un autor rinde un gran homenaje a estas materias al decir: "La poesía griega es hermosa; la hebrea es sublime".

Cuando los niños fueron fortificados por tal educación desde la infancia hasta la edad adulta, no es de extrañar que la influencia que la nación "ha ejercido sobre el mundo sea incalculable. Ha suministrado la base de toda la verdadera teología; ha dado un sistema de moralidad intachable; y, en el cristianismo, ha proporcionado la forma más perfecta de religión. La civilización de Europa y de América puede atribuirse directamente a los judíos".[26]

No es difícil determinar cuál habría sido el resultado si la nación hubiera vivido a la altura de sus privilegios en materia de educación. La historia de la Tierra se habría acortado por lo menos dos mil años; porque la nación nunca habría entrado en la esclavitud, y Cristo nunca habría sido traicionado. Como estos principios de la educación cristiana se están apoderando de nuevo de la gente, ¡con qué interés deben observar el progreso de la obra los habitantes de otros mundos, que han visto los fracasos del pasado por falta de fe! Que la educación hebrea tendía principalmente a un desarrollo del hombre interior en lugar de dar meramente un conglomerado de hechos, está bien expresado por Wines. Dice: "La ley hebrea exigía una formación temprana, constante, vigorosa y eficaz de la disposición, el juicio, los modales y los hábitos, tanto de pensamiento como de sentimiento. Los sentimientos que se consideraban apropiados para el hombre en sociedad se bebían con la leche de la infancia. Los modales que se consideran adecuados en los adultos se impartieron diligentemente en la infancia".

La educación, sin embargo, no sólo era moral e intelectual, sino también física, pues a cada niño judío se le enseñaba algún oficio que le permitiera mantenerse. Ni la riqueza ni la posición eliminaban la necesidad de esto. Pablo, que se sentó a los pies de Gamaliel mientras estudiaba la ley, pudo ganarse la vida como fabricante de tiendas mientras predicaba el evangelio.

Sin embargo, había en todo ello este único pensamiento: toda la instrucción estaba destinada a desarrollar la naturaleza espiritual. Se consideraba el más alto honor llegar a ser sacerdote (todo judío podía ser a la vez sacerdote y maestro), y en este cargo el hombre estaba junto a Dios. Esta era una posición totalmente espiritual, y prefiguraba la obra del Mesías. Es cierto que Israel como nación nunca alcanzó el nivel establecido para ella, nunca subió, por así decirlo, esa escalera que se extiende de la tierra al cielo; y se dejó que el Hombre Único, el Maestro de Israel, uniera los dos reinos de lo físico y lo espiritual. Pero de vez en cuando surgieron hombres en la nación judía que captaron en un sentido mucho más amplio que la mayoría, el significado de la verdadera educación tal como fue entregada a los judíos, y que, sometiéndose a la influencia educadora del Espíritu de Dios, fueron capaces de convertirse en líderes del pueblo y representantes de Dios en la tierra. Tales fueron Moisés, Daniel, Job y Ezequiel y, hasta cierto punto, todos los profetas de Israel. En cada uno de ellos el alma se elevó por encima del hombre físico, hasta encontrarse con su fuerza matriz en el corazón de Dios. Esto hizo posible que Moisés hablara cara a cara con el Padre, y que Ezequiel siguiera al ángel de la revelación hasta la tierra fronteriza del hogar de Dios.

Estos hombres no hacían más que disfrutar de lo que todo hombre en Israel podría haber experimentado si la nación hubiera permanecido en el plano al que fueron llamados, recibiendo su educación por la fe. Uno está tentado a preguntar por qué cayeron. La respuesta es la misma que a esa otra pregunta: ¿Por qué no nos levantamos? Dejaron de mirar hacia arriba; la fe falló y la razón ocupó su lugar, y en lugar de liderar, buscaron ser como las naciones que los rodeaban. Allí estaba Egipto, con sus hombres poderosos, y el corazón carnal anhelaba algo del despliegue egipcio. Para entenderlo, debemos considerar de nuevo la diferencia entre su vida y su educación. La vida en el plano espiritual significa el olvido total de sí mismo; pero cuando se atienden los deseos carnales, la caída es inevitable.

La educación egipcia se basaba en gran medida en la base física. Es cierto que se alcanzaban alturas mentales, pero sólo por unos pocos, y esos pocos, atados por los grilletes de la tierra, eran incapaces de desprenderse por completo. Las masas, no sólo en la educación sino también en la religión, eran físicas, y vilmente físicas. El toro sagrado era una personificación de la deidad. ¿Por qué? Porque Dios, para un egipcio, era una encarnación de la lujuria. Todos sus dioses, todos sus ritos y ceremonias, cada muro del templo y cada servicio religioso respiraban el espantoso olor del libertinaje. Los historiadores afirman que la clase sacerdotal lo sabía mejor. Y así era; pero su comprensión no era la de la verdad, de lo contrario nunca habrían podido ser los sacerdotes y maestros de tal religión o de tal sistema de educación.

Estas palabras, puestas en boca de un antiguo sacerdote egipcio, hablan verdaderamente del espíritu de la educación egipcia. Dice: "Yo que he visto casi ochenta años de miseria.... Yo que he dominado todas las artes, las ciencias y la religión del antiguo Egipto, una tierra arrugada por la edad siglos antes de la era de Moisés; yo que conozco tanto todo lo que los sacerdotes de Kem enseñaron alguna vez al pueblo, y también las formas más elevadas y recónditas de la ignorancia en la que los propios sacerdotes creían- ¡verdaderamente no sé nada! Apenas puedo creer en nada que no sea la oscuridad universal, para la que no llega la primavera del día, y la desdicha universal para la que no hay cura. Oh, miserable que soy, ¿quién me librará de esta muerte?"

Y, sin embargo, los judíos dejarían esa educación que ofrecía la vida eterna, por esto que el egipcio mejor educado podría reconocer como oscuridad y sólo oscuridad. Fue de esto de lo que Dios libró a Israel; pero muchos hoy en día, afirmando ser Israel en Espíritu, buscan todavía la sabiduría y la filosofía de Egipto para ellos y sus hijos. Israel no pudo entrar en contacto con esta forma de vida sin contaminarse. Es más, cayó de su estado exaltado y nunca lo volvió a alcanzar. "Jerusalén fue destruida porque se descuidó la educación de sus hijos".

La ley ceremonial dada después de salir del Sinaí, al comienzo de aquella memorable marcha de cuarenta años, era necesaria porque la nación había perdido toda apreciación de lo espiritual en abstracto, y no podía hacerse ninguna idea de Dios como Espíritu sino a través de alguna apelación a los sentidos físicos. Esta condición se debía al hecho de que cuatro generaciones habían estado sujetas a la educación egipcia.

Sólo el plan de tipos y ceremonias apelaba a la mente. E incluso en este método inductivo de enseñanza, la nación parecía lenta para aprender; pues los cuarenta años entre el Mar Rojo y el Jordán sirvieron para desarrollar apenas la fe suficiente para llevar al pueblo a la tierra prometida. La ley de Dios, escrita en las tablas del corazón por la pluma de la fe, sólo atrajo a unos pocos. Los hombres comían el maná del cielo, pero no sabían que era la señal de un Salvador crucificado: bebían del agua que fluía constantemente de la roca herida, sin soñar que prefiguraba la sangre derramada del Hijo de Dios moribundo. Una vez asentados en Canaán, todo el sistema de educación estaba planificado de tal manera que enseñaba al niño a aceptar a Cristo por la fe. Algunos captaron esta verdad espiritual; pero solo unos pocos tenían ojos que veían las cosas ocultas a la multitud, porque la fe era una vía de acceso al alma misma.

Teniendo el privilegio de vivir por la fe, y aceptando la enseñanza divina en esta su forma más elevada, prefirieron el viejo camino, y caminaron por la vista. "Si no veis, no creeréis"; "Oh, vosotros de poca fe". Cuando miramos lo que los israelitas podrían haber sido, y luego lo que fueron, hay un sentimiento de intenso dolor, pues la caída es inexpresablemente grande. Poco a poco, Jehová se esforzó por alcanzar de nuevo la naturaleza superior y llevar a Israel a su lugar elegido por el cielo. Hubo un progreso constante hasta los días de Salomón, cuya sabiduría eclipsó la de los grandes hombres de la tierra, e Israel como nación estuvo de nuevo a punto de convertirse en el pueblo líder del mundo político, intelectual y moralmente.

Salomón fue elevado a una posición de eminencia entre los grandes hombres de la tierra porque aprendió de Dios el secreto de la verdadera educación. Su sabiduría no fue un regalo para él exclusivamente, sino que se ofreció a todos los que cumplieran con los requisitos educativos. De Salomón leemos que Dios le concedió un oído auditivo. Sus sentidos espirituales fueron despertados por la fe, y se encontró tan en armonía con el Dios de la naturaleza que todas las obras del Creador fueron leídas por él como un libro abierto. Su sabiduría parecía grande en contraste con la de otros judíos simplemente porque los demás no estaban a la altura de sus privilegios. Dios deseaba que toda la nación se presentara ante los demás pueblos como Salomón se presentaba ante los reyes de la tierra.

Lo sorprendente para la mayoría de los estudiantes es el hecho de que el sistema de educación dado por Dios, cuando se sigue, abre al hombre tales beneficios materiales. No es, como a menudo se le acusa de ser, ideal y teórico, y carente de lo práctico. Por el contrario, es de lo más práctico, y abre a sus seguidores todas las líneas legítimas de prosperidad, colocando a sus devotos por encima de todos los contendientes. Esto se ve en la experiencia del rey que acabamos de mencionar. Como estadista y abogado, Salomón destacó; como científico, sobresalió entre los eruditos del mundo; en cuanto a riqueza y esplendor, no se ha contado ni la mitad; durante su reinado, la arquitectura judía, ejemplificada en el templo, asumió tal grandeza que se convirtió en el modelo incluso para los griegos estéticos. En el trabajo de la tierra y el cultivo de los frutos siempre se pretendió que Israel superara a las demás naciones.[27] Los jóvenes eran entrenados para ocupar puestos de confianza y se les enseñaban los deberes prácticos de la vida cotidiana. Esta formación se daba tanto a las muchachas como a los varones, capacitándolas para llenar adecuadamente la esfera que les correspondía como amas de casa y madres en Israel.[28]

De la caída que siguió a esta exaltación, Israel nunca se recuperó. Al perder el sistema educativo su verdadero carácter, la nación fue finalmente llevada al cautiverio. Cuando la raza hebrea perdió la espiritualidad de su educación, lo perdió todo, pues el poder político, la reputación nacional, todo, pendía de un hilo. "Jerusalén fue destruida porque se descuidó la educación de sus hijos". Esta destrucción no llegó de repente. Hubo un declive, luego una arremetida hacia adelante, y otra recaída, siendo cada vez mayor la caída y más débil la reacción. Varias veces se hizo un alto, y la vida nacional se prolongó por un retorno a los métodos prescritos de educación. Josafat, por ejemplo, nombró a levitas como maestros en las diferentes ciudades de Israel, y, como resultado, "cayó el pavor de Jehová sobre todos los reinos de las tierras que estaban alrededor de Judá, y no osaron hacer guerra".[29] Si se hubiera llevado a cabo la reforma que entonces se inició, toda la historia nacional habría cambiado.

Otro hecho notable es que la liberación de la esclavitud siempre fue anunciada por dos reformas. Por ejemplo, antes de la liberación de Babilonia, Daniel fue levantado para instruir al pueblo en la reforma de la salud y la reforma educativa. Estas dos siempre se acompañan mutuamente. La una afecta al cuerpo, preparándolo para que se convierta en el templo del Espíritu Santo; la otra vuelve la mente hacia la verdad, para que el Espíritu de Dios pueda pensar a través de ella. Un cuerpo purificado por una vida correcta, y una mente entrenada según las leyes de la educación cristiana, trae una experiencia como la que tuvo Daniel.[30] Que vivía en un plano superior al de la mayoría de los hombres es evidente; porque "sólo yo, Daniel, vi aquella visión, y no la vieron los hombres que estaban conmigo" Lo que para Daniel era la voz de Dios, aquellos cuyos oídos no estaban en sintonía con el Infinito lo oyeron como un trueno o como un terremoto. Todos habían tenido el privilegio de ver y oír como Daniel vio y oyó, pero eligieron una vida más tosca, una existencia de vibración más lenta, donde la tensión mental era menor y las cuerdas del corazón estaban más sueltas. Era más fácil mantenerse en sintonía con Egipto o Babilonia que con el Dios del cielo. Y cuando nació el Hijo del Hombre, le resultó difícil seleccionar incluso una pequeña compañía cuyas vidas estuvieran en armonía con la suya.

La educación de Israel era una educación espiritual. Su Rey debía establecer un reino espiritual en los corazones de un pueblo espiritualizado por la presencia de la verdad. Era el mismo sistema que había sido entregado por Cristo a Adán; el mismo por el que se enseñó a Abraham; y lo que no se logró en las épocas pasadas se logrará por medio de la educación cristiana en los días preparatorios de su segunda venida.

Capítulo VII
El sistema de educación del mundo pagano

Dios llamó a Israel para que se convirtiera en una nación de maestros, y les dio estatutos y juicios que, cuando se convirtieron en la base de los sistemas educativos, tendieron a hacer de la nación un pueblo peculiar, una nación de sacerdotes, una raza espiritual, constituyendo así el pueblo líder del mundo. ¿A partir de qué los llamó? "Pero a vosotros Jehová os tomó, y os ha sacado del horno de hierro, de Egipto".[31] Y de nuevo: "De Egipto llamé a mi Hijo".[32] Egipto constituye una personificación del mundo pagano, y su mismo nombre significa oscuridad. El oscuro manto del paganismo ha obstruido siempre el brillante resplandor de la luz de la verdad.

Debido a que el poder físico, intelectual y político de Israel se derivaba y dependía de su sistema de educación, no sería más que natural suponer que el poder opuesto del paganismo poseyera ideas educativas y estuviera controlado por un sistema de instrucción en armonía con sus prácticas. O, para decirlo de forma más lógica, concluimos necesariamente que el mundo pagano se apoyaba en un sistema de educación distinto, y que las costumbres y prácticas de las naciones paganas eran el resultado de las ideas educativas que propugnaban.

El sistema dado por Dios, como se encuentra entre los hebreos, se apoyaba en la fe y desarrollaba el lado espiritual de la naturaleza del hombre, haciendo posible que la divinidad se uniera con la humanidad en el sentido más elevado. El resultado de esta unión de lo humano y lo divino, el Emanuel, es la creación más elevada del universo. Fue en sí mismo un poder ante el que se inclinaron hombres y demonios.

En cuanto al paganismo y su sistema de educación, ¿cuál era la religión del mundo pagano? y ¿cuáles eran las ideas que se esforzaba por propagar? En primer lugar, colocaba por encima de Dios el estudio y la adoración del yo. Cristo es "aquella luz verdadera, que alumbra a todo hombre que viene a este mundo." Todos los hombres tienen, pues, en algún momento de la vida, la luz suficiente para conducirlos a la verdad, ya que el Evangelio "revela una ira divina desde el cielo sobre toda la maldad e iniquidad de los hombres que pervierten lo verdadero en falso; porque Dios se lo ha revelado; ya que desde la creación del mundo sus atributos invisibles podían descubrirse a través de los hechos creados, es decir, su poder invisible y su divinidad. En consecuencia, son inexcusables".[33]

Por lo tanto, los hombres que por necesidad tienen luz, pueden rechazar esa luz, y entonces se convierten en paganos. Pablo, en el primer capítulo de su carta romana, afirma una ley universal en la que cuando se rechaza la verdad, el error ocupa su lugar. La cita está tomada de nuevo de la traducción de Fenton, porque la redacción, al diferir ligeramente de la versión autorizada, estimula el pensamiento: "Porque, conociendo a Dios, no lo honraron como a un Dios, ni se alegraron, sino que jugaron con sus aumentos y oscurecieron sus insensatos corazones; profesando ser filósofos, se hicieron los locos y transformaron la gloria del Dios imperecedero en una imagen de hombre perecedero, ¡y de aves! y de bestias! y de reptiles! Y, por lo tanto, Dios los abandonó en la concupiscencia de sus corazones a la inmundicia, para deshonrar sus propios cuerpos para sí mismos: habiendo cambiado la verdad de Dios en falsedad, al honrar y servir a la criatura en contra del Creador, que es verdaderamente bendito en todas las épocas."[34]

Habiendo pasado de la adoración a Jehová a la adoración del hombre, luego del ave, y de la bestia, y del reptil, encontramos asociadas a la adoración las formas más groseras de libertinaje. Así lo afirma Pablo en el primer capítulo de Romanos. El pensamiento que debe tenerse en cuenta es que el hombre se aparta de Dios y se adora a sí mismo. No puede concebir ningún poder más elevado que su propia mente, ninguna forma más elevada que la suya. Su primer ídolo es la forma humana, masculina o femenina. La dota de pasiones humanas, pues no conoce otro corazón que el suyo. Al contemplar se transforma en la misma criatura apasionada; una bestia se convierte en la personificación de su deidad, y el toro sagrado en su dios. Todo en el culto es repugnante, y los pájaros, los cocodrilos y toda clase de reptiles se convierten en objetos de adoración. Esto es Egipto. Esto, de hecho, retrata la adoración final en cualquier país que se aleja de Cristo y pone la fe en el hombre.

Hay una variedad de formas en el culto, como hay una variedad de complexiones en los hombres de los diferentes países; pero es un mismo plan en todas partes, que se apoya en un sistema de educación, produciendo los mismos resultados, ya sea que se trace en la orgullosa corte babilónica, en la repugnante inmundicia de Egipto, en Grecia con su orgullo intelectual y su cultura, en el derecho romano o en los países europeos más modernos. El paganismo es el monstruo de ojos verdes, agachado en la orilla meridional del Mediterráneo, cuyo cuerpo sigue el curso del Nilo, cuyas patas llegan tanto al este como al oeste, y cuyo aliento ha envenenado la atmósfera de toda Europa. En esos ojos los hombres han mirado esperando encontrar sabiduría. No era más que la mirada fulminante del demonio, como la del tigre en la noche.

Para el propio Egipto, borró todos los derechos individuales, colocando a las masas como un rebaño común que se retorcía en la superstición bajo las manos de un rey tirano y un sacerdocio intrigante. Era, en efecto, "un horno de hierro", como Dios lo había llamado, y como Israel había comprobado por triste experiencia. Era una tiranía en el gobierno; era una tiranía aún más amarga en la educación y la religión. Tan bien podría uno esforzarse por mover las pirámides, u obtener palabras de la silenciosa esfinge, como esperar cambiar la vida en Egipto por medio de cualquier cosa presentada en Egipto.

De la educación egipcia, Jahn dice: Los "sacerdotes eran una tribu separada... y desempeñaban no sólo los servicios de la religión sino los deberes de todos los cargos civiles para los que era necesario el aprendizaje. Por lo tanto, se dedicaban de manera peculiar al cultivo de las ciencias....

"Estudiaban filosofía natural, historia natural, medicina, matemáticas (particularmente astronomía y geometría), historia, la forma de gobierno civil y la jurisprudencia".

Pongan este curso de estudio al lado de la educación judía, y notarán en esta última la Biblia y las materias que tendían a desarrollar la espiritualidad, aquellas cosas que sólo la fe podía captar; mientras que la educación del egipcio tenía una base enteramente intelectual, y se ocupaba de aquellas materias que apelan a los sentidos y a la razón humana.

Cuando se rastrea este sistema como sistema en otros países, especialmente en Grecia, esta característica se vuelve sorprendente en extremo; y si se hace referencia a él, a menudo en contraste con el sistema judío, es porque aquí yace el pivote sobre el que gira la historia de las naciones. Hoy en día es la fe o la razón, como ha sido la fe opuesta a la razón a lo largo de los tiempos. En lugar de razón se utiliza la palabra filosofía, ya que era una expresión favorita entre los paganos.

El Evangelio se ha opuesto a la filosofía del mundo desde el principio; de ahí que leamos: "Porque la razón de la Cruz es ciertamente una locura para los réprobos, pero para nosotros, los salvados, es un poder divino; porque está escrito: 'Destruiré la filosofía de los filósofos, y trastornaré el ingenio de los inteligentes'. ¿Dónde está el filósofo? ¿Dónde está el erudito? ¿Dónde está el investigador de esta época? ¿No ha hecho Dios que la filosofía de este mundo sea una locura? Porque cuando en la filosofía divina el mundo no percibió a Dios a través de la filosofía, a Dios le agradó salvar a los fieles por medio de la locura de la predicación. Sin embargo, como los judíos exigen una señal y los griegos buscan la filosofía, ahora anunciamos a un Cristo crucificado, una cierta ofensa para los judíos, y una broma para los paganos, pero para los llamados, ya sean judíos o griegos, Cristo es un poder divino y una filosofía divina. Porque observad vuestra vocación, hermanos, que no hay muchos filósofos de moda, ni muchos hombres poderosos, ni muchos de alta cuna".[35]

Es esta filosofía divina la que captan los de mente espiritual, y que es la suma y la sustancia de su educación. Es esta filosofía humana, o filosofía natural, que a los ojos de Dios es una locura, que Egipto y sus seguidores adoptaron. Las mentes que indagan en la filosofía humana nunca encuentran a Dios, ni se acercan a los reinos de la filosofía divina. Hay una filosofía divina, y se capta por la fe; y hay una filosofía humana, una creación de la mente humana, una ciencia formulada de deducciones que apelan a los sentidos naturales. Pero el hombre, más sabio sólo en el aprendizaje humano, sigue siendo un necio a los ojos de Dios, pues no se ha llegado al hombre interior.

Nuestro estudio de la educación pagana no se limita, sin embargo, al valle del Nilo. De hecho, algunas de las fases más interesantes y algunos de los rasgos más fuertes del sistema se desarrollaron en otros lugares. Egipto fue la cuna, pero Grecia y Roma fueron campos en los que estas ideas cobraron fuerza. Leemos: "Los antiguos consideraban a Egipto como una escuela de sabiduría. Grecia envió allí a ilustres filósofos y legisladores, como Pitágoras y Platón, Licurgo y Solón, para completar sus estudios". "De ahí que incluso los griegos en la antigüedad tuvieran la costumbre de tomar prestada su política y su aprendizaje de los egipcios".[36]

De los cuatro hombres mencionados, consideramos a Licurgo como el fundador del gobierno espartano de Egipto, destacado por el entrenamiento físico que impartía y la total sujeción del individuo al estado. Todos los historiadores reconocen que esto se debe al sistema de educación introducido por Licurgo y seguido por su pueblo. El recién nacido era juzgado digno de la vida o de la muerte por un consejo del estado, la decisión se basaba en la condición física del infante. A la edad de siete años el niño pasaba a ser propiedad del estado, y así permanecía hasta los sesenta. Era una educación más exclusivamente física o puramente secular que la que se ofrecía en otros lugares de la tierra.

La prosperidad de Atenas, donde se "realizó la forma más perfecta de la civilización pagana", data de la época de Solón, quien, como ya hemos aprendido, terminó su educación en Egipto. En estos dos hombres vemos la inclinación hacia el lado físico, tan prominente en la educación pagana. "El curso de estudio en la escuela de Pitágoras abarcaba las matemáticas, la física, la metafísica y la medicina. Se daba especial importancia a las matemáticas, que Pitágoras consideraba la ciencia más noble".

Aquí se revela la inclinación de la educación pagana hacia lo puramente intelectual. De Platón leeremos más adelante.

Si Egipto ofreció el terreno para la germinación de la semilla de la educación pagana, Grecia llevó la planta a su estado de producción de semillas; y Roma, actuando como el viento con el cardo caído, dispersó la emisión de la educación pagana. De Roma leemos: "Recogió en sus brazos los elementos de la cultura griega y oriental y, al acercarse su fin, los esparció libremente por el resto de Europa. Roma ha sido la portadora de la cultura al mundo moderno".[37]

Para comprender la fertilidad de las semillas de la educación pagana, es necesario considerar con cuidado la mente maestra de ese sistema, y esto lo encontramos en Platón. Emerson, en Hombres representativos, define su posición y la de su filosofía en el mundo pagano y en el llamado mundo cristiano, haciendo que las enseñanzas de este griego, escolarizado en Egipto, desplacen a la propia Palabra de Dios. Dice: "De Platón salen todas las cosas que todavía se escriben y se debaten entre los hombres del pensamiento.... La Biblia de los eruditos desde hace dos mil doscientos años, todo joven enérgico, que dice sucesivamente cosas bonitas a cada generación reticente (...Erasmo, Bruno, Locke, Rousseau, Coleridge) es algún lector de Platón".

Eso es decir que durante dos mil doscientos años Platón y su sistema educativo, conocido en todas partes como platonismo, han ocupado el lugar de la Biblia para las principales mentes del mundo. "Platón es la filosofía, y la filosofía, Platón, siendo a la vez la gloria y la vergüenza de la humanidad, ya que ni sajones ni romanos han servido para añadir ninguna idea a sus categorías", continúa Emerson. "No tuvo esposa ni hijos, y los pensadores de todas las naciones civilizadas son su posteridad y están teñidos de su mente. ¡Cuántos grandes hombres envía incesantemente la naturaleza desde la noche, para que sean sus hombres-platónicos!"

Luego da una lista de nombres ilustres que han representado el saber en las distintas épocas de la historia del mundo, y continúa: "El calvinismo está en su Fedón [de Platón]: el cristianismo está en él". ¡Qué poco sabía este escritor del poder de la verdad tal como la dio Cristo! Sin duda, se formó su juicio según los maestros supuestamente cristianos. Pero continúa: "El mahometismo extrae toda su filosofía, en su manual de moral,... de él [Platón]. El misticismo encuentra en Platón todos sus textos. Este ciudadano de un pueblo de Grecia no es un aldeano ni un patriota. Un inglés lee y dice: ¡Qué inglés!, un alemán: ¡Qué teutónico!, un italiano: ¡Qué romano y qué griego! Y para demostrar que el reconocimiento de Platón no se detiene en el Atlántico, nuestro versátil escritor de Nueva Inglaterra dice: "Platón parece, para un lector de Nueva Inglaterra, un genio americano". ¿Tiene el lector alguna sospecha de que nuestras instituciones educativas americanas pueden haber reconocido la universalidad de este maestro de la filosofía, y haber adoptado en sus currículos su sistema de razonamiento? Uno rastrea, sin la ayuda de lupas, el hilo de la filosofía pagana a lo largo de las escuelas americanas.

"Así como nuestra Biblia judía se ha implantado en la charla de la mesa y en la vida doméstica de cada hombre y mujer en las naciones europeas y americanas, así los escritos de Platón han preocupado a cada escuela de aprendizaje, a cada amante del pensamiento, a cada iglesia, a cada poeta, haciendo imposible pensar, en ciertos niveles, excepto a través de él. Se interpone entre la verdad y la mente de cada hombre, y casi ha impresionado el lenguaje y las formas primarias del pensamiento con su nombre y sello.... Aquí está el germen de esa Europa que conocemos tan bien, en su larga historia de artes y armas; aquí están todos sus rasgos, ya perceptibles en la mente de Platón. Cómo llegó Platón así a ser Europa, y la filosofía, y casi la literatura, es el problema que debemos resolver".[38]

Uno no deja de maravillarse de que, rodeada como estaba la iglesia de Corinto por esta filosofía y en contacto diario con estas ideas que han influido en el mundo, Pablo le escribiera en contra de aceptar la filosofía de los hombres en lugar de esa filosofía divina que él y otros apóstoles estaban predicando a través de la cruz de Cristo. "Cuando llegué a vosotros, hermanos", escribe el apóstol, "no vine proclamando el testimonio de Dios con grandes razonamientos o filosofías, ya que decidí no conocer nada entre vosotros excepto a Jesucristo, y éste fue crucificado.... Y mi pensamiento y mi declaración no estaban revestidos de cautivadoras razones filosóficas, sino de un espíritu y un poder demostrados, para que vuestra confianza no estuviera en la filosofía humana, sino en el poder divino".[39] "Mirad que nadie os engañe por medio de filosofías y huecas sutilezas, según las tradiciones de los hombres, conforme a los rudimentos del mundo, y no según Cristo".[40]

Viendo, pues, que el sistema platónico de educación ha ejercido, y sigue ejerciendo tal influencia sobre las mentes de los hombres, nos corresponde averiguar los principios básicos de su sistema. ¿En qué creía el hombre y qué enseñaba? Ya se han dado citas que demuestran que es el padre de la filosofía moderna. Emerson define esta filosofía. Dice: "La filosofía es el relato que la mente humana se hace de la constitución del mundo". Todos los intentos, pues, de dar cuenta de la constitución del mundo cuando se rechaza un "así dice el Señor", es filosofía. Y la filosofía es Platón.

"Por la fe entendemos haber sido constituido el universo por la palabra de Dios, de modo que lo que se ve fue hecho de lo que no se veía".[41] Pero el platonismo es la mente tratando de dar cuenta por sí misma de la constitución de los mundos. ¿Cómo, piensa usted, el autor de esta filosofía se propuso dar cuenta de cosas que pueden ser captadas sólo por la fe? "A Platón le corresponde el honor de someter por primera vez la educación a un examen científico", dice Painter. Aquí comenzaron los estudios de laboratorio que han sido continuados por Huxley, Darwin y otros. Y así, han obtenido sus ideas sobre la evolución de Platón, Europa y América. Platón trajo estas ideas de Egipto y Babilonia, y las escuelas de hoy en día siguen esta filosofía creada por el hombre. Nuestros hombres de intelecto escriben libros de texto que ponen en manos de los jóvenes, enseñándoles a dar cuenta de la constitución de los mundos según el razonamiento de las mentes de los hombres.

Unas cuantas reflexiones más sobre Platón y veremos qué es la evolución y dónde se encuentra ahora. Aristóteles, el ilustre alumno de Platón, "creó la ciencia de la lógica", "la ciencia del razonamiento exacto", como dice Webster. Dice Emerson "Llegó el alma equilibrada". "Su atrevida imaginación le da la más sólida comprensión de los hechos.... Según la antigua frase, 'Si Jove descendiera a la tierra, hablaría al estilo de Platón'." Esto último, el cristiano puede creerlo fácilmente; pero el Hijo del hombre utilizó un discurso totalmente diferente, aunque Platón se adelantó a su nacimiento más de cuatrocientos años, y era, en la época del advenimiento de Cristo, el gobernante del mundo intelectual.

"Al leer los logaritmos, uno no está más seguro que siguiendo a Platón en sus vuelos". Al propio Platón se le atribuye el mérito de decir: "Hay una ciencia de las ciencias, la llamo dialéctica, que es el intelecto discriminando lo falso y lo verdadero". Existe, en efecto, una ciencia de las ciencias: la ciencia de la salvación. Existe en verdad una forma de juzgar entre lo falso y lo verdadero, pues el Espíritu de la verdad le guiará hacia toda la verdad. Pero el cerebro humano nunca puede hacer esto. Fue esta misma lógica, la "ciencia de las ciencias" de Platón, a la que se dio tanta importancia en las escuelas papales y en toda la educación medieval.

Aquí se encuentran los dos sistemas uno al lado del otro, el uno guiado por la razón humana, el otro por el Espíritu del Dios vivo. Recordemos que el mundo se inclina ante Platón; y, levantando sus manos en actitud de adoración, pone a sus pies su tributo, su ídolo más querido: su sistema educativo. La Enciclopedia Chambers, en su artículo "Platón", muestra de forma concluyente que este filósofo griego mantiene todavía su posición exaltada en los círculos literarios y entre los educadores. Dice: "Desde la Revolución Francesa en particular, el estudio de Platón se ha perseguido con renovado vigor en Alemania, Francia e Inglaterra; y muchos de nuestros distinguidos autores, sin profesar expresamente el platonismo- como Coleridge, Wordsworth, la señora Browning, Ruskin, etc., han formado un fuerte y creciente partido de adeptos, que no pudieron encontrar ninguna bandera común bajo la que pudieran reunirse tan conveniente y honorablemente como la de Platón."

Los cristianos deben reunirse bajo la enseña de Cristo;[42] pero muchos educadores de hoy en día no encuentran "ninguna bandera común bajo la que puedan reunirse tan conveniente y honorablemente como la de Platón". Cristianismo o paganismo, ¿cuál será en la educación de los niños protestantes de hoy? ¿Cómo sucedió que las ideas de Platón fueran tan generalmente aceptadas en toda Europa? El artículo de la Enciclopedia Chambers, del que se extrae la cita anterior, cuenta con las siguientes palabras cómo la iglesia cristiana primitiva se contaminó con las enseñanzas de Platón: "Las obras de Platón fueron ampliamente estudiadas por los padres de la iglesia, uno de los cuales reconoce con alegría, en el gran maestro de la academia, al maestro de escuela que, en la plenitud de los tiempos, estaba destinado a educar a los paganos para Cristo, como Moisés lo hizo con los judíos." Si la iglesia primitiva adoptó el sistema educativo de Platón, no es de extrañar que en la Edad Media Europa estuviera preparada para la filosofía griega.

En el año 1453, los turcos capturaron Constantinopla, y "muchos eruditos griegos se refugiaron en Italia. Los tiempos eran propicios para ellos". Hay que recordar que éste fue uno de los hitos de la historia de la Edad Oscura. La lengua latina había sido la lengua universal durante los días de la supremacía papal. Hubo un levantamiento contra la tiranía del papado sobre el pensamiento, y comenzaron a aparecer las lenguas modernas. Para detener la marea sin perder terreno, el papado dirigió la atención de las mentes de los hombres hacia los clásicos griegos, en lugar de hacia la Biblia de Wycliffe o Erasmo, y un poco más tarde hacia los escritos de Lutero. De hecho, para el papado los "tiempos eran propicios".

"No faltó el mecenazgo noble y acaudalado, y bajo su cuidado propiciador ellos (los griegos) se convirtieron por un tiempo en los maestros de Europa. Lograron encender un notable entusiasmo por la antigüedad. Se recopilaron manuscritos, se hicieron traducciones, se crearon academias y se fundaron bibliotecas. Varios de los papas se convirtieron en generosos mecenas del aprendizaje de la antigüedad.... Eruditos ávidos de Inglaterra, Francia y Alemania se sentaron a los pies de los maestros italianos, para después llevar más allá de los Alpes la preciosa semilla de la nueva cultura".[43] Painter da además los efectos de esta difusión de los clásicos griegos: "En Italia tendió fuertemente a paganizar a sus adherentes. El ardor por la antigüedad se convirtió finalmente en intoxicación. La infidelidad prevaleció en los rangos más altos de la iglesia; el cristianismo fue despreciado como una superstición; la inmoralidad abundó en las formas más vergonzosas. El paganismo de Atenas revivió en la Roma cristiana". Y los eruditos de Inglaterra, Francia y Alemania se sentaban a los pies de estos maestros paganos, absorbiendo su filosofía, y luego se apresuraban a cruzar los Alpes para propagar estas ideas en las escuelas para la educación de los jóvenes. Esta fue la influencia contra la que tuvo que luchar la Reforma. Es de Oxford, Cambridge y las universidades de Alemania y Francia de donde los colegios y universidades estadounidenses se han empapado de estas mismas ideas paganas.

Los clásicos constituyen la columna vertebral del paganismo, como la Biblia forma la base de la educación cristiana. Los clásicos son perdurables, porque son el producto más elevado de la mente humana. El reciente movimiento en los círculos educativos, y por parte de algunas de nuestras principales universidades, en contra del estudio de las "humanidades" (los clásicos griegos y latinos), y a favor del estudio de los "modernos" (es decir, la ciencia, las lenguas modernas y la historia), nunca podrá alcanzar un punto de estabilidad hasta que la Biblia sea colocada en su posición correcta como factor educativo, ya que expulsar a los clásicos sin poner en su lugar lo que es igual de fuerte, si no más fuerte, es inútil. Una reacción es inevitable, y los clásicos serán devueltos a su antiguo lugar de honor. La educación cristiana en su sencillez es la única alternativa.

Esto no significa la sustitución de los antiguos clásicos por una clase de Biblia o de Historia Sagrada. Dado que la literatura clásica ha sido la base de toda la instrucción en nuestras escuelas desde la Edad Media, una reforma necesita derribar decididamente el viejo sistema y adoptar un nuevo sistema construido sobre un fundamento totalmente diferente, un sistema en el que la Palabra de Dios sea la base de toda la educación y el libro de texto en cada línea de estudio.

Los padres, al leer esto, pueden decir que sólo una pequeña proporción del pueblo obtiene alguna vez una educación clásica. Pero si envían a su hijo sólo al jardín de infancia moderno, allí se le cuenta la historia de Plutón; o de Ceres, diosa del grano de oro; Mercurio, el dios mensajero alado; las ninfas del bosque; Eolo, que gobierna los vientos y trae las tormentas; o Apolo, que es conducido por los cielos en un carro de fuego. O, si se omiten los nombres griegos reales, la naturaleza se personifica de tal manera que da a la mente infantil una idea distorsionada de las cosas que conduce a cualquier cosa menos a la verdad pura y simple de la Palabra de Dios. Así, absorbe los mitos y las fábulas de los griegos desde la más tierna infancia. Uno de sus primeros libros de lectura tiene la historia de Proserpina, que fue robada y escondida bajo la tierra durante una temporada. Los estudios sobre la naturaleza suelen resultar atractivos para las mentes juveniles al asociarlos con los antiguos dioses y diosas griegos. Pero incluso de forma más sutil las ideas de la sabiduría popular clásica se enseñan en las teorías evolutivas de la ciencia y la filosofía, desde los primeros grados hasta el colegio.

"La filosofía", como ya se ha citado, se define como "el relato que la mente humana se hace de la constitución del mundo". Esa filosofía se denomina ahora la evolución, ya que la evolución es la manera que tiene el hombre de dar cuenta de la constitución del mundo y de las criaturas que lo habitan. Fíjese en estas palabras de la pluma de Henry Drummond. En un documento preparado para el Parlamento de las Religiones, titulado "La evolución del cristianismo", dice: "Trabajando en su propio campo, la ciencia hizo el descubrimiento de cómo Dios hizo el mundo". "Por la fe entendemos haber sido constituido el universo por la palabra de Dios" escribe Pablo a los hebreos.[44]

El Sr. Drummond continúa: "Para la propia ciencia este descubrimiento fue sorprendente y tan inesperado como lo ha sido siempre para la teología. Hace exactamente cincuenta años, el Sr. Darwin escribió consternado al Sr. Hooker que la antigua teoría de la creación específica, que afirma que Dios hizo todas las especies por separado y las introdujo en el mundo una a una, se estaba derritiendo ante sus ojos. Descargó el pensamiento, como dice en su carta, casi como si estuviera confesando un asesinato. Pero el mundo se ha inclinado tan completamente ante el peso de los hechos ante los que incluso Darwin tembló, que uno de los últimos libros sobre el darwinismo de una mente tan religiosa como la del Sr. Alfred Russell Wallace, contiene en su capítulo inicial estas palabras 'Todo el mundo científico y literario, incluso todo el público educado, acepta como una cuestión de conocimiento común el origen de las especies a partir de las otras especies aliadas, por el proceso ordinario del nacimiento natural. La idea de una creación especial, o de cualquier otro modo excepcional de producción, está absolutamente extinguida'."

Sería bueno si cada uno pudiera leer las palabras de Drummond por sí mismo; pero en resumen dice: "Es innecesario a esta hora del día señalar la sobrepasada grandeza de la nueva concepción [la evolución]. Es conocido por todos cómo ha llenado la imaginación cristiana y ha encendido hasta el entusiasmo a las mentes científicas más sobrias desde Darwin hacia abajo. Por esa espléndida hipótesis no podemos estar demasiado agradecidos a la ciencia; y sólo puede enriquecerse la teología que le da un lugar, aunque sea temporal, en su doctrina de la creación."

¡Qué extraño que Dios no diera a conocer esta estupenda verdad a través de su Palabra, y la dejara para que la ciencia en manos de los descendientes de Platón la resolviera! "Lo que necesitaba", dice Drummond, "era una presentación creíble, en vista especialmente de la astronomía, la geología, la paleontología y la biología. Éstas, como hemos dicho, habían hecho que la antigua teoría fuera sencillamente insostenible. Y la ciencia ha suministrado a la teología una teoría que el intelecto puede aceptar". La fe ha sido dejada de lado. El intelecto humano ha sido exaltado, el paganismo ha desechado al cristianismo, y nuestros niños y niñas estudian ahora la hipótesis nebular, explicativa de la creación de los mundos, en su astronomía y geografía; reflexionan sobre los eones de edades consumidos en la formación de los estratos geológicos de la tierra; estudian los fósiles de las edades pasadas, y a partir de ellos describen la evolución del hombre a partir de un pólipo.

¿De qué sirve la predicación del evangelio un día de la semana, mientras seis días de los siete el paganismo guía el intelecto? ¿Por qué sentarse a soñar con el cielo, o gastar dinero para hacer proselitismo, mientras la educación pagana lleva a sus propios hijos de la mano, y teje alrededor de su mente una red de teorías que ciega sus ojos a las verdades espirituales? Hay peso en las palabras del presidente Harper, de la Universidad de Chicago, que dice "Es difícil profetizar cuál será el resultado de nuestro actual método de educación de la juventud dentro de cincuenta años. Estamos entrenando la mente en nuestras escuelas públicas, pero el lado moral de la naturaleza del niño se descuida casi por completo. La Iglesia Católica Romana insiste en remediar este mal manifiesto, pero nuestras iglesias protestantes parecen ignorarlo por completo. Esperan que la escuela dominical haga bueno lo que nuestras escuelas públicas dejan sin hacer, y la consecuencia es que pasamos por alto un peligro tan real y tan grande como cualquiera al que hayamos tenido que enfrentarnos."

Capítulo VIII
Cristo, el educador
de educadores

I. La vida de Cristo

A Israel como nación se le había confiado el sagrado don de la enseñanza; pero el poder se había apartado de este pueblo porque había mezclado sus ideas educativas con las paganas, y había olvidado tanto los mandatos de Jehová que estaba enviando a sus hijos con maestros paganos, invitando en su seno a los profetas de Baal.[45] Aquella nación cuyos profetas habían advertido más de una vez a los reyes de la tierra de un peligro inminente, ya no escuchaba la voz de Dios. Durante casi cuatrocientos años no había surgido ningún profeta en Israel. "La profecía se había extinguido tan completamente, el Espíritu se había partido tanto de Israel, que aparentemente muchos asumían que un nuevo profeta era una imposibilidad". El Dios que sacó a sus padres de Egipto, que había expulsado a las naciones ante su rostro, el Dios de Abraham, Isaac y Jacob, ¿había abandonado a su pueblo? A menudo se hacía la pregunta, mientras el círculo familiar se formaba alrededor de la mesa. Casi con la respiración contenida, las madres esperaban el nacimiento de un niño, con la esperanza de que fuera el elegido de Dios, pero todavía no llegaba ningún profeta.

Los sacerdotes de Israel seguían con su ronda formal de deberes; la nación se reunía anualmente en Jerusalén para las fiestas anuales. Se sacrificaban miles de víctimas, y la sangre corría libremente del altar; pero no había fuego de respuesta, ni resplandor de la Shekinah. Los niños judíos se sentaban día tras día a los pies de los maestros en Israel, escuchando la repetición de la tradición y las palabras del Talmud; pero la vida se había disipado de la instrucción, y no había respuesta en las almas de los hombres. El cielo esperaba ansiosamente la apertura de alguna alma a la afluencia del Espíritu de Dios, pero las vías por las que debería haber llegado estaban cerradas. Los maestros que deberían haber estado "bajo el pleno control del Espíritu", no sabían lo que era escuchar la voz de Dios; y los niños, alimentados sólo con comida física y mental, crecían hasta la edad adulta con naturalezas espirituales marchitas, para convertirse a su vez en los maestros de la siguiente generación. Como la prosperidad gubernamental de Israel se debía a su sistema educativo, como su tierra producía abundantemente cuando los niños eran enseñados correctamente, y como las naciones que los rodeaban se inclinaban en respeto a los elegidos de Dios siempre que se adhirieran al sistema de educación que se les ofrecía, no es de extrañar que el año 5 AC, tras siglos de alejamiento de estas verdades, encontrara a Palestina en las férreas garras de Roma, y a su pueblo escasamente capaz de pagar el tributo necesario. El ojo del cielo vio esto y más.

Entre los sacerdotes que servían en el templo había uno que buscaba un libertador, y a él vino el ángel Gabriel con las palabras "Tu oración ha sido escuchada; y tu mujer Isabel te dará un hijo, y le pondrás por nombre Juan". Aunque este hombre había tocado la cuerda en la que cantaban los ángeles, y estaba capacitado para sentir el pulso del Eterno, las palabras del ángel le sobresaltaron, y no las creyó. Y para que los sonidos de la tierra quedaran fuera por un tiempo, y Zacarías pudiera escuchar sólo la voz de Dios, el ángel puso su mano sobre él, y permaneció mudo hasta el día del cumplimiento de las palabras de Gabriel.

Nació un profeta que iba a convertir los corazones de Israel a su Dios. Vino con el espíritu y el poder de Elías, predicando el arrepentimiento. Su vida fue de soledad y pobreza. Su tiempo lo pasó lejos de las ciudades y de las multitudes; porque Jerusalén, el líder designado de las naciones, ya no ofrecía una educación adecuada para sus propios profetas. Así pues, Dios formó a Juan. De los nacidos de mujer no hay ninguno más grande que Juan el Bautista.

Una vez más, el cielo y la tierra se enlazaron. ¡Qué pequeña era la cadena! Sólo, por así decirlo, del tamaño de un hilo, ¡y el eslabón de unión era el corazón de una mujer! Pero en la ciudad de Nazaret, la humilde y la despreciada, vivía una joven desposada con José, un carpintero de Galilea. Mirando hacia el futuro, poco más que soñando con la vida y sus esperanzas, levantó los ojos y contempló a un ángel. El alma que anhela estar en sintonía con Dios trae a la tierra huestes angélicas. Si ese es el único anhelo de una madre, el cielo inclina un oído atento; el latido se siente en toda la creación. ¡Tan cerca está Dios del hombre! Las palabras: "Salve, muy favorecida, el Señor está contigo", sobresaltaron a María, pues no había esperado una respuesta tan rápida. Estaba turbada, pero el ángel le dijo: "No temas, María". "y el poder del Altísimo te cubrirá con su sombra; por lo cual también el Santo Ser que nacerá, será llamado Hijo de Dios". "La plenitud del tiempo había llegado". Dios, que había esperado años para que Israel volviera a Él, realizaba ahora la obra maestra de la Divinidad. La creación se maravilló.

El Espíritu cubrió a María con su sombra; emocionó sus nervios y dio vida al germen de un nuevo ser. A la humanidad le fue dado el poder de formar un cuerpo para la morada del Dios del cielo. "Más me preparaste cuerpo". El tesoro estaba en una vasija de barro, para que abundara más la gloria para Dios. "Cristo estableció su tabernáculo en medio de nuestro campamento humano. Levantó su tienda al lado de las tiendas de los hombres, para poder habitar entre nosotros y familiarizarnos con su carácter y vida divinos".[46]

Los primeros años del niño Cristo lo encontraron sentado en las rodillas de su madre. ¡De sus labios y de los pergaminos de los profetas, aprendió de las cosas celestiales! La naturaleza fue su maestra incansable; de ella recogió almacenes de conocimiento científico. Estudió la vida de las plantas y los animales, y la vida del hombre. "Las parábolas mediante las cuales, durante su ministerio, le gustaba enseñar sus lecciones de verdad, demuestran cuán abierto estaba su espíritu a la influencia de la naturaleza, y cómo había obtenido enseñanzas

espirituales de las cosas que le rodeaban en la vida diaria."
"Como el ciervo brama por las corrientes de las aguas", así
clamaba su alma por la relación espiritual con el Padre; y ese
anhelo que le llevó a escuchar atentamente la voz de Dios en
la naturaleza, desarrolló los más altos poderes de su mente.

El suyo no fue un crecimiento repentino, sino gradual,
como el de otros niños; y mientras desarrollaba un cuerpo
físico fuerte, "el niño crecía y se fortalecía, y se llenaba de
sabiduría; y la gracia de Dios estaba sobre él." El secreto de
la diferencia entre Jesús y sus compañeros se revela en este
versículo. La mayoría de los niños se desarrollan mental y
físicamente, especialmente durante sus primeros doce años;
pero la naturaleza espiritual de Cristo era la principal y en su
triple naturaleza lo mental y lo físico estaban siempre bien
equilibrados por lo espiritual. Como dice Hinsdale: "La mente
divina, el corazón humano y la naturaleza están estrechamente
unidos" en Él. No buscó la instrucción en las escuelas rabínicas,
pues éstas habían perdido el espíritu que para él era la vida.

A una edad temprana, probablemente no más tarde de los
doce años, reconoció el trabajo de su vida, y en adelante toda
su energía se inclinó en una dirección. Su destino era revelar la
divinidad de Dios, mostrar las posibilidades del Dios-hombre,
demostrar al mundo que es posible que Dios y el hombre se
unan y que la naturaleza espiritual gobierne; y probando esto,
demostrar que el sistema de educación instituido por el cielo no
era un fracaso, aunque en ese momento estaba en descrédito.

La edad de doce años era un período crítico en la vida de
un niño judío, pues era entonces cuando la naturaleza física
se acercaba a la madurez. Los años siguientes significaban
mucho para el joven, pues entonces tenía en su mano elegir
para la vida el plano en el que esperaba vivir. Si la fuerza
física y la gratificación de los sentidos naturales son el colmo
de la ambición, al ceder a las tentaciones de esta naturaleza
aproximadamente a esta edad se fijan los hábitos de vida. Tal
vez en otros países el desarrollo sea algo más lento, debido
a las influencias climáticas, pero de los doce a los dieciséis
años, todo joven lucha contra tendencias y ambiciones que

pocos años después dejan de ser tentaciones. Así fue con Cristo; pero mientras observaba los servicios pascuales en el momento de su primera visita al templo, "Día tras día, veía más claramente su significado. Todo acto parecía ligado a su propia vida. Se despertaban nuevos impulsos en él". Durante años, ese servicio, establecido para apelar a la naturaleza espiritual, se había degenerado en la mera matanza de bestias. Por primera vez se tocó un alma y se despertaron impulsos celestiales. Fue entonces cuando la tentación de pasar una vida en la facilidad física fue encontrada y superada. El cielo pareció abrirse a los ojos del niño, y éste escuchó la llamada de Dios a una vida con Él. Buscó estar a solas, y en el silencio su corazón captó las vibraciones de los seres celestiales, y la naturaleza física más burda fue abandonada para siempre.

Habiéndose formado una resolución, una nueva luz y poder parecieron tomar posesión de Su mente, y entrando en la escuela dirigida en el templo, escuchó ansiosamente para oír de los labios de los rabinos alguna lección espiritual. "Los doctores se volvieron hacia Él con preguntas, y se asombraron de sus respuestas". Manifestó una piedad tan profunda, y sus preguntas abrieron a la mente de sus oyentes tales profundidades de verdad, que el asombro llenó sus mentes. Un arpa tocada por céfiros celestiales estaba ante ellos, y la música caía sobre oídos inexpertos. La primera obra del maestro enviado por el cielo había comenzado. "¿No sabíais que en los negocios de mi Padre me es necesario estar?" preguntó, cuando José y María se reunieron con Él en la puerta del templo. Lo vieron con ojos físicos, y pensaron que era todo suyo; pero el ojo del niño había atravesado la nube que flotaba entre el cielo y la tierra.

Desde Jerusalén regresó con sus padres y les ayudó en su vida de trabajo. "Ocultó en su corazón el misterio de su misión, esperando sumiso el momento señalado en que debía emprender su labor". Esos dieciocho años fueron años de trabajo y estudio. Cada día se acercaba más al momento en que una voz del cielo lo proclamara maestro divino.

No era impaciente, sino que como carpintero hacía un trabajo minucioso; como hijo, era obediente; y como súbdito, era obediente a la ley.

Nunca perdió de vista el hecho de que tenía una misión, y que se requiere una vida espiritual para cumplir esa misión. Fue tentado en todos los puntos, y sufrió en la tentación; pero cada resistencia era un peldaño más en la escalera que estaba construyendo hacia el cielo. Había una ley en Israel que llamaba a los sacerdotes a su oficio sagrado a la edad de treinta años. Este estatuto se basaba en una ley de la naturaleza humana. El tiempo asignado a la vida del hombre se divide en dos porciones. Los primeros cuarenta años son un tiempo de crecimiento, los últimos treinta un período de debilitamiento. De la primera mitad tenemos la edad de desarrollo físico, luego un tiempo en que los poderes intelectuales están en ascenso, y de los veinticinco a los treinta o treinta y cinco años es el tiempo de desarrollo especial en la naturaleza espiritual. Todo hombre tiene tres oportunidades en la vida; y la elección hecha, ya sea por el honor mundano, por las facultades intelectuales o por una vida de fe, depende totalmente del objeto que sus educadores mantengan constantemente ante el niño. Si Cristo hubiera estado bajo la influencia de los maestros de su época, lo más probable es que hubiera elegido vivir en el plano físico o en el intelectual, pues ésta era la elección que hacían todos los alumnos de esas escuelas, pero su formación temprana por parte de María, que, como madre, se había entregado como "sierva del Señor", y su íntima comunión con Dios a través de las obras de la naturaleza, lo guiaron hacia los canales correctos, y en el momento propicio se ofreció voluntariamente a su Padre para cumplir la misión que estaba en su poder rechazar. El registro es silencioso sobre sus luchas posteriores. Sin embargo, llegó un período en que podría haberse presentado como un líder intelectual, pero su decisión anterior lo llevó a pasar esta tentación sin mancha. Para demostrar que esto es cierto, sólo tenemos que estudiar la naturaleza de las tentaciones presentadas en el desierto. El hecho de que se mantuviera fiel a su misión se debe a su formación temprana. Esto no será controvertido, pues es una ley divina que se ve en todas partes en la naturaleza.[47]

II. El Ministerio del Dios-Hombre.

Uno de los dones del Espíritu es el de la enseñanza, y Cristo fue un maestro nato. La habilidad adquirida no sirve de mucho cuando falta el espíritu de la enseñanza. Cristo fue un maestro tanto en virtud de su nacionalidad, ya que todos los judíos estaban llamados a ser maestros, como también por nombramiento directo, ya que tenía que realizar en su propia vida lo que la nación se había negado a realizar.

No llevaba consigo ninguna credencial, ninguna declaración de erudición firmada por los doctores de Israel, pues ninguna de estas escuelas lo había conocido como alumno; sin embargo, Nicodemo, un maestro de Jerusalén, después de escuchar sus palabras, lo buscó en las tranquilas horas de la noche, y se dirigió a él como Rabí, o Maestro. En el curso de la conversación este hombre instruido dijo: "sabemos que ha venido de Dios como maestro; porque nadie puede hacer estas señales que tú haces, si no está Dios con él." Fue como un maestro, y más, como un maestro divino, que fue conocido desde el principio de su ministerio. Su ministerio fue un ministerio de enseñanza. Fue conocido como maestro, no tanto por las palabras que pronunció como por la vida que vivió y las obras que hizo.

Las palabras de Bushnell son ciertas: "Podemos ver por nosotros mismos en las sencillas direcciones y la libertad de sus enseñanzas, que todo lo que avanza es de Él mismo". Él se estaba dando a sí mismo, y el hecho de que tuviera un yo, un yo divino que dar se debe a la educación del niño y del joven. La imagen de Dios era perfecta en Él, y cuando llegó el momento del ministerio, brilló en Él lo que los años anteriores habían estado desarrollando en Él. Este es el objeto de la educación cristiana. El mismo autor dice, además: "Él es el sumo sacerdote... de la naturaleza divina, hablando como alguien que ha salido de Dios, y no tiene nada que tomar prestado del mundo. No se puede detectar... que la esfera humana en la que se movía le haya impartido algo. Sus enseñanzas están tan llenas de naturaleza divina, como las de Shakespeare de humana". ¡Qué comentario sobre los dos sistemas de educación, el uno eligiendo la inspiración como base; el otro eligiendo el producto del cerebro humano!

Bushnell continúa: "En su enseñanza no especula sobre Dios, como un profesor de escuela, sacando conclusiones mediante una práctica sobre las palabras, y considerando que ese es el camino de la prueba; no construye un marco de pruebas desde abajo, mediante algún proceso constructivo, como en el que se deleitan los filósofos; sino que simplemente habla de Dios y de las cosas espirituales como alguien que ha salido de Él, para decirnos lo que sabe. Y su simple decir nos trae la realidad; nos la demuestra en su propia y sublime auto evidencia; despierta incluso la conciencia de ella en nuestro propio seno; de modo que los argumentos formales o las pruebas dialécticas nos ofenden por su frialdad, y parecen, de hecho, sólo sustancias opacas interpuestas entre nosotros y la luz. En efecto, Él hace que incluso el mundo sea luminoso con sus palabras; lo llena de un sentido inmediato y nuevo de Dios que nada ha podido expulsar. El incienso del mundo superior se desprende de Sus vestiduras y fluye, como un perfume, sobre el aire envenenado". Y no es de extrañar, pues desde niño había respirado la atmósfera del cielo. Cada niño debería tener el mismo privilegio.

Cuando los dos maestros, Cristo y Nicodemo, los representantes de dos sistemas de educación, el divino y el mundano, se encontraron, Cristo delineó a su inquisidor los principios en los que se basaba su sistema:[48]

1. Su objetivo principal es preparar a sus alumnos para el reino de Dios, un reino espiritual.

2. El primer paso es un nacimiento espiritual; porque "Dios es Espíritu; y los que le adoran, en espíritu y en verdad es necesario que adoren." "Lo que es nacido de la carne, carne es; y lo que es nacido del Espíritu, espíritu es."

3. Esto el hombre natural no puede entenderlo, pues se discierne espiritualmente. Tan bien podría tratar de explicártelo, Nicodemo, como explicar el soplar de los vientos; puedes ver los resultados, pero la verdad no puede ser captada por los sentidos. ¿Te haces pasar por maestro en Israel y no sabes estas cosas? "Si os he dicho cosas terrenales, y no creéis, ¿cómo creeréis si os dijere las celestiales?" No he hecho más que empezar a hablaros del plan del Padre. Todavía hay muchas cosas, "pero ahora no las podéis sobrellevar."

Las cosas que enseño son como luz en la oscuridad. "Porque todo aquel que hace lo malo, aborrece la luz… Mas el que practica la verdad viene a la luz," Así es como distingo a los verdaderos eruditos de los falsos. Cuando se ofrece la verdad, algunos creen, y quien crea en el Hijo del Hombre tendrá vida eterna.

Nicodemo dijo: "¿Cómo pueden ser estas cosas?". Ansiaba una prueba, una demostración. "La prueba es, en efecto, el método de la ciencia, incluida la teología; tiene, sin duda, una función en la enseñanza religiosa; pero no es el método de la forma más elevada de enseñanza religiosa. Las verdades fundamentales de la religión se revelan directamente a la conciencia humana, y no se argumentan ni se establecen lógicamente. Las mayores verdades religiosas se encuentran más profundo que el razonamiento formal. Esta es la razón por la que los más grandes maestros religiosos han trabajado a un nivel más profundo de proposición y prueba; como se dijo antes, tienen algo del don profético. Se puede añadir que ningún predicador [o maestro] que trabaje principalmente en esta línea atraerá a las mentes más religiosas; no atraerá ni siquiera a los que tienen la piedad del intelecto, por no hablar de la piedad de los afectos y la voluntad. Podrá desarrollar la agudeza lógica, la capacidad crítica y el poder de controversia, pero se mostrará incompetente para generar espiritualidad.... Un ministro así estará seguro de conducir a su rebaño al error que ahora es demasiado común: asignar un lugar desproporcionado en la fe y la vida religiosa al entendimiento, con exclusión parcial del corazón".[49]

Su trabajo real como maestro se ve en su trato, primero, con los apóstoles, sus seguidores inmediatos, que estaban en entrenamiento para que a su vez pudieran convertirse en maestros; segundo, con las multitudes que se agolpaban en su camino; tercero, con los niños que eran llevados a él por las madres, y que eran enseñados por él, para que las madres y los apóstoles pudieran saber mejor cómo tratar con las mentes juveniles. Principalmente, la suya era una escuela de formación de trabajadores, y sus alumnos representaban todas las fases de la disposición humana. Eligió a humildes pescadores, porque sus mentes eran desprejuiciadas, y tenían menos que desaprender antes de aceptar la verdad. "Sabía lo que había en el hombre". Es decir, tenía conocimiento de las mentes y los corazones, y sabía justo lo que se necesitaba para despertar la vida del alma de cada estudiante. Este es un don necesario en el maestro exitoso. Cuánto se prescindiría de lo que ahora se enseña si los maestros pudieran leer las condiciones del alma de los alumnos, y luego alimentarlos sólo con el alimento que los nutra. Esto también es educación cristiana. Sin embargo, antes de que el maestro pueda tener tal experiencia, debe tener cultura del alma, y estar en contacto tan estrecho con la fuente de la verdad que pueda extraer lo que sea necesario. El pozo es profundo, y sólo la fe puede hacer aflorar el agua de la vida.[50]

Con sus apóstoles elegidos, Cristo "huía frecuentemente del tumulto de la ciudad a la tranquilidad del campo, que estaba más en armonía con las lecciones de sencillez, fe y abnegación que quería darles…Allí, rodeado de las obras de su propia creación, podía desviar los pensamientos de la gente de lo artificioso a lo natural." Las escuelas de hoy en día que están situadas en algún lugar tranquilo del campo ofrecen las mejores oportunidades de educación.

Los libros utilizados parecen ser dos, y sólo dos: los escritos de los profetas y el gran libro de la naturaleza. Hinsdale dice: "Las Escrituras proporcionan la base de Su enseñanza. Es imposible decir cuántos reconocimientos distintos de la Escritura se encuentran en Sus enseñanzas, pero tanto el número como el alcance son grandes. Uno de los más interesantes de estos [métodos] es su hábito constante de ampliar la Escritura, o, como podríamos decir, de leer en ella nuevos significados. Así, no sólo trata los pasajes proféticos, sino también los dogmáticos; además, sus significados son a veces nuevos, no sólo para los maestros judíos, sino también para los propios autores de los pasajes".[51] Esto se debe a que el maestro fue guiado por el Espíritu de la verdad, que guía hacia toda la verdad.

Hay que recordar que esta instrucción fue dada a hombres de mentes maduras, y tendía a capacitarlos para ser maestros de todos los hombres en cualquier estación. Probablemente ninguno de los apóstoles tenía menos de treinta años. Eran hombres que se habían asentado en un trabajo de vida. Juan, el más joven, era el más susceptible a la enseñanza espiritual, y al final desarrolló esta naturaleza tan plenamente que su espíritu dejó su cuerpo en visión.[52] Painter expresa bien el método de instrucción seguido por Cristo. Dice: "Él observa el orden de la naturaleza, y sólo busca un desarrollo gradual: 'primero hierba, luego espiga, después grano lleno en la espiga;' Con sus discípulos, insiste principalmente en las verdades prácticas y fundamentales de la religión, construyendo, por así decirlo, un marco sustancial en el principio, que el Espíritu Santo debía conducir después a una terminación armoniosa y hermosa".[53]

Fue así como se enseñaron todas las verdades que llamamos doctrinas. La lección sobre la resurrección fue en la tumba de Lázaro; la de la observancia del sábado fue en la sinagoga, sanando la mano marchita o mandando hablar a los mudos. "Uno no encuentra en su programa", dice un escritor francés, "ni estudios literarios ni curso de teología". Y, sin embargo, por extraño que parezca, cuando llega el momento de la acción, los discípulos, esos pescadores iletrados, se han convertido en oradores que conmueven a las multitudes y confunden a los doctores; en pensadores profundos que han sondeado las Escrituras y el corazón humano; en escritores que dan al mundo libros inmortales en una lengua no materna." Si la valía de un sistema de educación ha de juzgarse por los resultados, el mundo debe quedarse callado al contemplar la obra de Cristo.

El asombro se apoderará de nuevo de los hombres cuando los cristianos vuelvan a sus métodos. De su referencia a la naturaleza no tenemos necesidad de escribir, pues sus parábolas son la maravilla de las épocas, y ocupan una posición única en la literatura de todos los tiempos. Cristo no fue, como muchos otros maestros, un escritor de libros. Su escritura estaba en el corazón de los hombres. Habló, y las ondas vibratorias puestas en movimiento han continuado hasta hoy, y todavía laten en nuestros corazones. El alma de la mente espiritual escucha, y los hombres de hoy en día se convierten en alumnos del Hombre de Nazaret tan verdaderamente como lo hicieron Pedro, Santiago y Juan.

Un estudiante estaba listo para salir de las enseñanzas de Cristo para abrir la verdad a otros sólo cuando podía decir: "He aquí ahora hablas claramente, y ninguna alegoría dices.... Ahora entendemos que sabes todas las cosas, y no necesitas que nadie te pregunte; por esto creemos que has salido de Dios".[54] Con las multitudes hizo una labor similar a la que hizo con los discípulos; pero como iban y venían, no pudo hacer el mismo trabajo minucioso. Su enseñanza, sin embargo, era siempre práctica, y el agricultor iba a su campo como un hombre mejor, viendo a Dios en el grano que crecía; el pescador volvía a sus redes con el pensamiento resonando en su mente de que debía ser un pescador de hombres; la madre volvía a su hogar reconociendo a sus hijos como miembros más jóvenes de la familia de Dios, y con un fuerte deseo de enseñar como Él enseñaba.

La tendencia siempre en toda su enseñanza fue la de suscitar el pensamiento, despertar las ansias del alma y hacer que los corazones latan con una nueva vida alimentada desde lo alto.

Situado entre el cielo y la tierra de la escala musical, su vida vibró al unísono con esas notas más altas de los universos que circunvalan el trono de su Padre, y con su brazo humano circundó el mundo, impartiendo a los seres de aquí la misma vida, esforzándose siempre por ponerlos en sintonía con el Infinito. "Y yo, si fuere levantado de la tierra", dijo, "a todos atraeré a mí mismo".

Capítulo IX
La educación en la Iglesia temprana

No ruego que los quites del mundo, sino que los guardes del mal. No son del mundo, como tampoco yo soy del mundo. Santifícalos en tu verdad; tu palabra es verdad".[55] Mientras alzaba los ojos al cielo en aquellos momentos de quietud, justo antes de entrar en Getsemaní, estas palabras salieron de los labios del Hijo del Hombre. Mirando a la pequeña compañía de hombres que se agrupaba a su alrededor, vio en ellos el núcleo de la iglesia que iba a ser llamada por su nombre, y su corazón anhelaba ese cuerpo de cristianos. Muchas y feroces serían sus luchas; porque Él había insuflado en los corazones de los hombres un sistema de instrucción que, por ser la verdad, despertaría toda la amargura del enemigo de la verdad; y el nuevo sistema debía ser capaz de resistir todos los dardos que las mentes humanas, influidas por el príncipe del mal, pudieran lanzar. La filosofía divina debía enfrentarse y vencer a la filosofía humana. Esa era ahora la controversia, y se dejó a unos pocos hombres débiles el inicio de la obra. ¡Qué poder había en ese Espíritu de la verdad con el que fueron bautizados! Su encargo a esta misma compañía, mientras le veían alejarse de la tierra el día de su ascensión, fue: "Por tanto, id, y haced discípulos a todas las naciones". Ellos, el verdadero Israel, debían ahora convertirse en maestros de las naciones.

Reconociendo las dificultades a las que había que hacer frente, había dicho en otra ocasión: "He aquí, yo os envío como a ovejas en medio de lobos; sed, pues, prudentes como serpientes, y sencillos como palomas." En ninguna filosofía jactanciosa ni en ninguna palabra altisonante, sino en la sencillez de la verdad, debía radicar su fuerza. De las obras de los apóstoles y de los que creyeron en Cristo a través de sus enseñanzas, tenemos este testimonio divino, "Yo conozco tus obras, y tu arduo trabajo y paciencia; y que no puedes soportar a los malos, y has probado a los que se dicen ser apóstoles, y no lo son, y los has hallado mentirosos; y has sufrido, y has tenido paciencia, y has trabajado arduamente por amor de mi nombre, y no has desmayado".[56] Por lo tanto, es evidente que se realizó una gran obra, y muy rápidamente; pues de nuevo la Inspiración la describe: "Y miré, y he aquí un caballo blanco; y el que lo montaba tenía un arco…y salió venciendo, y para vencer".[57] Los hombres, aunque exhortados a ser inofensivos como las palomas, fueron, sin embargo, capaces de hacerse sentir en el mundo al ser maestros de la verdad.

Aceptar el cristianismo en aquellos primeros días significaba la retirada de todo lo que antes se apreciaba; significaba no sólo la separación del paganismo en el culto, o Babilonia, sino también del paganismo en el pensamiento y la educación, o Egipto. Fue un segundo éxodo. Justino Mártir, un cristiano nacido cerca del final del primer siglo, es citado por Painter, cuando describe la vida de un seguidor de Cristo: "Nosotros, que antes nos deleitábamos en la lascivia, ahora abrazamos la castidad; nosotros, que antes abrazábamos las artes mágicas, nos hemos consagrado al Dios bueno y no engendrado; nosotros, que amábamos por encima de todas las cosas la ganancia de dinero y posesiones, ahora reunimos todo lo que tenemos en un fondo común, y damos una parte a todos los que necesitan; nosotros, que antes nos odiábamos y matábamos unos a otros, ahora oramos por nuestros enemigos."

Con este espíritu en la iglesia no nos sorprende encontrar que, en palabras de Coleman, "la tierna solicitud de estos primeros cristianos por la instrucción religiosa de sus hijos es una de sus más bellas características. Les enseñaban, incluso en los primeros albores de la inteligencia, los nombres sagrados de Dios y del Salvador.

Trataban de dirigir las mentes infantiles de sus hijos hacia Dios, mediante narraciones familiares de las Escrituras, de José, del joven Samuel, de Josías y del santo niño Jesús. La historia de los patriarcas y los profetas, los apóstoles y los hombres cuyas vidas se narran en el volumen sagrado, eran los cuentos infantiles con los que buscaban formar las tiernas mentes de sus hijos. A medida que la mente del niño se expandía, los padres hacían su sagrado deber y su deliciosa tarea de ejercitarlo diariamente en la recitación de pasajes selectos de las Escrituras relacionados con las doctrinas y los deberes de la religión. La Biblia era el entretenimiento de la chimenea. Era el primero, el último, el único libro de texto casi, del niño; y la salmodia sagrada, la única canción con la que se acallaba su llanto infantil mientras se le arrullaba en el brazo de su madre. El canto sagrado y la ruda melodía de su música fueron, desde los primeros periodos de la antigüedad cristiana, un importante medio para impresionar el corazón infantil con sentimientos de piedad, y para imbuir las susceptibles mentes de los jóvenes con el conocimiento y la fe de las Escrituras".

Escribe Painter: "El propósito de estos primeros padres cristianos, como el de los antiguos judíos, era educar a sus hijos en el temor de Dios. Para que los niños se expusieran lo menos posible a la influencia corruptora de las asociaciones paganas, su educación se llevaba a cabo dentro de los recintos saludables del hogar. Como resultado, crecían sin gusto por los placeres degradantes; adquirían gustos domésticos sencillos; y cuando llegaba el momento, tomaban su lugar como trabajadores constantes y sinceros en la iglesia".[58] Estas palabras ponen de manifiesto varios hechos:

1. La educación cristiana debe comenzar en el hogar.

2. Las historias bíblicas deben ser la base de los cuentos infantiles y de las canciones para niños.

3. Los cristianos deben llevar a cabo el plan de educación que los judíos fracasaron en obedecer, y que Cristo reveló bajo una nueva luz.

4. Los resultados de tal educación cristiana en la escuela del hogar serán caracteres elevados y trabajadores en la causa de Dios.

Ojalá se pudiera decir de las madres cristianas de hoy en día, como un orador pagano exclamó una vez respecto a aquellos primeros seguidores de Cristo: "¡Qué esposas tienen estos cristianos!"

Uno de los primeros padres expresa así el peligro que corren los niños y los jóvenes en las escuelas del mundo, y muestra el carácter de la educación necesaria: "Las madres deben cuidar el cuerpo de sus hijos, pero es necesario también que inspiren a sus vástagos el amor al bien y el temor hacia Dios. Y los padres no se limitarán a dar a sus hijos una vocación terrenal, sino que se interesarán también por su llamada celestial".

"La herencia más hermosa que se puede dar a los niños es enseñarles a gobernar sus pasiones.... Tengamos por nuestros hijos el mismo temor que tenemos por nuestras casas, cuando los sirvientes van con una luz a lugares donde hay material inflamable, como heno o paja. No se les debe permitir ir donde el fuego de la impureza pueda encenderse en sus corazones, y hacerles un daño irreparable. El conocimiento de las Escrituras es un antídoto contra las inclinaciones irracionales de la juventud y contra la lectura de autores paganos, en los que los héroes, esclavos de toda pasión, son alabados. Las lecciones de la Biblia son manantiales que riegan el alma. Como nuestros hijos están rodeados por todas partes de malos ejemplos, las escuelas monásticas [lo que hoy correspondería con las escuelas de la iglesia] son las mejores para su educación. Los malos hábitos, una vez contraídos, no se pueden quitar. Esta es la razón por la que Dios condujo a Israel al desierto... para que los vicios de los egipcios fueran desaprendidos.... Ahora nuestros hijos están rodeados de vicios en nuestras ciudades y no pueden allí resistir los malos ejemplos.... Cuidemos las almas de nuestros hijos, para que se formen para la virtud y no se degraden con el vicio".

Este escritor bien podría dirigirse a un público moderno, pues reconoce la influencia de los autores paganos, y afirma que sólo la Biblia puede contrarrestar esta influencia; reconoce a las escuelas mundanas como Egipto, y dice que los cristianos deberían sacar a sus hijos; y, por último, reconoce el valor de tener escuelas situadas en el campo, y aconseja a la gente que se traslade fuera de las ciudades con sus hijos.

Mosheim dice: "No cabe duda de que los hijos de los cristianos fueron cuidadosamente educados desde su infancia, y se les puso pronto a leer los libros sagrados y a aprender los principios de la religión. Con este fin, se erigieron escuelas en todas partes desde el principio".[59]

De estas escuelas para niños, debemos distinguir aquellos seminarios de los primeros cristianos, erigidos ampliamente en las ciudades más grandes, en los que los adultos, y especialmente los que aspiraban a ser maestros públicos, eran instruidos y educados en todas las ramas del saber, tanto humano como divino. Tales seminarios, en los que se enseñaba a los varones jóvenes dedicados al oficio sagrado todo lo necesario para capacitarlos adecuadamente para ello, los apóstoles de Cristo indudablemente los establecieron ellos mismos, y dirigieron a otros para que los establecieran.[60] San Juan en Éfeso, y Policarpo en Esmirna, establecieron tales escuelas. Entre estos seminarios, en tiempos posteriores, ninguno fue más célebre que el de Alejandría, que comúnmente se llama escuela catequética".[61]

Además de las escuelas caseras y eclesiásticas para los niños, la iglesia cristiana primitiva estableció seminarios para la educación de los trabajadores. Al leer la historia de esa época, se ve que el curso de instrucción se apega estrechamente a las Escrituras, y que establece una clara distinción entre la ciencia de la salvación y la filosofía griega y oriental que se enseñaba en las escuelas paganas.

La educación cristiana era considerada a menudo como estrecha y limitada por aquellos que amaban estudiar los misterios de la sabiduría griega; pero mientras se adherían a sus sencillos estudios, y hacían de la fe la base de su trabajo, había un poder en las verdades enseñadas por los estudiantes de estas escuelas que hacía temblar al mundo pagano, con todos sus grandes hombres. Es un hecho interesante que ya en el siglo IV, después de que las escuelas cristianas hubieran perdido gran parte de su poder por la mezcla de métodos paganos con cristianos, y la adopción de algunos de los estudios paganos, todavía se las consideraba como el baluarte del cristianismo. Cuando Juliano, el apóstata, comenzó a reinar, se intentó revivir el paganismo en todo el Imperio Romano. Uno de sus primeros actos fue cerrar las escuelas de los cristianos. "Observa despectivamente", dice Gibbon, "que los hombres que exaltan el mérito de la fe implícita no son aptos para reclamar o disfrutar de las ventajas de la ciencia; y sostiene vanamente que, si se rehúsan a adorar a los dioses de Homero y Demóstenes, deberían contentarse con exponer a Lucas y Mateo en la iglesia de los galileos".

"En todas las ciudades del mundo romano, la educación de la juventud se confiaba a maestros de gramática y retórica; que eran elegidos por los magistrados, mantenidos a expensas del público, y distinguidos por muchos privilegios lucrativos y honorables.... Tan pronto como la renuncia de los maestros más obstinados había establecido el dominio sin rival de los sofistas paganos, Juliano invitó a la generación naciente a recurrir con libertad a las escuelas públicas, con la justa confianza de que sus tiernas mentes recibirían las impresiones de la literatura y la idolatría. Si la mayor parte de la juventud cristiana fuera disuadida por sus propios escrúpulos, o por los de sus padres, de aceptar este peligroso modo de instrucción, debería, al mismo tiempo, renunciar a los beneficios de una educación liberal. Julián tenía razones para esperar que, en el espacio de unos pocos años, la iglesia recayera en su simplicidad primitiva, y que los teólogos, que poseían una parte adecuada del aprendizaje y la elocuencia de la época, serían sucedidos por una generación de fanáticos ciegos e ignorantes, incapaces de defender la verdad de sus propios principios, o de exponer las diversas locuras del politeísmo".[62]

No se puede contar a Juliano como un necio, ya que, deseando convertir al mundo en pagano, procedió a hacerlo, (1) cerrando las escuelas cristianas donde se enseñaba el "mérito de la fe implícita"; y (2) obligando a asistir a las escuelas públicas, impartidas por maestros paganos, y donde se combinaban la literatura y la idolatría.

Como dice Gibbon, tenía justas razones para esperar que en el curso de una generación los cristianos así educados perderían su fe, dejarían de oponerse al paganismo y se hundirían en la insignificancia. Si un emperador pagano esperaba esto en el siglo IV, ¿es de extrañar que los protestantes de hoy en día, permitiendo que sus hijos permanezcan en las escuelas públicas donde se enseñan precisamente las mismas cosas, en principio, que Julián hizo enseñar a sus instructores públicos, pierdan poder y dejen de ser protestantes? De las palabras de Gibbon se deduce que en los días de Juliano había padres que se rehusaban a enviar a sus hijos a las escuelas públicas; algunos niños que, "a causa de sus propios escrúpulos", se rehusaban a asistir; y algunos maestros que dejaban de enseñar en lugar de enseñar literatura e idolatría en las escuelas estatales.

Se hace una mención especial a la escuela de Alejandría, ya que estaba situada en una ciudad egipcia a la que acudían muchos notables eruditos paganos. Por muy triste que sea hacerlo, es necesario ver cómo estas escuelas, y especialmente esta de Alejandría, perdieron su simplicidad al entrar en contacto con los eruditos paganos, e intentaron enfrentarse a ellos en su propio terreno.

Mosheim dice: "Esta filosofía [de Platón] fue adoptada por aquellos eruditos de Alejandría que deseaban ser considerados cristianos y, sin embargo, conservar el nombre, el vestido y el rango de filósofos. En particular, se dice que todos los que en este siglo presidían las escuelas de los cristianos en Alejandría... lo aprobaron. Estos hombres estaban persuadidos de que la verdadera filosofía, el gran y más beneficioso don de Dios, se encontraba en fragmentos dispersos entre todas las sectas de filósofos; y, por lo tanto, que era el deber de todo hombre sabio, y especialmente de un maestro cristiano, recoger esos fragmentos de todas partes, y utilizarlos para la defensa de la religión y la confutación de la impiedad".[63]

La lección tan querida por Pablo, que el evangelio de Cristo "es poder de Dios para la salvación", se perdió de vista cuando estos maestros cristianos asumieron el ropaje del filósofo, y utilizaron el vocabulario del filósofo para confutar la impiedad. "Pero tengo contra ti", escribe el divino historiador de esta época, "que has dejado tu primer amor. Recuerda, por tanto, de dónde has caído, y arrepiéntete, y haz las primeras obras; pues si no, vendré pronto a ti, y quitaré tu candelero de su lugar".[64] La vela de la educación cristiana en su pureza iluminada por el cielo comenzaba a oscurecerse. Su llama debe tener un suministro constante de verdad, o, como la vela sin oxígeno, se quema bajo, y finalmente se apaga. Pablo, escribiendo a los corintios que se encontraban en circunstancias similares a las de la escuela de Alejandría, es decir, presionados por todas partes por la filosofía pagana, dijo "Me acerqué a vosotros con debilidad y temor y gran timidez. Y mi pensamiento y mi declaración no estaban revestidos de cautivadoras razones filosóficas, sino de un espíritu y un poder demostrados, para que vuestra confianza no estuviera en la filosofía humana, sino en el poder divino.... Lo que hablamos no es en una discusión artificial de una filosofía humana, sino mediante enseñanzas espirituales, comparando espiritualidades con lo espiritual".[65]

De nuevo, la "dialéctica", o lógica, era esa ciencia de la que Aristóteles, el discípulo de Platón, se jactaba de ser el padre. Dice un escritor de la Iglesia, después de que la declinación estuviera bien iniciada, que "es la reina de las artes y las ciencias. En ella habita la razón y se manifiesta y desarrolla. Sólo la dialéctica puede dar conocimiento y sabiduría; sólo ella muestra qué y de dónde somos, y nos enseña nuestro destino [la filosofía humana y la evolución]; a través de ella aprendemos a conocer el bien y el mal. Y ¡cuán necesaria es para un clérigo, para que pueda enfrentar y derrotar a los herejes!" Los hombres han recurrido más de una vez a la lógica para vencer a los herejes, pero sólo cuando faltaba el Espíritu de la verdad.

El error se estaba deslizando rápidamente en la iglesia, y llegó principalmente a través de estas escuelas, como ya se ha visto. Sin embargo, la verdad no fue abandonada por el error sin una lucha. Mosheim dice: "La estimación en la que debía tenerse el aprendizaje humano era una cuestión en la que los cristianos estaban divididos casi por igual. Porque mientras muchos pensaban que la literatura y los escritos de los griegos debían recibir atención, había otros que sostenían que la verdadera piedad y la religión estaban en peligro por tales estudios".[66] La gente entonces, como ahora, miraba a los líderes de la iglesia en busca de orientación; y era difícil para los concienciados retirarse por completo a lo que los otros llamaban una educación estrecha y limitada cuando estos estudios eran populares. A menudo conducía a la contención entre los miembros de la misma iglesia, y a menudo incluso los padres y los hijos no se ponían de acuerdo sobre el tema. "Pero gradualmente", continúa Mosheim, "los amigos de la filosofía y la literatura adquirieron el predominio. A esta cuestión contribuyó mucho Orígenes, pues habiéndose embebido desde temprano de los principios del nuevo platonismo, los aplicó desfavorablemente a la teología, y los recomendó encarecidamente a los numerosos jóvenes que asistían a su instrucción. Y cuanto mayor fue la influencia de este hombre, que se extendió rápidamente por todo el mundo cristiano, más fácilmente se propagó su método de explicar las doctrinas sagradas."

Los días en que el papado debía ser reconocido como la bestia de Apocalipsis 13 se acercaban rápidamente. Tales experiencias en la historia de la educación en la iglesia cristiana muestran cuán rápidamente la vida del Maestro, el Espíritu de la verdad, estaba dando lugar a la forma de piedad que negaba su poder. Al leer así las páginas de la historia no se puede dejar de ver que el papado se formó en las mentes de los hombres, se propagó en las escuelas y realmente nació en el sistema educativo que entonces se desarrolló. El poder político, que fue llamado a ayudar a la iglesia, simplemente llevó a cabo aquellos principios que se desarrollaron en las escuelas a punta de espada. Las dos corrientes, el paganismo y el cristianismo apóstata, se unieron; y en la loca corriente que fluía de su confluencia, las almas de los hombres se perdieron para siempre.

La educación cristiana es el agua pura de la vida, clara y cristalina, que fluye desde el trono de Dios; pero cuando se mezcla con las aguas turbias del valle, se pierde de vista y la corriente es mala. No se puede pasar por alto el papel que desempeñó la filosofía platónica. En el siglo III ya se habían establecido los fundamentos del escolasticismo de la Edad Media, y ese "mediodía del papado que fue la medianoche moral del mundo" se acercaba rápidamente.

Capítulo X
El papado, un problema educacional

L os capítulos anteriores han revelado estos hechos:
1. Que la nación judía fue puesta como una luz para el mundo. Esta luz debía brillar por medio de la educación, y los judíos debían ser maestros de las naciones.

2. La nación judía perdió su posición como líder en la reforma educativa y, en consecuencia, en todos los demás aspectos, porque se apartó del sistema puro de educación entregado a los padres y se mezcló con los paganos, especialmente con los griegos y los egipcios.

Para confirmar este hecho tenemos estas palabras de Neander: "Los judíos, completamente imbuidos de los elementos de la cultura helénica, se esforzaron por encontrar un medio entre ésta y la religión de sus padres, a la que no querían renunciar. A este fin se valieron del sistema más en boga entre los que, en Alejandría, se ocupaban de los asuntos religiosos: el de la filosofía platónica, que ya había adquirido una poderosa influencia sobre su propia vida intelectual.... Por un lado, se adherían firmemente a la religión de sus padres.... Por otro lado, sus mentes estaban poseídas por una cultura filosófica en desacuerdo con estas convicciones. Ellos mismos no eran inconscientes de los elementos conflictivos que llenaban sus mentes, y debieron sentirse obligados a buscar algún método artificial para combinarlos en un todo armonioso. Así, se verían involuntariamente impulsados a intercalar en los antiguos registros de la religión, que para ellos poseían la más alta autoridad, un sentido ajeno a su verdadero espíritu, suponiendo todo el tiempo que de ese modo exaltaban realmente su dignidad como fuente de toda sabiduría".[67]

3. Esta intercalación de la filosofía griega con la verdad entregada a la nación judía llevó las escuelas de los hebreos a una posición tal que el Hijo del Hombre, al recibir su educación, las evitó por completo, y en su enseñanza pública advirtió a su pueblo contra las escuelas de los doctores, que enseñaban las tradiciones de hombres como la Palabra de Dios. Esta mezcla de educación significó entonces la crucifixión de Cristo y la ruina de la nación judía.

4. La iglesia cristiana primitiva, compuesta por miembros llamados de las escuelas judías y de las doctrinas puramente paganas, al principio enseñaba a sus hijos verdades basadas en las Escrituras; pero antes de que terminara el primer siglo, ya se notaba la tendencia a mezclar las enseñanzas cristianas y la filosofía pagana. Pablo, escribiendo a los tesalonicenses, refiriéndose a este hecho, dijo "Porque ya está en acción el misterio de la iniquidad."

Esta tendencia, observada en los días de Pablo, se convirtió en un hábito; y a medida que la juventud cristiana se preparaba para el trabajo evangélico asistiendo a las escuelas de Alejandría y otros lugares, se produjo un cambio total.

Ahora se convierte en nuestro deber seguir este sistema cambiado de educación, que en realidad no es más que una mezcla de lo cristiano y lo pagano, y por lo tanto no es un sistema separado y distinto en absoluto. Fue designado por el apóstol a los gentiles como "el misterio de la iniquidad". Como se encuentra en el siglo III, Mosheim lo describió así: "Es necesario, sin embargo, observar que los métodos utilizados ahora para defender el cristianismo, y atacar el judaísmo y la idolatría, degeneraron mucho desde la simplicidad primitiva, y la verdadera regla de la controversia. Los doctores cristianos, que habían sido educados en las escuelas de los retóricos y los sofistas, emplearon precipitadamente las artes y las evasiones de sus sutiles maestros en el servicio del cristianismo; y, decididos sólo a derrotar al enemigo, estuvieron demasiado poco atentos a los medios de la victoria, indiferentes a si la adquirían por artificio o por un trato sencillo. Este método de disputa, que los antiguos llamaban económico, y que tenía por objeto la victoria, más que la verdad, fue, como consecuencia del gusto prevaleciente por la retórica y el sofisma, casi universalmente aprobado".[68]

El efecto de las escuelas cristianas enseñando la literatura griega, la sofistería y la retórica estaba dando sus frutos de forma inequívoca. La simplicidad del evangelio y del hombre de Dios, que era la verdad, estaba desapareciendo rápidamente. Incluso en esta fecha temprana encontramos el germen de la orden de los jesuitas, que, en la Edad Media, llevaron a cabo la teoría de los platonistas, y afirmaron "que no era pecado que una persona empleara la falsedad y las falacias para apoyar la verdad, cuando ésta estaba en peligro de ser derribada". Fue en esta época, y bajo la influencia de estos mismos doctores y maestros, que surgió la práctica de atribuir la escritura de ciertos libros a autores ilustres; "de ahí, el libro de los cánones, que ciertos hombres astutos atribuyeron falsamente a los apóstoles... y muchas otras producciones de esa naturaleza, que, durante mucho tiempo, fueron demasiado estimadas por los hombres crédulos".[69] Es evidente hasta qué punto los hombres se habían alejado de la simplicidad del evangelio.

La difusión de ideas contrarias a la pureza del evangelio se inició casi universalmente en las escuelas que profesaban ser cristianas; y los maestros fueron, casi sin excepción, los líderes de estos movimientos intelectuales, que en realidad constituyen la base de todo cambio de gobierno o religión. A lo largo de la historia de los siglos, han surgido hombres que se destacaron por su destreza intelectual, hombres de mente fuerte, que buscaban la verdad. Al rastrear la obra de unos pocos maestros representativos a lo largo de los tres o cuatro primeros siglos, vemos que el papado aparece como resultado directo de los principios educativos.

Para aclarar esto, comencemos con las enseñanzas de Clemente en la escuela de Alejandría. Puede ser difícil distinguir entre la verdad y el error, a medida que rastreamos los intrincados vericuetos de la filosofía en los días de la iglesia primitiva; pero es necesario encontrar el origen de esos principios principales del papado contra los que contendió la Reforma. Para hacerlo, vamos a la fuente de la corriente, que generalmente se encuentra en Alejandría, en las escuelas dirigidas por maestros cristianos, o doctores, como se les suele llamar. La principal, la doctrina que lo absorbe todo del papado, es la sustitución de la fe por las obras. La única lección de Cristo, ilustrada de cientos de maneras a las multitudes y a los pocos, era la sabiduría por la fe, la vida eterna por la fe. La iglesia primitiva se fundó sobre este principio, y la fe en la Palabra de Dios era la primera máxima en la escuela del hogar, en la escuela de la iglesia y en los seminarios de los primeros cristianos. La fe da el oído para oír, como en el caso de Salomón; esto da la capacidad de estudiar, que trae la verdadera sabiduría.

Cómo o dónde se perdió la fe no puede afirmarse en términos positivos. Como la madera, bajo condiciones favorables, se convierte poco a poco en piedra sólida, un átomo de madera dando lugar a un grano de arena, y así sucesivamente hasta que la forma del árbol, una vez una encarnación de la vida, ahora yace una piedra dura y sin vida, reteniendo, sin embargo, cada cicatriz de rama y hoja, cada grieta o arruga de la corteza, sí, incluso las marcas anuales de crecimiento y el grano de la madera, así la fe en la Palabra de Dios se perdió, átomo a átomo, y la fe perdida fue reemplazada por la filosofía humana. Alejandría fue a la escuela cristiana lo que el pantano es al árbol caído. Gran parte de la filosofía griega contenía elementos de verdad; muchas verdades fueron puestas por los griegos en entornos brillantes. Dios mismo evidentemente había revelado a las mentes de los hombres, como Platón, Pitágoras, Aristóteles y otros, principios de verdad; pero no se suponía que los hombres a los que se les habían abierto los tesoros de la sabiduría y el conocimiento a través de su palabra y de su Hijo debían encontrar alguna vez la necesidad de buscar unas pocas gemas de verdad en medio de una masa de error. Apartándose de la luz pura para buscar estos pensamientos extraviados en la filosofía griega, los hombres perdieron su fe en Dios, no dieron a Su palabra el lugar que le correspondía, y en breve el árbol vivo y fructífero no fue más que una imagen de su antiguo ser, moldeado en piedra.

Para que el lector pueda ver que se adoptó esta mezcla de verdad y error en lugar de la palabra pura, se le refiere a la descripción que hace Neander de Clemente y a sus citas de los razonamientos de ese eminente erudito.[70]

Sin tomar el espacio necesario para dar esta cita, pasamos al pensamiento de que Clemente introdujo esta filosofía griega en la escuela que enseñaba, y a través de sus discípulos allanó el camino del papado en su poder. De la escuela alejandrina leemos: "¿Cuál era el objetivo original de la propia escuela? ¿Era al principio simplemente una institución para comunicar la instrucción religiosa a los paganos, o había existido durante mucho tiempo en Alejandría una escuela para educar a los maestros para la iglesia cristiana, un tipo de seminario teológico para el clero? Encontramos que originalmente una sola persona fue designada por el obispo de Alejandría para desempeñar el oficio de catequista, cuyo deber era dar instrucción religiosa a los paganos y probablemente también a los hijos de los cristianos en ese lugar....Se requerían hombres para este oficio que poseyeran un perfecto conocimiento de la religión griega, y sobre todo debían haber recibido una educación filosófica, para poder conversar y disputar con cualquier pagano erudito que, tras una larga investigación sobre otras cuestiones, pudiera dirigir su atención al cristianismo.

"No bastaba con enseñar aquí, como en otras iglesias, las principales doctrinas del cristianismo.... Con estos catecúmenos iluminados, era necesario remontarse a las fuentes primitivas de la religión en la propia Escritura, y tratar de iniciarlos en la comprensión de la misma, pues ellos necesitaban una fe que resistiera la prueba del examen científico".[71]

Para satisfacer las demandas de los paganos y los filósofos griegos, la escuela se rebajó de su posición exaltada de enseñar una sabiduría adquirida por la fe, y sustituyó un curso de estudio que "soportaría la prueba del examen científico". Clemente, uno de los primeros maestros de esta escuela, "señala la necesidad de altos y ricos talentos en el poseedor del oficio catequético en Alejandría". "El alcance de la instrucción impartida por estos hombres", dice Neander, "se extendió gradualmente, ya que fueron los primeros que intentaron satisfacer una carencia profundamente sentida por muchos: la carencia de una exposición científica de la fe y de una ciencia cristiana." Aquí es quizás el mejor lugar para atribuir el cambio de la fe a una demostración científica de las verdades del universo. Aquí está marcado el momento, tanto como uno es capaz de señalarlo con definición, del tránsito de la educación por la fe a la educación de los sentidos, de lo espiritual a lo intelectual y lo físico. El fruto y la absoluta locura de la sabiduría de los sabios (?) griegos y egipcios de este sistema intelectual se ven en su estado maduro en la Edad Oscura.

El mismo párrafo de Neander continúa: "A su escuela fueron atraídos no sólo aquellos paganos educados, que, habiendo sido convertidos por su enseñanza al cristianismo, y estando embargados por el deseo de dedicarse a sí mismos y a todo lo que poseían a su servicio, eligieron... a los catequistas alejandrinos como sus guías, sino también aquellos jóvenes que, habiendo sido educados dentro de los confines del cristianismo, estaban sedientos de un conocimiento más profundo, con el fin de prepararse para el oficio de maestros de la iglesia".[72]

Esta escuela no encontró su camino siempre sembrado de rosas, pues había maestros eclesiásticos de la clase primitiva "que miraban principalmente a lo práctico y real... y que temían continuamente una corrupción del cristianismo por la mezcla de elementos filosóficos extraños", y éstos ofrecieron cierta oposición al tránsito de una educación de la fe en la Palabra de Dios a una de la investigación científica y la razón.

Aquellos eran días de animados debates, y los defensores de la educación cristiana más de una vez contendieron por sus principios. " 'Esto,' observa Clemente, 'les diría a aquellos que son tan aficionados a quejarse: si la filosofía es poco rentable, aun así, el estudio de la misma es provechoso, si algún bien se deriva de demostrar a fondo que es una cosa poco rentable.' " Este argumento es utilizado en estos días por quienes abrazan la causa de la educación moderna y desean defender el estudio de los clásicos y la doctrina de la evolución.

Las palabras de Clemente en sus argumentos suenan doblemente llamativas, cuando recordamos que hoy en día el concepto de que la educación de los sentidos tenderá por último a la captación de la verdad eterna por medio de la fe es tan firmemente sostenido como en aquel entonces, a pesar de que una investigación cuidadosa muestra que esto nunca puede ser así, y que la única vía de acceso a la verdad es a través de la fe, al principio, al final y en todo momento. Dice: "Tal vez esta última [la filosofía] fue dada a los griegos en un sentido especial, como preliminar a que nuestro Señor llamara a los gentiles, ya que los educó como la ley lo hizo con los judíos, para el cristianismo; y la filosofía fue un paso preparatorio para aquellos que debían ser conducidos a través de Cristo a la perfección".[73]

En consecuencia, encontramos a Clemente inclinándose perpetuamente hacia la posición gnóstica o platónica. "Con una idea de la fe que fluía de la esencia misma del cristianismo, estaba asociada en su mente la noción aún persistente, derivada de la filosofía platónica, de una oposición entre una religión de mentes cultivadas, y a la que se llegaba por el medio de la ciencia, y una religión de los muchos, que estaban encadenados por los sentidos y enredados en la mera opinión".[74]

Aquí se ve claramente el comienzo de ese sistema de educación que eleva a unos pocos y mantiene a las masas en sujeción. Aquí está el manantial de un gobierno monárquico y de una jerarquía papal. Fue la propagación del sistema de educación introducido en la escuela alejandrina por Clemente lo que formó el papado. No nos sorprende leer en la historia la contienda entre las iglesias de Alejandría, Constantinopla y Roma. Roma, como árbitro, fue llamada a decidir entre los greco-católicos y los alejandrinos; y de la caída de sus dos rivales obtuvo el trono pontificio; pero sólo fue para coronar las ideas educativas de la escuela alejandrina, e influir al mundo mediante la aplicación de los principios de ese sistema de instrucción que sustituye la fe por la investigación científica.

Dios había llamado una vez a su pueblo fuera de Egipto; pero la iglesia, abandonando la pureza del evangelio, volvió allí para su educación. La Reforma fue su segunda llamada, y hoy en día suena la tercera. Habiendo seguido con algún cuidado las ideas introducidas por primera vez por Clemente, y encontrando que el resultado de la posición adoptada por este maestro fue que la fe fue destruida y la razón científica sustituida, pasamos al desarrollo ulterior de esta idea educativa tal como la proponía uno de los alumnos más notables de Clemente y su sucesor en la escuela de Alejandría. Me refiero a Orígenes.

Orígenes nació en el año 185 d. C. en Alejandría; recibió una educación muy liberal y se inició a temprana edad en la ciencia y el arte helénicos; los principios del cristianismo fueron inculcados en su mente por maestros como Clemente de Alejandría.[75] "Él mismo dice que fue un motivo externo el que le llevó por primera vez a ocuparse con el estudio de la filosofía platónica, y a familiarizarse mejor en general con los sistemas de los que diferían de él. La causa móvil fue su relación con herejes y paganos que habían recibido una educación filosófica".

"Atraídos por su gran reputación, tales personas" acudían a menudo a él, y así se defiende por dedicar su tiempo a la filosofía griega: "Cuando había dedicado todo mi tiempo a la promulgación de las doctrinas divinas, y la fama de mi destreza en ellas comenzó a difundirse en el extranjero, de modo que tanto los herejes y otros, como los versados en las ciencias griegas, y en particular los hombres de las escuelas filosóficas venían a visitarme, me pareció necesario que examinara las opiniones doctrinales de los herejes, y lo que los filósofos pretendían saber de la verdad".[76]

Estos hechos relativos a Orígenes se dan porque el argumento es sorprendentemente similar al utilizado por muchos ministros y maestros de la época actual, y porque muestra cómo la filosofía platónica se estableció en las llamadas escuelas cristianas y creció hasta convertirse en el papado.

Hay tres individuos que se erigen como representantes de tres sistemas de educación. Platón personifica la filosofía pagana; Cristo dijo de sí mismo: "Yo soy la... verdad"; Orígenes personifica la mezcla de las dos, la verdad y el error, y por ello se erige, desde el punto de vista educativo, como el padre del papado, que es el misterio de la iniquidad. Nos corresponde ahora seguir cuidadosamente la obra de este hombre. Después de hacerlo, uno puede entender más fácilmente por qué la bestia es representada como teniendo varias cabezas".[77]

Cito extensamente a Mosheim: "Las principales doctrinas del cristianismo se explicaban ahora al pueblo en su pureza y simplicidad nativas, sin ninguna mezcla de razonamientos abstractos o invenciones sutiles; ni se cargaba a las débiles mentes de la multitud con una gran variedad de preceptos. Pero los doctores cristianos que se habían aplicado al estudio de las letras y la filosofía pronto abandonaron los caminos frecuentados, y se adentraron en las sinuosas selvas de la fantasía. Los egipcios se distinguieron en este nuevo método de explicar la verdad. Consideraban una tarea noble y gloriosa someter las doctrinas de la sabiduría celestial a los preceptos de su filosofía, y realizar investigaciones hondas y profundas sobre la naturaleza íntima y oculta de aquellas verdades que el divino Salvador había entregado a sus discípulos. Orígenes estaba a la cabeza de esta tribu especulativa. Este gran hombre, encantado por los encantos de la filosofía platónica, la erigió como la prueba de toda religión, e imaginó que las razones de cada doctrina debían encontrarse en esa filosofía favorita, y su naturaleza y extensión, ser determinadas por ella. Hay que confesar que manejó este asunto con modestia y con precaución; pero, aun así, dio un ejemplo a sus discípulos, cuyo abuso no podía dejar de ser pernicioso, y bajo cuya autoridad, naturalmente se entregarían sin freno a toda fantasía gratuita. Y así fue, en efecto, pues los discípulos de Orígenes, desatándose de los límites fijados por su maestro, interpretaron, de la manera más licenciosa, las verdades divinas de la religión según el tenor de la filosofía platónica. De estos maestros deriva su origen la teología filosófica o escolástica".[78]

Mosheim dice: "Orígenes está indiscutiblemente a la cabeza de los intérpretes de la Biblia en este siglo. Pero con dolor hay que añadir que fue el primero entre los que han encontrado en las Escrituras un refugio seguro para todos los errores y fantasías ociosas. Como este hombre tan ingenioso no podía ver ningún método posible para vindicar todo lo que se dice en las Escrituras contra las cavilaciones de los herejes y los enemigos del cristianismo, siempre que interpretara el lenguaje de la Biblia de forma literal, llegó a la conclusión de que debía exponer el volumen sagrado de la forma en que los platonistas estaban acostumbrados a explicar la historia de sus dioses".[79]

Murdock, en sus notas, dice: "Orígenes convirtió perversamente gran parte de la historia bíblica en fábulas morales y muchas de las leyes en alegorías. Probablemente aprendió esto en la escuela de Amonio, que exponía alegóricamente a Hesíodo, Homero y toda la historia fabulosa de los griegos. Los predecesores de Orígenes, que buscaban un sentido místico de las Escrituras, todavía daban mucho valor al sentido gramatical o literal; pero él se expresa a menudo como si no le diera ningún valor.

Antes de él se recurría a las alegorías, sólo para descubrir predicciones de acontecimientos futuros y reglas para la conducta moral; pero él recurrió a las alegorías para establecer los principios de su filosofía sobre una base bíblica.... Su propensión a las alegorías debe atribuirse a la fertilidad de su invención, a la costumbre imperante entre los egipcios, a su educación, a las instrucciones que recibió de sus maestros y al ejemplo tanto de los filósofos, de los que era admirador, como de los judíos.... Esperaba, por medio de sus alegorías, convencer más fácilmente a los judíos, confutar a los gnósticos y acallar las objeciones de ambos. Pero no debemos olvidar su apego al sistema de filosofía que abrazó. Esta filosofía no podía reconciliarse con las Escrituras... y por eso las Escrituras deben ser interpretadas alegóricamente, para que no contradigan su filosofía.... Como el cuerpo es la parte más baja del hombre, el sentido literal es el menos digno de las Escrituras; y como el cuerpo a menudo traiciona a los hombres buenos hacia el pecado, el sentido literal a menudo nos lleva al error".

El propio Mosheim nos dice cómo Orígenes determinaba cuándo un pasaje debía interpretarse literalmente y cuándo alegóricamente: "Siempre que las palabras, si se entienden literalmente, ofrezcan un significado valioso, digno de Dios, útil para los hombres y acorde con la verdad y la razón correcta, entonces se debe mantener el sentido literal; pero siempre que las palabras, si se entienden literalmente, expresen lo que es absurdo, o falso, o contrario a la razón correcta, o inútil, o indigno de Dios, entonces se debe descartar el sentido literal y considerar únicamente el moral y místico. Esta regla la aplica a todas las partes tanto del Antiguo como del Nuevo Testamento". Este razonamiento es suficientemente fuerte para cualquiera de nuestros críticos superiores modernos. Si condujo directamente a la eliminación de la Palabra de Dios de la gente común de la Edad Media, porque los maestros no adjudicaban a ningunas otras mentes que las suyas propias la capacidad de determinar si un determinado pasaje debía ser interpretado literal o alegóricamente, ¿a qué conducirá ahora el mismo tratamiento de las Escrituras? Y si los discípulos de Orígenes, al carecer de la cautela del gran maestro, fueron conducidos al grosero libertinaje de los paganos, ¿cuánta de la maldad de la sociedad moderna debe atribuirse al espíritu de la alta crítica, que resuena desde el púlpito y se exhala desde las aulas?

Mosheim continúa: "Él [Orígenes] atribuye dos razones por las que se admiten fábulas y absurdos literales en el Volumen Sagrado. La primera es, que si el significado literal fuera siempre racional y bueno, el lector sería apto para descansar en él, y no buscar el sentido moral y místico. La segunda es, que las representaciones fabulosas e incongruentes a menudo ofrecen instrucciones morales y místicas que no podrían ser transmitidas tan bien por hechos y representaciones sobrias."

Tal vez esto es suficiente para mostrar que el escolasticismo, o una interpretación filosófica de las Escrituras tuvo su origen en las escuelas cristianas. Con esto queda claro por qué estos jóvenes se convirtieron en papistas, en lugar de ser seguidores del manso y humilde galileo. No había otra teoría que pudiera, tan eficazmente como ésta, haber erradicado la fe. Ninguna otra enseñanza que esta misma crítica superior podría haber desarrollado más verdaderamente ese poder que "hablará palabras contra el Altísimo, y pensará en cambiar los tiempos y la ley." Formó la bestia en el siglo III; está formando la imagen de la bestia en el siglo actual. Los estudiantes bajo esa instrucción habían recibido una amplia preparación para creer en el derecho de la iglesia a interpretar las Escrituras, y para creer en la infalibilidad del papa.

Hemos visto el origen de dos de las corrientes que, uniéndose, ayudaron a engrosar el torrente del papado. Hay todavía otros afluentes de este poderoso río. Cada uno nace en algún lugar del paganismo, fluye con un curso sinuoso, pero finalmente, como de acuerdo con alguna gran ley natural, se une con esas otras corrientes para formar el misterio de la iniquidad. Cada corriente es un principio educativo, opuesto en sí mismo al cristianismo; pero en lugar de perderse en las profundidades del canal principal, parece desarrollar un mayor poder de hacer el mal, y lleva a sus adherentes a una degradación más completa después de la mezcla que antes.

El tercer principio que se presenta para el análisis se conoce como misticismo. Tanto las enseñanzas de Clemente como la escolástica de Orígenes exaltaban la razón por encima de la fe. El misticismo fue propugnado por Orígenes y posteriormente por Agustín. Se define como "esa facultad de la razón, de la que procede la salud y el vigor de la mente... una emanación de Dios en al alma humana, y que comprende en ella los principios y elementos de toda verdad, humana y divina".[80] Hay una chispa de divinidad en cada hombre. El objeto de la educación cristiana es desarrollar la imagen de Cristo en el ser humano; pero con los místicos se sostenía que "el silencio, la tranquilidad, el reposo y la soledad, acompañados de los actos de mortificación que tienden a extenuar y agotar el cuerpo, eran los medios por los que se excitaba la palabra oculta e interna para producir sus virtudes latentes e instruir a los hombres en el conocimiento de las cosas divinas."

No nos concierne tanto la doctrina como los resultados que provocaron las enseñanzas de tal doctrina. De la fidelidad a este método de razonamiento surgió todo el sistema monacal; porque, dice Mosheim, "este método de razonamiento produjo efectos extraños, y llevó a muchos a las cuevas y desiertos, donde maceraron sus cuerpos con hambre y sed, y se sometieron a todas las miserias de la disciplina más severa que una imaginación sombría podía prescribir." Egipto pronto se llenó de estos fanáticos, y toda la historia de la Edad Oscura se centra en ellos. Rompieron los lazos de afecto familiar, derrocaron gobiernos y sentaron a papas. Draper, hablando de los monjes, dice: "Se dice que hubo en un tiempo en ese país [Egipto] de estos reclusos religiosos no menos de setenta y seis mil hombres y veintisiete mil mujeres. Junto con otras innumerables formas toscas, bajo el ardiente sol de aquel clima parecían haber sido engendrados del lodo del Nilo". "Desde Egipto y Siria el monaquismo se extendió como una epidemia". "Se observó significativamente que el camino hacia la elevación eclesiástica pasaba por el pórtico del monasterio, y a menudo la ambición llevaba con satisfacción por una temporada la capucha, para poder apoderarse con más seguridad de la mitra".[81]

Tendremos que estudiar el sistema monástico como depositario del saber en la Edad Oscura, y por lo tanto sólo daremos una mirada de pasada al origen de la orden en la doctrina del misticismo. Sus males no pueden ser retratados sin rubor, y fue contra este sistema, tomando como lo hizo en sus garras la educación de las masas, que la Reforma empujó su peso. Hemos visto a la verdad luchando contra el error. Fue en las escuelas de los primeros cristianos donde se enseñó la sabiduría por la fe. Fue en estas mismas escuelas donde se entró a hurtadillas la filosofía pagana. Fue el maestro quien abrazó esta filosofía, y de nuevo un maestro quien se opuso a ella. Los estudiantes absorbieron las ideas de los principales educadores, y se convirtieron en maestros de la iglesia. Las mentes más fuertes, apartándose de la Palabra, y sólo de ella, se convirtieron en expositores de la filosofía y las ciencias.

Gradualmente el error prevaleció, hasta que, en las escuelas, casi enteramente en manos de los monjes, la verdad fue cubierta de tal manera que la descripción de D'Aubigné del trabajo de los escolares de la Edad Oscura es sorprendente. Dice: "Estos industriosos artesanos del pensamiento se habían descosido de todas las ideas teológicas, y de todos sus hilos habían tejido una red, bajo la cual habría sido difícil para personas más hábiles que sus contemporáneos reconocer la verdad en su prístina pureza."

No es tarea de este capítulo tratar las controversias teológicas en sí mismas. Sólo a medida que estas controversias se apoderaron y moldearon los cursos de estudio en las escuelas; sólo a medida que encontraron sus más fuertes partidarios en las personas de los maestros, y fueron llevadas al mundo por los estudiantes, que nuestra atención es atraída a otra línea de argumentación, que, por así decirlo, aseguró el trabajo del papado, y le dio su poder sobre las mentes de los hombres.

Citando de nuevo a D'Aubigné: "La doctrina pelagiana, expulsada por Agustín de la Iglesia cuando se había presentado audazmente, se insinuó como semipelagianismo, bajo la máscara de las formas de expresión de Agustín. Este error se extendió con asombrosa rapidez por toda la cristiandad. El peligro de la doctrina se manifestaba particularmente en esto: al colocar la bondad fuera, y no dentro, del corazón, ponía un gran valor en las acciones externas, las observancias legales y los trabajos penitenciales.... Mientras que el pelagianismo corrompía la doctrina cristiana, fortalecía la jerarquía.... Cuando estableció la doctrina de que el hombre podía alcanzar un estado de perfecta santificación, afirmó también que los méritos de los santos y los mártires podían aplicarse a la iglesia. El pelagianismo multiplicó los ritos y las ceremonias.

"Pero fue especialmente por el sistema de penitencia que se derivó directamente del pelagianismo, que el cristianismo se pervirtió. Al principio, la penitencia había consistido en ciertas expresiones públicas de arrepentimiento.... Poco a poco se extendió a todos los pecados, incluso a los más secretos.... En vez de buscar el perdón en Cristo, sólo a través de la fe, se buscó principalmente en la iglesia a través de trabajos penitenciales.... A estas prácticas se añadieron las flagelaciones.... En consecuencia, inventaron ese sistema de trueque celebrado bajo el título de Indulgencias.... Una bula de Clemente VII lo declaró un artículo de fe.... Los filósofos de Alejandría habían hablado de un fuego en el que los hombres debían ser purificados. Muchos doctores antiguos habían adoptado esta noción; y Roma declaró esta opinión filosófica como un principio de la iglesia. El papa,

mediante una bula, anexó el purgatorio a su dominio".[82]
"La Iglesia católica no era el papado", dice D'Aubigné
"Este último era el opresor, el primero el oprimido".
Draper define escuetamente el papado como "la tiranía de
la teología sobre el pensamiento".

Los hombres se apartaron de la simplicidad de un
evangelio resumido por la fe. La razón y la investigación
científica tomaron el lugar de la fe en la Palabra. La
educación desvió las mentes de los hombres desde Dios
hacia el yo, y la razón fue exaltada. Así se formó el papado.
Si buscamos una unión visible de la iglesia y el estado
antes de reconocerla como el papado, nos encontraremos
atrapados; porque es la elaboración de un sistema de
educación basado en la filosofía humana lo que forma el
papado; y el santo que adopta este sistema de educación
se vuelve naturalmente hacia el estado para obtener apoyo.

Es por la verdad de esta declaración que el papado
ejerce su influencia a través de sus escuelas; es por esto por
lo que siempre ha temido un resurgimiento del aprendizaje
más que las fuerzas combinadas de todos los ejércitos del
mundo. Sólo se puede asestar un golpe de muerte al papado
introduciendo un sistema de educación fundado en las
enseñanzas de Cristo, poniendo la Palabra de Dios como
guía, e inspirando la fe como la única vía hacia la sabiduría.

Capítulo XI
La educación en la Edad Media

El desarrollo del papado condujo directamente a la Edad Oscura, pues "el mediodía del papado fue la medianoche moral del mundo". El papado fue la ejecución lógica de un esquema educativo; de ahí que las tinieblas morales que se extendieron por el mundo durante el período profético de mil doscientos sesenta años se debieran a métodos erróneos de educación. La gente no se hunde en la degradación y el pecado cuando se educa correctamente. La verdad eleva y, cuando se encarna en el hombre, lo acerca a su Hacedor. La fe es la escalera por la que sube, y cuando ese elemento ha faltado en un sistema educativo, las masas se han hundido cada vez más.

La mente es una cosa maravillosa, el estudio más profundo del universo. Fue diseñada para ser libre, para captar las poderosas leyes de su propio Creador, y se le proporcionó un medio por el que se podía hacer eso mismo: "Y si alguno de vosotros tiene falta de sabiduría, pídala a Dios…Pero pida con fe, no dudando nada;"

Para mantener la supremacía así obtenida, era necesario que la educación de los jóvenes estuviera totalmente bajo el control de la jerarquía papal; y es con sus instituciones educativas y sus métodos educativos con lo que tenemos que tratar ahora. Es de esperar que el estudio de la Edad Oscura acentúe tanto la importancia de que los protestantes mantengan sus propias escuelas, que la tendencia ahora tan fuerte en la otra dirección pueda recibir un freno. La educación iniciada en las escuelas de los primeros cristianos ha sido seguida a las instituciones monásticas de la Edad Media. La vida y el poder del cristianismo se fueron, y sólo quedó la forma. Se ha dicho que "el paganismo con el ropaje del cristianismo entró en la iglesia", y puede añadirse con verdad que ganó la admisión a través de las escuelas.

Para poder rastrear cuidadosamente la educación ofrecida por el papado, y que comprendía todo lo que se ofrecía entonces, las primeras citas se refieren a la instrucción primaria. Laurie dice: "La instrucción comenzaba hacia la edad de siete años. El alfabeto, escrito en tablas u hojas, era aprendido de memoria por los niños, luego las sílabas y las palabras. El primer libro de lectura era el salterio en latín, y éste se leía una y otra vez hasta que se podía decir de memoria; y numerosos sacerdotes, e incluso monjes, se contentaron toda su vida con el mero sonido de las palabras en latín, que podían leer y recitar, pero no entender".[83]

Observe cuidadosamente que la tarea para estos niños era casi totalmente de memoria. Debían aprender de memoria y repetir sin entender. Este fue el primer paso en ese gran sistema que ata las mentes de las masas a la voluntad de una mente soberana.

"Le siguió la escritura". "También se enseñaban los elementos de la aritmética, pero meramente con vistas al cálculo de los días de la iglesia y las fiestas".[84] "El latín se comenzó muy pronto (al parecer, inmediatamente después de que se conociera el salterio), con el aprendizaje de memoria de las declinaciones y conjugaciones y las listas de vocales. La regla era utilizar el latín en la escuela en la conversación.... En el siglo XI, si no antes, los libros de conversación en latín... no sólo se leían, sino que, como todo lo demás, se aprendían de memoria".[85] Su método de estudio del latín hace hincapié el pensamiento de la manera abstracta formal de la enseñanza, que tendía al conservadurismo y a la sujeción mental. "La memoria es la facultad que subordina el presente bajo el pasado, y su extenso entrenamiento desarrolla un hábito mental que se atiene a lo prescrito, y evita lo nuevo y no probado. En resumen, el currículo educativo que pone gran énfasis en la memorización produce una clase de personas conservadoras".[86] Las escuelas papales emplearon métodos que, en sí mismos, en el curso de unas pocas generaciones desarrollarían un pensamiento dependiente en lugar de independiente; por lo tanto, los métodos son tan importantes como la materia enseñada. De nuevo, es bueno recordar que había un profundo designio en hacer universal la lengua latina. Era una de las formas por las que el papado mantenía su control sobre todas las naciones y lenguas. Draper lo explica así:

"La unidad de la iglesia y, por tanto, su poder, requería el uso del latín como lengua sagrada. A través de ella, Roma se situó en una actitud estrictamente europea y fue capaz de mantener una relación internacional general. Esto le dio mucho más poder que su afirmada autoridad celestial.... Sus funcionarios podían pasar sin dificultad a todas las naciones, y comunicarse sin vergüenza entre ellos, desde Irlanda a Bohemia, desde Italia a Escocia".[87]

El carácter de los jóvenes se formaba, dice Painter, a través de la memorización de "las fábulas de Esopo y las colecciones de máximas y proverbios. Después de esto, Virgilio solía ser el libro de texto, y se manejaba en el mismo estilo".

De las escuelas monásticas dice Mosheim: "En la mayoría de las escuelas se enseñaban las llamadas siete artes liberales. El alumno comenzaba con la gramática, luego procedía a la retórica y después a la lógica o la dialéctica. Habiendo dominado así el Trivium, como se le llamaba, los que aspiraban a mayores logros procedían con pasos lentos a través del Quadrivium [un curso que incluía aritmética, música, geometría y astronomía] hasta alcanzar el honor de hombres perfectamente instruidos".[88]

Dice Painter "Se dedicaron siete años a completar el curso de artes liberales [el Trivium y el Quadrivium].... La dialéctica o lógica se basaba en cierta remota medida en los escritos de Aristóteles. En un período posterior, la lógica se aplicó rígidamente al desarrollo de la teología, y dio origen a una clase de eruditos llamados los escolares.... La aritmética se enseñaba de forma imperfecta, pues se daba importancia a las supuestas propiedades secretas de los números.

La geometría se enseñaba de forma abreviada, mientras que la astronomía no difería materialmente de la astrología. El estudio de la música consistía principalmente en aprender a corear los himnos de la iglesia".[89]

Mosheim continúa así su descripción del trabajo de las escuelas en el siglo XI. "Este curso de estudio, adoptado en todas las escuelas de Occidente, se modificó no poco a partir de la mitad de este siglo. Porque la lógica... habiendo sido mejorada por la reflexión y la habilidad de ciertos pensadores estrechos, y siendo enseñada de forma más completa y aguda, adquirió tal ascendencia en las mentes de la mayoría, que descuidaron la gramática, la retórica y las otras ciencias, tanto las elegantes como las abstrusas, y dedicaron toda su vida a la dialéctica, o a las discusiones lógicas y metafísicas. Porque quien estaba bien familiarizado con la dialéctica, o lo que llamamos lógica y metafísica, se suponía que poseía suficiente aprendizaje, y que no perdía nada por ser ignorante de todas las demás ramas del aprendizaje.... En esta época, la filosofía de los latinos se limitaba enteramente a lo que ellos llamaban dialéctica; y las otras ramas de la filosofía eran desconocidas incluso por su nombre. Además, su dialéctica era miserablemente seca y estéril".[90]

Esto es suficiente, tal vez, sobre el uso del lenguaje y la lógica, y pasamos a la geografía y a algunas de las ciencias. Incluso los niños de hoy en día sonreirán por las enseñanzas de algunos de los padres de la iglesia sobre el tema de la geografía. Dice Draper "En la Geografía Patrística, la tierra es una superficie plana bordeada por las aguas del mar, sobre cuyo soporte cedente descansa la cúpula cristalina del cielo. Estas doctrinas se apoyaban en su mayor parte en pasajes de las Sagradas Escrituras, arrancados perversamente de su sentido propio. Así, Cosmas Indicopleustes, cuya Geografía Patrística había sido una autoridad durante casi ochocientos años, desechó triunfalmente la esfericidad de la tierra al exigir a sus defensores, ¡cómo, en el día del juicio, los hombres del otro lado del globo podrían ver al Señor descendiendo por el aire!"[91]

Fue en oposición a tales teorías, y a un centenar de absurdos relativos al océano, a las aguas hirvientes del ecuador, a las serpientes del oeste, etc., que Colón, De Gama y otros exploradores tuvieron que contender; y uno de los efectos más maravillosos del trabajo de estos navegantes fue el empujón que recibió la educación papal. Se recibió entonces una herida que era incurable.

Si en la mente del lector surge la pregunta: ¿Por qué deben las escuelas papales enseñar tales cosas? Simplemente considere que todo el sistema de la teología papal estaba destinado a hacer sentir al pueblo que el mundo era el centro del universo, y que el papa era el centro del mundo. Cristo y su posición en la creación fueron usurpados por la cabeza de la iglesia. Esto era el papado.

Esto sólo podía conseguirse mediante la educación, y sólo podía mantenerse en la medida en que se enseñara a una generación tras otra, desde la infancia hasta la vejez, a poner la fe en el hombre, no en Dios. No sólo las materias enseñadas, sino la manera de enseñarlas, sirvieron bien al propósito del papado. Sólo en los últimos años, comparativamente hablando, han visto nuestras propias escuelas la necesidad de romper con algunas de esas reliquias del sistema educativo de la Edad Oscura.

El trabajo de memoria puro y simple, ha dado paso en gran medida a la investigación y la experimentación, incluso en los grados de primaria. El alfabeto ya no se introduce en la mente infantil por la férula, ni se mantiene allí por la mera fuerza de la repetición. Los métodos avanzados en el tratamiento de la mente son un paso en la dirección correcta. La pena es que los educadores, mientras buscan a tientas la luz, mientras se despojan de algunos de los ropajes apolillados de épocas pasadas, han fallado en ver la causa del mal, y se ocupan en gran medida de los resultados en lugar de eliminar la causa. El mal comenzó al renunciar a las Escrituras y a la fe en la Sagrada Escritura como parte de la educación. El espíritu y el poder acompañarán a la reforma sólo cuando estos sean reemplazados en su lugar apropiado. Mientras los educadores del mundo se dan cuenta de la necesidad de un cambio en los métodos, es hora de que vean también la necesidad de un cambio en la materia y los libros de texto. Los protestantes, en particular, deben despertar a los tiempos. Si el estudio del paganismo, en lugar del cristianismo o de la verdad, produjo la Edad Oscura, y si los métodos errados retuvieron las mentes de los hombres y prolongaron esa oscuridad, impidiendo el brillo de la luz, es hora de que tanto los métodos como el material sean reconstruidos en las escuelas de hoy en día.

Podemos observar con provecho la actitud de las escuelas papales hacia algunas de las ciencias, tomando por ejemplo esa rama más práctica de las modernas, la ciencia de la medicina. ¿Cuál era el trabajo del médico durante la Edad Oscura? Draper dice: "Los médicos eran vistos por la iglesia con desagrado, y considerados como ateos por el pueblo, que se aferraba firmemente a las lecciones que le habían enseñado, de que las curaciones debían ser realizadas por reliquias de mártires y huesos de santos, por oraciones e intercesiones".[92]

Es bueno recordar que Cristo era el Gran Médico, que sanaba no sólo las enfermedades del alma, sino también las físicas; y a los apóstoles se les dio la comisión de sanar a los enfermos y restaurar la vista a los ciegos. Sin embargo, gradualmente, a medida que el poder del evangelio en su pureza se perdía por la sustitución del error por la verdad, los líderes de la iglesia introdujeron curas milagrosas, y predicaron la eficacia de los huesos de los santos, etc., en la curación de las enfermedades. Esto se hizo popular, y aumentó a lo largo de la Edad Oscura.

Draper describe el fanatismo de las escuelas monásticas, y finalmente asigna una razón para la exclusión de ellas del estudio de la fisiología y la anatomía y la ciencia de la medicina. "El cuerpo", dice, "estaba bajo algún cargo espiritual: la primera articulación del pulgar derecho estaba bajo el cuidado de Dios Padre, la segunda bajo el de la bendita Virgen, y de este modo las demás partes. Para cada enfermedad había un santo. Un hombre con los ojos doloridos debía invocar a Santa Clara, pero si era una inflamación en otra parte, debía recurrir a San Antonio.... Para la propiciación de estos seres celestiales era necesario que se pagaran honorarios, y así la práctica de la medicina de la impostura se convirtió en una gran fuente de beneficios. En todo esto no había otra intención que la de extraer dinero".[93]

Mientras tales eran las enseñanzas del papado, los judíos y los mahometanos alcanzaban un éxito maravilloso, y hacían descubrimientos de beneficio duradero para la humanidad en España y Asia Menor. "Obispos, príncipes, reyes y papas tenían cada uno en privado su médico hebreo; aunque todos comprendían que era un lujo de contrabando, en muchos países señalado y absolutamente prohibido por la ley. En el siglo XI casi todos los médicos de Europa eran judíos". Una de las razones de esto fue: "La iglesia no toleraría ninguna interferencia con sus métodos espirituales de tratamiento de las enfermedades, que constituían una de sus fuentes más productivas de ganancias; y el estudio de la medicina se había introducido formalmente en las escuelas rabínicas".[94]

El amargo odio del papado hacia la independencia de mente queda bien ilustrado en el trato que los médicos judíos recibieron de los papas. Draper dice: "La escuela de Salerno seguía enviando sus médicos. En Roma, los médicos judíos eran numerosos, los propios papas los empleaban.... En esta época, España y Francia estaban llenas de judíos eruditos; y tal vez en parte porque ejercían demasiada influencia sobre las clases superiores con las que entraban en contacto (ya que el médico de un príncipe cristiano era muy a menudo el rival de su confesor), y en parte porque la práctica de la medicina, tal como la ejercían, interfería con las ganancias de la iglesia, el clero se alarmó, e hizo que se volvieran a promulgar o a hacer cumplir las antiguas leyes. El Concilio de Beziers (1246 d. C.) y el de Alby (1254 d. C.) prohibieron a todos los cristianos recurrir a los servicios de un médico israelita".[95]

Para demostrar que este era un asunto que concernía a las escuelas, y como prueba de la afirmación de que las escuelas papales todavía se adhieren al formalismo, a la curación milagrosa y al culto a las reliquias, sólo tenemos que notar que "la facultad de París [Universidad], despertando por fin al peligro del caso, hizo que se publicara, en el año 1301, un decreto que prohibía a cualquier hombre o mujer de la religión de Moisés practicar la medicina a cualquier persona de la religión católica. Un curso similar se siguió en España. En esta época los judíos estaban confesadamente a la cabeza de la medicina francesa. Fue el nombramiento de uno de su persuasión, Profatius, como regente de la facultad de Montpellier, en el año 1300 d. C., lo que atrajo sobre ellos la ira de la facultad de París".

"La animosidad de los eclesiásticos franceses contra los médicos judíos condujo finalmente al destierro de todos los judíos de Francia, en el año 1306".[96] Las universidades papales no estaban dispuestas a enseñar medicina, y al encontrar que las escuelas de ciencias judías debilitaban en gran medida la autoridad papal en Francia, esta raza fue desterrada físicamente.

Comparando esta historia con el trabajo actual de la fraternidad médica, y especialmente con esa clase de estudiantes de medicina cuya obra de vida es difundir el evangelio al mismo tiempo que aliviar el cuerpo, uno comprende mejor que la fisiología debe ser la base de todo esfuerzo educativo, y el lugar que ella y las ciencias afines deben ocupar en los cursos de instrucción, seguidos por nuestros niños, jóvenes y mentes más maduras; y también la causa de esa oscuridad espiritual que incluso ahora se cierne sobre el mundo, y que por siglos mantuvo a Europa en sus garras; pero será penetrada por la educación cristiana.

El papado, en caso de una oposición que amenazara su autoridad, tenía dos métodos de proceder. El primero era un intento de aniquilar tanto el problema como a los perturbadores. Así, simplemente desterró a todos los judíos de Francia para que sus propias universidades no se vieran ensombrecidas por la luz de la verdad. Su segundo método de proceder era una contrarreforma; es decir, si surgía una reforma en la educación fuera de la iglesia que amenazara con socavar sus doctrinas, se podía hacer frente a ella con una reforma parcial dentro de sus fronteras, la reforma iba sólo hasta el punto absolutamente necesario para satisfacer las ansias de las mentes que se atrevían a pensar por sí mismas. No siempre era posible aplastar por completo una reforma, o a los reformadores; y como ocurría muy a menudo en las escuelas, los estudios que no podían ser desterrados por completo, se enseñaban, pero de la manera más adecuada para conservar las necesidades de la iglesia. No se puede negar que la medicina, al igual que el Derecho, se enseñaba en las escuelas papales superiores. Dice Mosheim: "Las siete artes liberales [el Trivium y el Quadrivium] se incluyeron gradualmente bajo el término filosofía, al que se añadieron la teología, la jurisprudencia y la medicina. Y así, estas cuatro facultades, como se llaman, se formaron en el siglo siguiente en las universidades".[97] Pero en el estudio de la medicina, la característica era el trabajo de memoria desprovisto de entendimiento, la forma sin el espíritu, como en el de la filosofía o el Derecho. Al igual que los santos y los mártires en teología habían tomado el lugar de los dioses y diosas griegos, en el estudio de otras ramas se hizo una multitud de términos paganos, revestidos de lo que entonces se conocía como "espíritu cristiano", para satisfacer el anhelo de una verdadera cultura mental. Se dejó de lado la simplicidad del evangelio. Se hizo que lo que Dios había revelado pareciera demasiado complejo para la mente humana, y se escarbó en las cosas secretas que sólo Dios conoce. En la teología, la dialéctica, o la lógica, se convirtió en el estudio de interminables preguntas, silogismos difíciles, argucias sin sentido. Los hombres se deleitaban en proponer preguntas como: "¿Cuántos ángeles pueden pararse en la punta de una aguja?" y otros se enorgullecían de la agudeza de sus poderes de razonamiento al argumentar tales cuestiones. Asimismo, en medicina, el estudio de las simples necesidades del cuerpo y el tratamiento racional de las enfermedades fueron oscurecidos por cientos de términos latinos, y éstos fueron memorizados en perjuicio de la simple filosofía de la ciencia. Es con esta multitud de nombres, envejecidos por la edad, y con un fuerte sabor a su origen pagano, con lo que el estudiante de medicina todavía se ve obligado a lidiar.

La historia del surgimiento de las universidades europeas arroja luz sobre la actitud del papado hacia la educación. Mientras que Europa se encontraba cubierta por las tinieblas espirituales e intelectuales, Dios se sirvió de otro pueblo para difundir la verdad.

Cuando se perdió la fe en Dios, y en su lugar se sustituyó esa fe ciega en el hombre y la obediencia a la iglesia que se conoce en la historia europea como la era de la fe, el aprendizaje fue propagado por los árabes. Ese poder que había fracasado en la conquista del mundo por medio de la espada ganó ahora por medio de la cultura intelectual lo que las armas de Mahoma y sus sucesores inmediatos no lograron. España, mientras estuvo en manos de los moros, contribuyó más a la civilización europea que en cualquier otro momento de su historia; y fue como educadora, y a través de la influencia de sus escuelas que el papado recibió su golpe desde el sur que la hizo sucumbir más fácilmente a la revuelta de Alemania bajo Lutero. Por parte de los árabes "se establecieron escuelas florecientes en todas las ciudades principales, especialmente en Bagdad y Damasco en el este, y en Córdoba, Salamanca y Toledo en el oeste. En ellas, la gramática, las matemáticas, la astronomía, la filosofía, la química y la medicina se buscaron con gran ardor y éxito. Los árabes originaron la química, descubriendo el alcohol y los ácidos nítrico y sulfúrico. Dieron al álgebra y a la trigonometría su forma moderna; aplicaron el péndulo al cálculo del tiempo; determinaron el tamaño de la tierra midiendo un grado, e hicieron catálogos de las estrellas".[98] Y todo esto se hizo cuando toda Europa yacía en la oscuridad, cuando el químico era considerado un mago, cuando la astronomía era simplemente astrología, y cualquier aprendizaje que existiera era formal y sin espíritu.

Pero los descubrimientos de los maestros árabes no podían quedarse sólo con ellos durante mucho tiempo, y es la difusión de sus ideas a través de las escuelas por medio de los alumnos lo que nos preocupa. "Durante un tiempo, ellos [los árabes] fueron los líderes intelectuales de Europa. Sus escuelas en España fueron asistidas en gran medida por jóvenes cristianos de otros países europeos, que llevaron consigo a sus hogares la ciencia árabe, y a través de ella estimularon la actividad intelectual en las naciones cristianas [papales]".[99]

La especialización de estudios como la teología, la medicina o la filosofía, junto con el impulso derivado de los mahometanos en África y de los árabes en España, condujo al establecimiento de las universidades, que estaban, como ya se ha dicho, compuestas por cuatro facultades o universidades. "Surgieron independientemente de la Iglesia y del Estado". La Universidad de París "se convirtió en la sede más distinguida del saber en Europa. En un momento dado contó con más de veinte mil estudiantes".

El crecimiento de las universidades fue muy rápido, y amenazaron rápidamente con revolucionar la sociedad de Europa y derrocar la jerarquía papal. "La influencia y el poder de las universidades fueron rápidamente reconocidos", dice Painter; "y aunque originalmente eran asociaciones libres, pronto fueron puestas en relación con la iglesia y el estado, por lo que fueron oficialmente autorizadas y dotadas". Si el aprendizaje no podía ser suprimido, entonces debía ser controlado por la iglesia; y la "iglesia trató de vincularlas [las universidades] a sí misma, para unir al poder de la fe el poder del conocimiento. Los primeros privilegios que recibieron las universidades procedieron de los papas". "Aunque Roma no era la madre, sí era la niñera de las universidades". La investigación científica había recibido en esta época tal impulso por parte de los jóvenes que habían sido alumnos de las escuelas árabes que la iglesia no podía esperar aplastarla. La única esperanza del papado era rodear de tal manera la verdad con fábulas y misterios, y dirigir las escuelas, que de nuevo el espíritu del progreso se perdiera en su laberíntico deambular por formas vacías. El monopolio en la educación hace estragos de la misma manera que el monopolio en el comercio conduce a la opresión. Y así fue.

"Los estudiantes llevaban una vida libre y descontrolada, buscando y encontrando protección en sus propias autoridades universitarias, incluso del poder civil".[100]

Los jóvenes a partir de los doce años asistían a estas universidades, por lo que era necesario impartir los estudios secundarios que terminaban en un título de bachiller. "Los muchachos... asistían a la universidad parisina únicamente para recibir instrucción en... gramática, retórica y dialéctica; y después de tres o cuatro años de estudio recibían el título de Baccalaureus". "Cuando llegaba... a la edad de diecisiete o dieciocho años, comenzaba entonces el estudio para la maestría".[101]

Se recordará que las escuelas establecidas por la iglesia primitiva se caracterizaban por la sencillez de sus métodos y su singularidad de propósito. Su objetivo era educar a los trabajadores para la difusión del evangelio. Para la realización de este objeto se organizó el curso de instrucción, y los estudiantes fueron enviados al mundo comisionados por Dios, como lo fueron los discípulos después de su ordenación. No se pedía el otorgamiento de títulos. Estos, es cierto, se utilizaban en las escuelas paganas, e indicaban que el receptor había sido iniciado, tras años de estudio, en los misterios ocultos de la sabiduría griega. Entre los paganos, de hecho, el principio de los grados y diplomas se remontaba a los días de la supremacía egipcia y babilónica, donde era indicativo de compañerismo en las formas más groseras de libertinaje.

Grecia, el país que unió el saber de Babilonia y la sabiduría de Egipto, y lo ofreció a Europa en forma de platonismo, hizo uso, naturalmente, de diplomas y títulos. Y el hecho de que su sabiduría fuera tan complicada en su naturaleza hacía necesario dedicar largos años al dominio de sus ciencias.

El paganismo, además, no tiene más que un modelo para todos los hombres; su objetivo es siempre aplastar la individualidad y moldear todos los caracteres por igual. Para lograr este propósito las escuelas organizaron sus estudios en cursos, exigiendo que cada estudiante pasara por el mismo terreno. Esto es característico de todos los sistemas educativos aparte de aquel, la verdadera educación, que viene de Dios. Si se mira a China, se encuentra allí, como desarrolla a los discípulos de Confucio; la India educa a sus brahmanes de la misma manera; los sacerdotes y sabios de Egipto fueron enseñados en escuelas de un tipo similar. Los judíos habían imitado la moda del mundo pagano, y fue a partir de esta costumbre que Cristo llamó a sus discípulos. Uno de los signos más seguros de que las escuelas establecidas en los días de la pureza cristiana habían perdido el espíritu que caracterizaba la enseñanza apostólica, es el hecho de que las escuelas de la Edad Media habían adoptado esta costumbre pagana.

Los estudiantes eran llamados a las universidades cuando eran apenas unos muchachos, y por cientos y miles pasaban por la "rutina" que llamamos "curso de instrucción", y salían al final de diez, veinte y a veces hasta cuarenta años con un título, que, en dignidad, correspondía a los años pasados para completar el curso.

Esta costumbre es papal. Se opone al espíritu mismo del cristianismo; y cualquier institución de aprendizaje que se digne a aceptar la aprobación del estado, mientras que al mismo tiempo pasa como una institución cristiana, no sólo se está vinculando con el papado, sino también con el paganismo. De sus seguidores, Cristo dice: "No son del mundo, como tampoco yo soy del mundo".

"Los estudiantes de más edad, especialmente los de la facultad de teología, con sus quince o dieciséis años de estudio, alcanzaron en este sentido una notoriedad mucho mayor. A la edad de treinta o cuarenta años el estudiante de la universidad era todavía un estudiante".[102] La idea de los cursos largos no es, pues, una idea moderna, y las universidades americanas pueden señalar con veracidad a la universidad de París como precedente en este aspecto como en algunos otros. En el otorgamiento de títulos se aborda otro tema interesante. Laurie continúa: "Hasta mediados del siglo XII, cualquiera que creyera tener los conocimientos necesarios enseñaba en las universidades nacientes.... En la segunda mitad del siglo XII, cuando los obispos y abades, que actuaban como cancilleres de las nacientes escuelas universitarias personalmente o a través de sus adjuntos, quisieron arrogarse en exclusiva el derecho de otorgar la licencia... el papa Alejandro III se lo prohibió, aduciendo que la facultad de enseñar era un don de Dios".[103] Esto, sin embargo, debió ser obra de un papa liberal, ya que antes, es decir, en 1219, "el papa Honorio III interfirió en el otorgamiento de grados; y para imponer un control a los abusos, ordenó que no fueran conferidos por el arcediano de la catedral, sino con su permiso, y bajo su presidencia".[104]

La Iglesia había obtenido el control de las universidades y, a través de su representante, normalmente el canciller, otorgaba títulos. Ahora, para mantener la autoridad en sus manos, no se permitía enseñar a nadie que no tuviera una licencia otorgada por la universidad después de un examen. Así se desarrolló el fideicomiso educativo, y la mano de hierro de Roma, aunque oculta en un guante de seda, se aferró a sus victorias y se esforzó por aplastar a todos los oponentes.

Nuestras modernas licenciaturas, maestrías, doctorados en Derecho, doctorados en divinidad, etc., se adoptaron en las universidades en esta etapa de la historia de la educación. "Itter nos informa", dice Laurie, "de que... un curso universitario completo estaba representado por cuatro grados: bachiller, maestro, licenciado y, por último, doctor, el cual se solía cursar a la edad de treinta o treinta y cinco años". "El siguiente desarrollo del sistema de títulos fue la introducción de los grados de bachiller y maestro, o licenciado, en cada una de las facultades superiores: teología, Derecho y medicina. Así, un hombre que había terminado sus estudios artísticos preliminares, generalmente a la edad de veintiún años, y deseaba especializarse en teología, medicina o Derecho, tenía que pasar por las etapas de bachiller en teología, o en medicina, o en Derecho, y luego de maestro o licenciado, antes de obtener el título de doctor. El bachillerato de medicina o de Derecho se alcanzaba en tres años, el de teología en siete. Cuatro años más de estudios permitían obtener el título de doctor".[105] "La otorgación de títulos fue originada por un papa".[106] El monopolio educativo parecía bastante completo; y habiendo ganado la forma de la piedad y el poder civil, se introdujo de nuevo el viejo esquema de matar la vida y sustituir aquellas cosas que reconocieran la jerarquía papal. Los principales educadores están despertando a la verdadera situación. Sólo la educación cristiana puede liberar.

"El tono moral de las universidades era bajo", dice Painter; "había peleas, altercados y abominables inmoralidades. 'Los estudiantes', dicen los estatutos de Viena, "no deben pasar más tiempo bebiendo, peleando y tocando la guitarra que, en la física, la lógica y los cursos regulares de las lecciones; y 'no deben organizar bailes públicos en las calles. Los pendencieros, los libertinos, los borrachos, los que van de noche dando serenatas o los que dedican su tiempo libre a seguir a las mujeres lascivas; los ladrones, los que insultan a los ciudadanos, los jugadores de dados... si son debidamente advertidos y no se reforman, además del castigo ordinario previsto por la ley para esas faltas, serán privados de sus privilegios académicos y expulsados'. Estas prohibiciones nos dan a conocer claramente la vida universitaria de la época, pues no era peor en Viena que en París y otros lugares".[107]

Si se resucitara a algunos de esos estudiantes medievales y se les colocara en algunas de las universidades del siglo XIX, se sentirían como en casa, no sólo en lo que se refiere a los cursos de estudio y la otorgación de títulos, sino en las juergas, fiestas, etc., a juzgar por los informes sobre las novatadas, la bebida y las juergas en general de los estudiantes de nuestras ciudades universitarias."[108]

La conducta de los estudiantes es el reflejo de la instrucción impartida. Por lo tanto, no es de extrañar que la instrucción de las universidades, que contiene la forma sin la vida, fracase en desarrollar la estabilidad del carácter en sus estudiantes.

"La verdadera actitud católica hacia toda la investigación era, y es, una que admite grandes avances en todos los departamentos del saber, al tiempo que refrena toda verdadera libertad de pensamiento".[109]

La North American Review de octubre de 1842 expresa en un lenguaje conciso la relación de los estudiantes y las escuelas con el gobierno general y el consiguiente estado de la sociedad. Dice: "En las universidades se determina el carácter de la mayoría de las personas que van a ocupar las profesiones, enseñar en las escuelas, escribir los libros y hacer la mayor parte de los asuntos de la legislación para el conjunto del pueblo. La dirección general de la literatura y la política, los hábitos y los modos de pensamiento imperantes en todo el país, están en manos de hombres cuya posición social y ventajas tempranas les han dado una influencia, de la magnitud y permanencia de la que los propios poseedores apenas son conscientes."

Reconociendo este hecho, el papado controló la educación de la Edad Media, y hoy en día intenta hacer lo mismo. Lutero y otros reformadores, reconociendo también este hecho, trataron de derrocar la tiranía del papado por medio del establecimiento de nuevas escuelas donde se fomentara la libertad de pensamiento a través de la fe en la Palabra de Dios.

Los protestantes de hoy en día, observando el sistema de educación tal como existe ahora, y rastreando en él los mismos cursos largos en los clásicos y las ciencias; los mismos títulos otorgados de una manera similar a la de la Edad Oscura, el libro de texto que contiene las mismas teorías, los mismos términos, las mismas doctrinas de la filosofía; la misma tendencia hacia el monarquismo, o el monopolio de la educación por parte de ciertas universidades, y a través de ellas por el mismo poder que ha dominado, deberían, por el bien de su gobierno, y por el bien de su fe, establecer escuelas propias. Así como el papado, mediante el sometimiento del pensamiento, construye una monarquía en lugar de la democracia; así como de la misma manera derroca la fe en Dios, sustituyéndola por la fe en el hombre o en la iglesia, las escuelas protestantes deberían educar a los niños en los principios puros de esa libertad evangélica que reconoce la igualdad de todo hombre a los ojos del cielo, y hace posible que el gobierno sea de, para y por el pueblo, desarrollando el carácter cristiano mediante la fe en Jesucristo.

Capítulo XII
La Reforma del siglo XVI, una reforma educacional

AL SEGUIR la historia de la educación a través de la Edad Oscura, a menudo nos hemos visto obligados a reconocer que una influencia estaba actuando, lenta pero seguramente, para socavar la estructura que el papado estaba erigiendo con la mayor perseverancia, y que ese poder se proponía resistir todos los ataques que se le hicieran. El papado había calculado bien; al absorber el sistema educativo de la época, había puesto su mano en la raíz misma de la sociedad y, tanto en su educación como en sus doctrinas, había tejido mallas alrededor de la raza humana que sólo el Príncipe del cielo podía rasgar con la espada de la verdad eterna.

Nunca el mundo ha visto un sistema tan duradero como el papado. Modelado de manera casi idéntica a la verdad de Dios, y pareciéndose tanto al plan entregado a la nación elegida, tanto en el gobierno de la iglesia como en los principios educativos, que sólo un experto, guiado por el Espíritu de la verdad, podía juzgar entre lo verdadero y lo falso, había reemplazado la vida por la mera forma como los judíos antes que ellos. Sin embargo, los cimientos estaban tan firmemente puestos, y los muros tan sustancialmente construidos, que durante siglos desconcertó todos los intentos de derrocamiento.

Esta estructura tenía como fundamento un sistema educativo; la argamasa que sujetaba los ladrillos de la pared eran los métodos educativos, y si el edificio caía, había que atacar los propios cimientos.

Como poder civil, el papado fue atacado periódicamente por reyes y príncipes ambiciosos; pero estos choques apenas perturbaron la serenidad de la cabeza papal pues tan firme era su trono. La espada de los mahometanos fue quebrada en Tours; y la Medialuna, en lugar de avanzar al completo rodeando el Mediterráneo, menguó mientras su luz retrocedía hasta las costas de África y el oeste de Asia.

Lo que el turco no pudo hacer por la fuerza de las armas, lo hizo de otra manera. En 1453, Constantinopla cayó en manos de los califas, pero esto no afectó a la fuerza de la jerarquía papal. Pero cuando el turco entró en Grecia, el arte y la literatura griegos huyeron a Italia. Este es el ataque al papado que llegó desde el este. Painter dice: "El resurgimiento del aprendizaje clásico, que tuvo su punto central en la caída de Constantinopla en 1453, ejerció una influencia favorable. Abrió los tesoros literarios de Grecia y Roma, proporcionó una nueva cultura a la mente, despertó la insatisfacción con la enseñanza escolástica de la iglesia y tendió a emancipar el pensamiento de la sujeción a la autoridad eclesiástica."[110] La toma de Constantinopla contribuyó aún más a acelerar la Reforma. Venecia había controlado el comercio del Mediterráneo oriental, pero la supremacía turca en esas aguas transfirió ese poder a su rival, Génova, al otro lado de Italia; y desde este último centro comenzó la búsqueda de un paso occidental hacia las Indias Orientales que condujo al descubrimiento accidental de América.

De nuevo, "el resurgimiento del aprendizaje estuvo tan íntimamente relacionado con la Reforma y con el avance educativo que data de esa época, que merece ser considerado con cierto detalle. Tuvo su origen en Italia.... Estudiantes ávidos de Inglaterra, Francia y Alemania se sentaron a los pies de los maestros italianos, para después llevar la preciosa semilla de la nueva cultura más allá de los Alpes."[111] Sin embargo, esta cultura griega, o nuevo aprendizaje, no era ni más ni menos que un resurgimiento del estudio del paganismo griego. A pesar de ese hecho, su estudio estuvo acompañado de una vida y un entusiasmo que atrajo a los estudiantes de las universidades papales, e indujo a los hombres a viajar cientos de kilómetros por sentarse a los pies de los maestros de los clásicos griegos.

Este fue el intento de reforma del papado realizado por la literatura clásica. Sus resultados no pueden sino interesarnos. Painter dice, además: "El resurgimiento de las letras produjo resultados diferentes en distintos países. En todas partes contribuyó a la emancipación de la mente humana, pero en Italia tendió fuertemente a paganizar a sus adherentes."

Tenga en cuenta que los clásicos intentaban reformar el papado. Este fue el resultado en Italia. Las escuelas italianas necesitaban sin duda una reforma, pues las palabras de Lutero al describir las escuelas alemanas son aplicables a todas las instituciones papales. De ellas dijo: "¿Qué se les ha enseñado en las universidades y conventos, sino a convertirse en zopencos? Un hombre ha estudiado veinte, cuarenta años, y no ha aprendido ni latín ni alemán. Pero por mucho que la reforma fuera necesaria, los clásicos griegos "en Italia tendían fuertemente a paganizar a sus adeptos". Entonces, no podemos buscar a los clásicos para cristianizar a los papistas italianos.

Pero mientras "en Italia el nuevo aprendizaje se convirtió en ministro de la infidelidad, en Alemania [se convirtió en ministro] de la religión". ¿Por qué esta diferencia? La obra de Erasmo, Lutero y Melanchthon, al introducir el estudio de las Escrituras griegas y hebreas en las escuelas alemanas, responderá al porqué. Los italianos estudiaron los clásicos griegos para el pensamiento, y esto paganizó a sus adeptos; los alemanes estudiaron el Nuevo Testamento griego, traduciéndolo a la lengua materna, y se convirtió en una de las mayores ayudas en la difusión de la Reforma del siglo XVI.

Para lo que sirvió el intento de reforma por parte de los clásicos griegos. Jugaron su papel, pero no pudieron derrocar al papado; ¿y por qué deberíamos esperarlo cuando la educación papal fue, en primer lugar, construida sobre esos mismos clásicos y la filosofía de los escritores griegos?

Pasamos ahora al ataque del sur contra el sistema papal. Este fue también un ataque educativo. Ya hemos visto las escuelas árabes en España. Antes del siglo XI los jóvenes cristianos asistían a estas escuelas, llevando al otro lado de los Pirineos la ciencia de los moros. El papado se acobardó ante este ataque y, para disminuir su fuerza, se adoptaron las ciencias de los árabes en las universidades papales. Esto, como ya hemos visto, se hizo en medicina y matemáticas.

Pero, de nuevo, se conservó la forma sin la vida. Francia desterró a todos los judíos de sus fronteras por sus celos de los médicos judíos, a través de la influencia de la Universidad de París. Un ataque científico no pudo derrocar al papado.

Sin embargo, los moros continuaron tranquilamente con sus descubrimientos científicos; y cuando la caída de Constantinopla cerró la ruta oriental hacia el océano Índico, y Génova quiso una ruta occidental, España estuvo dispuesta a ofrecer a los navegantes lo necesario en forma de cartas y mapas, brújulas y otros instrumentos de marinería. Sus estudios astronómicos, los mapas celestes y las medidas de los grados de la superficie terrestre alentaron los viajes tanto hacia el sur como hacia el oeste, en directa contradicción con las teorías de las geografías patrísticas.

Cuando Colón pidió ayuda a la corte española para equipar los barcos para la travesía del Atlántico, es extraño observar que la esposa del rey de España, que arrebató a los moros las llaves de Granada, y expulsó al árabe y su saber de Europa, era la misma mujer que prometió sus joyas a este hombre; un hombre que, dependiendo de la investigación científica árabe, descubrió un mundo en el que esas mismas verdades podrían plantarse, y madurar sin trabas por parte de la tiranía papal. Yo digo que esto fue más que una coincidencia. La mano de Dios estaba en ello; y, como dice D'Aubigné: "Él prepara lentamente y desde lejos lo que se propone realizar. Tiene edades en las que trabajar".

Aunque el conocimiento científico no podía derrocar al papado, tenía su parte que desempeñar junto con los clásicos. Cuando los hombres estaban espiritualmente muertos y la Palabra de Dios estaba oculta, las mentes se liberaron de la esclavitud papal por el trabajo del científico y del estudiante clásico. Tenga en cuenta, sin embargo, que los clásicos ayudaron sólo en la medida en que ofrecieron las Escrituras; y la ciencia ayudó sólo en la medida en que abrió las mentes de los hombres a la recepción de las verdades de la Palabra de Dios. Fuerzas poderosas estaban en acción: la tierra misma debía ser movida, el fulcro sobre el que descansaba la palanca por la que debía girar en su órbita era el trono de Dios, y la

Palabra del Eterno era el poder de movimiento. Los hombres, débiles en sí mismos pero resueltos en su propósito, eran los instrumentos en la mano de Dios para llevar a cabo una tarea que las edades habían esperado, y los principados y las potencias en los lugares celestiales habían anhelado ver.

La Reforma no fue la obra de un año, ni de un solo hombre. Incluso en Alemania, fue la obra gradual de un sistema de educación, y ese sistema era el mismo que se había dado con anterioridad a Israel, como había sido ejemplificado y ampliado en la vida de Cristo, y que en el momento de la Reforma iba a ser revelado, poco a poco, a medida que las mentes de los hombres, oscurecidas durante mucho tiempo por la opresión, fueran capaces de captarlo.

Agrícola, conocido como el padre del humanismo alemán, fue uno de los primeros reformadores, y su actitud como profesor y sus expresiones sobre la educación demuestran el hecho de que la Reforma comenzó en las instituciones educativas. Este hombre fue durante un tiempo "alumno de Thomas à Kempis; pasó varios años en la universidad de Lovaina; posteriormente estudió en París, y después en Italia", por lo que conocía bien las instituciones de la época. Se convirtió en profesor en Heidelberg. A los cuarenta y un años comenzó el estudio del hebreo, para leer la Biblia hebrea.

Se le instó a hacerse cargo de una escuela en Amberes, pero se negó, expresando su opinión sobre la escuela en este consejo enviado a las autoridades: "Es necesario ejercer el mayor cuidado en la elección de un director para su escuela. No tome a un teólogo ni a un llamado retórico, que se cree capaz de hablar de todo sin entender nada de elocuencia. Tales personas hacen en la escuela la misma figura, según el proverbio griego, que un perro en el baño. Hay que buscar un hombre que se parezca al fénix de Aquiles, es decir, que sepa enseñar, hablar y actuar al mismo tiempo. Si conoce a un hombre así, consígalo a cualquier precio; porque el asunto implica el futuro de sus hijos, cuya tierna juventud recibe la impresión de los buenos y de los malos ejemplos con la misma susceptibilidad."

Sus ideas sobre los métodos eran tan claras como las expresadas sobre el tema de las escuelas y el carácter del maestro. Evidentemente, era capaz de ver las cosas con antelación a su época y, con espíritu de vidente, se le puede clasificar con toda propiedad entre los precursores de la Reforma. En otra carta escribe: "Quien desee estudiar con éxito debe ejercitarse en estas tres cosas: en obtener una visión clara de un tema; en fijar en su memoria lo que ha entendido; y en producir algo a partir de sus propios recursos." Cada una de las tres cosas especificadas atraviesa directamente los métodos empleados en las escuelas papales, y que eran tan necesarios para la estabilidad de esa jerarquía. Este fue el comienzo de la Reforma vista en la educación.

Una cita más de la carta de Agrícola subraya la idea de que las escuelas se dirigían entonces donde la forma seca y el trabajo abstracto de memoria dejaban sitio al pensamiento: al pensamiento original. "Es necesario", dice, "ejercitarse en la composición; cuando no hemos producido nada, lo que hemos aprendido permanece muerto. El conocimiento que adquirimos debe ser como una semilla sembrada en la tierra, que germina y da frutos."[112]

Reuchlin, uno de los maestros de Melanchthon, reconoció el mejor medio para ganar a los oponentes hacia la verdad, y dijo "La mejor manera de convertir a los israelitas sería establecer dos profesores de la lengua hebrea en cada universidad, que deberían enseñar a los teólogos a leer la Biblia en hebreo, y así refutar a los doctores judíos". El hecho de que tal posición expusiera a Reuchlin a una violenta oposición por parte de los monjes y los profesores papales demuestra que adivinó correctamente el remedio para la opresión papal; y es significativo de una reforma que se aproxima cuando recomienda así que la Biblia se coloque en las universidades para que la estudien los teólogos.

Hay una grieta en las nubes, y dentro de poco aparecerá el sol. Pero "los hombres amaron más las tinieblas que la luz". ¿Por qué?

Erasmo, reconocido por todos como un reformador, hizo su trabajo con la publicación del Nuevo Testamento en griego. "La obra fue emprendida en interés de un cristianismo más puro". "Es mi deseo", dijo, "reconducir esa fría disputa sobre las palabras llamada teología a su verdadera fuente. Ojalá que este trabajo dé tanto fruto al cristianismo como cuanto me ha costado trabajo y aplicación". Aquí había un empuje directo al estudio de la dialéctica en las universidades. Las disputas sin sentido que constituían el curso de teología debían ser, según Erasmo, sustituidas por la palabra viva de Dios. La Reforma se acercaba, y el papado se estremecía ante la perspectiva.

Poco a poco el Espíritu fue regresando, y esto se ve más y más a medida que tomamos a la vida de Lutero. El camino había sido despejado por los precursores que ya se han mencionado.

"Los principios fundamentales del protestantismo son favorables a la educación", dice Painter.[113] "Con las Escrituras y su conciencia como guías, cada hombre es elevado a la libertad y dignidad de ordenar su propia vida religiosa. Se despierta el sentimiento de responsabilidad individual y se fomenta el espíritu de investigación. La inteligencia se convierte en una necesidad. Hay que estudiar la Biblia; hay que proporcionar maestros; hay que establecer escuelas. El protestantismo se convierte en la madre de la educación popular".

Además, el mismo autor dice: "No retira [el cristianismo] al hombre de los llamados y las relaciones ordinarias de la vida; lo convierte en un administrador de Dios en el mundo, y exalta sus labores diarias en el hogar, en el aula, en el taller, en la granja, hasta convertirlas en un servicio divino. El punto de vista protestante devuelve la naturaleza a sus derechos como objeto de investigación. Todo el círculo del conocimiento, todo lo que es elevador, todo lo que prepara para una vida útil, es tenido en honor. Se fomentan las escuelas primarias y secundarias; se buscan los mejores métodos de instrucción basados en el estudio de la naturaleza del hombre y no en los intereses de la iglesia. El protestantismo es amigo del aprendizaje universal". Un erudito francés dice: "La Reforma contrajo la obligación de poner a todo el mundo en condiciones de salvarse a sí mismo mediante la lectura y el estudio de la Biblia. La instrucción se convirtió entonces en el primero de los deberes de la caridad; y todos los que tenían a su cargo almas, desde el padre de familia hasta el soberano del Estado, fueron llamados... a favorecer la educación popular."[114]

No es de extrañar, pues, que gran parte del tiempo y la ambición de Lutero se dedicaran a la causa de la educación. "Las necesidades de la Reforma dieron a Lutero", dice Painter, "un intenso interés por la educación. Las escuelas de la época, ya inadecuadas en número y defectuosas en método, se vieron paralizadas durante las primeras etapas de la Reforma por la condición excitada e inestable de la sociedad. Una nueva generación crecía sin educación. El establecimiento de escuelas se convirtió en una medida necesaria para el éxito y la permanencia de la Reforma. Se había apelado a la Palabra de Dios y era necesario enseñar a las masas a leerla. Se necesitaban predicadores y maestros para la promulgación y defensa del evangelio.... Ya en 1524, Lutero hizo un llamamiento de maravillosa energía a las autoridades de las ciudades alemanas para el establecimiento de escuelas. Si tenemos en cuenta su carácter pionero, en conexión con su declaración de principios y sus admirables recomendaciones, el discurso debe ser considerado como el tratado educativo más importante jamás escrito".[115] Dios lo había entrenado para su posición.

He aquí las palabras del Reformador. Juzguen ustedes mismos si no deben expresar el sentimiento de todo verdadero protestante de hoy en día. "Escribió", dice D'Aubigné, "a los concejales de todas las ciudades de Alemania, pidiéndoles que fundaran escuelas cristianas". "Queridos señores", dijo Lutero, "nosotros gastamos anualmente tanto dinero en arcabuces, carreteras y diques, ¿por qué no deberíamos gastar un poco para dar uno o dos maestros de escuela a nuestros pobres niños? Dios está a la puerta y llama; ¡benditos seamos si le abrimos! Ahora la Palabra de Dios abunda. Oh, mis queridos alemanes, comprad, comprad, mientras el mercado está abierto ante vuestras casas. La Palabra de Dios y su gracia son como una lluvia que cae y pasa. Estaba entre los judíos; pero pasó, y ahora ya no la tienen. Pablo la llevó a Grecia; pero en ese país también ha pasado, y ahora reina allí el turco. Llegó a Roma y al imperio latino; pero allí también ha pasado, y Roma tiene ahora al papa.

Oh alemanes, no esperéis tener esta Palabra para siempre. El desprecio que se le muestra la alejará. Por eso, el que desee poseerla que se aferre a ella y la guarde.

"Ocupaos de los niños; porque muchos padres son como los avestruces; están endurecidos hacia sus pequeños y, satisfechos con haber puesto el huevo, y no se preocupan por él después.... La verdadera riqueza de una ciudad, su seguridad y su fuerza, es tener muchos ciudadanos cultos, serios, dignos y bien educados. ¿Y a quién debemos culpar, porque hay tan pocos en la actualidad, excepto a sus magistrados que han permitido que sus jóvenes crezcan como árboles en un bosque?"[116]

D'Aubigné dice verdaderamente: "No fue sólo el culto público lo que la Reforma se propuso cambiar. La escuela se colocó temprano al lado de la iglesia, y estas dos grandes instituciones, tan poderosas para regenerar a las naciones, fueron igualmente reanimadas por ella. Fue mediante una estrecha alianza con el saber que la Reforma entró en el mundo; en la hora de su triunfo no olvidó a su aliado".[117] Lutero "consideró que para fortalecer la Reforma era necesario trabajar con los jóvenes, mejorar las escuelas y propagar por toda la cristiandad el conocimiento necesario para un estudio profundo de las Sagradas Escrituras. Este fue uno de los resultados".[118]

Painter, al describir la labor educativa del gran Reformador, dice: "Con Lutero, la educación no era un fin en sí mismo, sino un medio para un servicio más eficaz en la iglesia y el estado. Si la gente o los gobernantes descuidan la educación de los jóvenes, infligen un perjuicio tanto a la iglesia como al estado; se convierten en enemigos de Dios y del hombre; promueven la causa de Satanás, y hacen caer sobre sí mismos la maldición del cielo. Este es el pensamiento fundamental que subyace en todos los escritos de Lutero sobre la educación".[119]

Lutero expresa su opinión brevemente con estas palabras: "El hombre común no piensa que tiene la obligación ante Dios y el mundo de enviar a su hijo a la escuela. Todo el mundo piensa que es libre de educar a su hijo como quiera, sin importar lo que ocurra con la palabra y el mandato de Dios. Sí, incluso nuestros gobernantes actúan como si estuvieran exentos del mandato divino. Nadie piensa que Dios haya querido y ordenado seriamente que los niños sean educados para su alabanza y su obra, algo que no puede hacerse sin escuelas. Por el contrario, todo el mundo se apresura con sus hijos en pos de la ganancia mundana".[120]

Las palabras de Lutero que resuenan a lo largo de los siglos deben tener el eco de todos los verdaderos protestantes de hoy en día. ¿Dónde están los hombres con el valor de los reformadores de la educación?

"Lutero no se preocupó por la educación del clero solamente, era su deseo que el conocimiento no se limitara a la iglesia; se propuso extenderlo a los laicos, que hasta entonces habían sido privados de él.... Emancipó el saber de las manos de los sacerdotes, que lo habían monopolizado, como los de Egipto en tiempos pasados, y lo puso al alcance de todos."[121] Lutero captó con maravillosa claridad el verdadero significado de la educación cristiana, y apenas hay una fase de esta que haya dejado sin tocar.

"Si examinamos", dice Dittes, "la pedagogía de Lutero en toda su extensión, y la imaginamos plenamente realizada en la práctica, ¡qué espléndida imagen presentarían las escuelas y la educación del siglo XVI! Tendríamos cursos de estudio, libros de texto, maestros, métodos, principios y modos de disciplina, escuelas y reglamentos escolares, que podrían servir de modelos para nuestra propia época."

El Reformador escribe: "¿De dónde vendrían los predicadores, los abogados y los médicos si no se enseñaran las artes liberales? De esta fuente deben venir todos. Esto, digo, nadie podrá jamás remunerar suficientemente al maestro industrioso y piadoso que educa fielmente.... Sin embargo, la gente desprecia vergonzosamente esta vocación entre nosotros, como si no fuera nada, ¡y al mismo tiempo pretenden ser cristianos! Si me viera obligado a dejar la predicación y otros deberes, no hay oficio que prefiriera que el de maestro de escuela; porque sé que esta labor es, con la predicación, la más útil, la más grande y la mejor; y no sé cuál de las dos es preferible.

Porque es difícil hacer dóciles a los perros viejos, y piadosos a los viejos granujas, pero en eso trabaja el ministerio, y debe trabajar en gran parte, en vano; pero los árboles jóvenes, aunque algunos se rompan, son más fáciles de doblar y entrenar. Por lo tanto, que sea una de las más altas virtudes de la tierra educar fielmente a los hijos de los demás que se descuidan a sí mismos".[122]

Alemania se despertó. "En 1525 recibió el encargo del duque de Mansfield de establecer dos escuelas en su ciudad natal;... una para la instrucción primaria y otra para la secundaria". No se dirigían a la manera de las escuelas papales, difiriendo únicamente en el hecho de que el profesor era un protestante. "Tanto en el curso de los estudios como en los métodos de instrucción, estas escuelas se convirtieron en modelos a partir de los cuales se modelaron muchas otras.... En pocos años, la parte protestante de Alemania se abasteció de escuelas. Todavía eran defectuosas,... pero, al mismo tiempo, eran muy superiores a las que las habían precedido. Aunque no se estableció un sistema completo de instrucción popular, se sentaron las bases para ello. A este gran resultado, Lutero contribuyó más que cualquier otro hombre de su tiempo; y este hecho lo convierte en el principal reformador educativo del siglo XVI."[123]

Los cambios realizados por Lutero no fueron meros cambios superficiales y formales, sino que, así como la Reforma como movimiento religioso asestó un golpe mortal al papado, visto como un movimiento educativo, se encuentra que ha cortado directamente a través de los métodos establecidos de la educación popular. Significó un cambio en los cursos, una idea diferente de la graduación, un cambio en los libros de texto, en los métodos de enseñanza, en los métodos de estudio y en el carácter de los profesores.

Fue quizás el primero de los reformadores en reconocer el valor del estudio de la naturaleza. En alguna ocasión dijo: "Estamos en los albores de una nueva era, pues estamos empezando a recuperar el conocimiento del mundo exterior que hemos perdido desde la caída de Adán. Erasmo es indiferente a ello; no le interesa saber cómo se desarrolla la fruta desde el germen. Pero por la gracia de Dios, ya reconocemos en la flor más delicada las maravillas de la bondad divina y la omnipotencia de Dios. Vemos en sus criaturas el poder de su palabra. Él ordenó, y el asunto se mantuvo firme. Vea esa fuerza desplegarse en el hueso de un melocotón. Es muy duro, y el germen que encierra es muy tierno; pero, llegado el momento, el hueso debe abrirse para dejar salir la joven planta que Dios llama a la vida".[124] Al principio puede parecer extraño que el hombre audaz y valiente que despertó al mundo con sus tesis clavadas en la puerta de la iglesia tuviera un carácter al que la dulzura de la naturaleza apelara con tanta fuerza. Pero Lutero era un verdadero predicador en tanto que era un maestro. No es de sorprender que su obra haya perdurado. Está muy cerca de la obra de su Maestro, Jesús, el Maestro enviado por Dios.

Antes de proseguir con la obra de Lutero, es necesario presentar a un nuevo personaje, nacido, al parecer, en el momento en que sus especiales cualidades mentales eran más necesarias, y capacitado por el cielo para estar al lado de Lutero como ayuda y como consuelo en la poderosa tormenta por la que debía pasar. Me refiero a Melanchthon; Dios lo eligió como maestro y le impartió, en un grado maravilloso, ese don del Espíritu. Unos pocos extractos de D'Aubigné mostrarán claramente cómo fue guiado hacia los caminos de la Reforma, para convertirse en uno de los más grandes trabajadores de esa causa.

Nació en 1497; por lo tanto, cuando Lutero comenzó su obra en 1517, Melanchthon era un joven de veinte años. "Era notable por la excelencia de su entendimiento y su facilidad para aprender y explicar lo que había aprendido". "Melanchthon fue a la Universidad de Heidelberg a los doce años... y obtuvo el título de bachiller a los catorce". "En 1512, Reuchlin [el reformador mencionado en una página anterior] lo invitó a Tubinga.... Las Sagradas Escrituras atrajeron especialmente su atención.... Rechazando los sistemas vacíos de los escolares, se adhirió a la palabra clara del evangelio".[125]

Erasmo escribió: "Tengo las más distinguidas y espléndidas expectativas sobre Melanchthon. Dios permita que este joven nos sobreviva mucho tiempo. Eclipsará por completo a Erasmo".

"En 1514 fue nombrado doctor en filosofía, y entonces comenzó a enseñar. Tenía diecisiete años. La gracia y el encanto que impartía a sus lecciones formaban el más sorprendente contraste con el insípido método que los doctores, y sobre todo los monjes, habían seguido hasta entonces."

Federico solicitó a Erasmo y a Reuchlin un instructor para la Universidad de Wittenberg. Melanchthon fue recomendado. Al llegar a la universidad, no causó la impresión más favorable a Lutero y a otros profesores "al ver su juventud, su timidez y sus modales tímidos". Sin embargo, tras su discurso inaugural, Lutero y otros se convirtieron en sus ardientes admiradores. Lutero escribió: "No pido ningún otro maestro griego. Pero me temo que su delicada constitución será incapaz de soportar nuestro modo de vida, y que no podremos mantenerlo mucho tiempo debido a la pequeñez de su salario."

El espíritu del cristianismo y de la educación cristiana había unido dos almas, y el éxito de la obra a partir de ese momento dependía en gran medida de esta unión. Dice D'Aubigné: "Melanchthon fue capaz de responder al afecto de Lutero. Pronto encontró en él una bondad de disposición, una fuerza mental, un valor y una discreción, que nunca había encontrado hasta entonces en ningún hombre.... No podemos admirar demasiado la bondad y la sabiduría de Dios al reunir a dos hombres tan diferentes y, sin embargo, tan necesarios el uno para el otro. Lutero poseía calor, vigor y fuerza; Melanchthon claridad, discreción y suavidad. Lutero dio energía a Melanchthon; Melanchthon moderó a Lutero. Eran como sustancias en estado de electricidad positiva y negativa, que actúan la una sobre la otra. Si Lutero hubiera prescindido de Melanchthon, tal vez el torrente se habría desbordado; Melanchthon, cuando la muerte le arrebató a Lutero, vaciló y cedió, incluso donde no debería haber cedido".

Si me preguntan por qué me detengo así en la vida y el carácter de Melanchthon, respondo: porque de esta unión de dos almas fluyó la gran reforma educativa del siglo XVI. Los dos hicieron lo que ninguno podría haber hecho solo; y el solo estudio de sus vidas revela el secreto del éxito en la educación cristiana de hoy en día.

Fue un día notable para Wittenberg cuando llegó Melanchthon. "La esterilidad que el escolasticismo había arrojado sobre la educación había llegado a su fin. Con Melanchthon comenzó una nueva forma de enseñar y de estudiar. 'Gracias a él', dice un ilustre historiador alemán, 'Wittenberg se convirtió en la escuela de la nación'."

"El celo de los maestros [Lutero y Melanchthon] se comunicó pronto a los discípulos. Se decidió reformar el método de instrucción. Con el consentimiento de los electores, se suprimieron ciertos cursos que tenían una importancia meramente escolástica; y al mismo tiempo el estudio de los clásicos recibió un nuevo impulso. [Recuérdese, sin embargo, que este estudio de los clásicos era el de las Escrituras griegas y hebreas]. La escuela de Wittenberg se transformó, y el contraste con otras universidades se hizo cada vez más llamativo".[126]

Los resultados de estos cambios no fueron menos maravillosos que los propios cambios. El autor citado en último lugar dice: Wittenberg "floreció cada día más, y fue eclipsando a todas las demás escuelas. Una multitud de estudiantes acudía allí desde todas partes de Alemania para escuchar a este hombre extraordinario, cuya enseñanza parecía abrir una nueva era en la religión y el aprendizaje. Estos jóvenes, que venían de todas las provincias, se detenían en cuanto descubrían a lo lejos los campanarios de Wittenberg; levantaban las manos al cielo y alababan a Dios por haber hecho brillar la luz de la verdad desde esta ciudad, como desde Sión en tiempos pasados, y desde donde se extendía incluso a los países más lejanos. Una vida y una actividad, hasta entonces desconocidas, animaban la universidad".

Una escuela así no reunía a una clase de alumnos descuidados en sus hábitos y apáticos en el estudio; pues la comida, como ya se ha señalado, era escasa, y no había grandes alardes externos. Los que asistían venían en busca de la verdad; y a medida que sus almas se llenaban de alimento espiritual, regresaban a sus hogares, "incluso a los países más lejanos", para difundir las verdades de la educación cristiana. El propio Lutero escribió: "Nuestros estudiantes aquí están tan ocupados como las hormigas". Dos mil estudiantes de todas partes de Europa atestaron la sala de conferencias de Melanchthon".

La vida y la obra de esos dos espíritus animadores de Wittenberg no pueden medirse con ningún criterio terrenal. Melanchthon dijo: "Me aplico únicamente a una cosa, la defensa de las letras. Por medio de nuestro ejemplo debemos excitar la juventud a la admiración del aprendizaje, e inducirla a amarlo por sí mismo, y no por la ventaja que puedan obtener de él. La destrucción del aprendizaje trae consigo la ruina de todo lo que es bueno: la religión, la moral y todas las cosas humanas y divinas. Cuanto mejor es un hombre, mayor es su ardor en la preservación del aprendizaje; porque sabe que, de todas las plagas, la ignorancia es la más perniciosa." "Descuidar a los jóvenes en nuestras escuelas es como quitarle la primavera al año. Ciertamente, le quitan la primavera al año quienes permiten que las escuelas disminuyan, porque la religión no puede mantenerse sin ellas."

Lutero había declarado que era necesaria una reforma en los métodos y cursos. Melanchthon había ayudado en esa labor.

Él hizo aún más. Apartándose del sistema educativo de las universidades del mundo como lo hicieron y basando la instrucción en la Palabra de Dios, se hizo necesario tener nuevos libros de texto. Melanchthon se aplicó con gran diligencia a este deber. Era un estudiante arduo, a menudo se levantaba a las tres de la mañana, y muchas de sus obras fueron escritas entre esa hora y el amanecer. Además de sus gramáticas griega y latina, es autor de obras sobre lógica, retórica, física y ética. "Estas obras, escritas de forma clara y científica, pronto se hicieron populares, y algunas de ellas mantuvieron su lugar en las escuelas durante más de cien años".

El estudio de la teología se había degradado a la búsqueda de argumentos sutiles y controversias ociosas. Melanchthon escribió una obra sobre teología dogmática, publicándola en 1521. Sobre esta obra, Lutero escribió: "Quien quiera ser teólogo goza ahora de grandes ventajas; pues, en primer lugar, tiene la Biblia, que es tan clara que puede leerla sin dificultad. Luego, que lea además los Loci Communes de

Melanchthon.... Si tiene estas dos cosas, es un teólogo al que ni el diablo ni los herejes podrán quitarle nada".

La vida de Melanchthon no se dedicó únicamente a la educación de los estudiantes que podían asistir a Wittenberg, ni sus cambios del sistema educativo fueron aplicables sólo a las escuelas superiores y a las universidades. Stump dice: "En medio de todas las distracciones y ansiedades de este período, Melanchthon dirigió constantemente sus esfuerzos al avance de la educación y a la construcción de buenas escuelas cristianas. Durante un período que abarcó muchos años, encontró tiempo, a pesar de sus otros numerosos compromisos, para dar instrucción elemental a un número de varones jóvenes que vivían con él en su propia casa. Lo hizo debido a la lamentable falta de escuelas preparatorias adecuadas. Sin embargo, no perdió la oportunidad de suplir esta carencia, siempre que le fue posible hacerlo.

"En la primavera de 1525, con la ayuda de Lutero, reorganizó las escuelas de Eisleben y Magdeburgo. Fue a Nuremberg, y ayudó a establecer un gymnasium [escuela secundaria] en esa ciudad; y en la primavera siguiente volvió a Nuremberg, e inauguró formalmente la escuela. Pronunció un discurso en latín, en el que se refirió a la importancia de la educación, y al crédito que merecían los impulsores de esta empresa. Declaró que... 'la causa de la verdadera educación es la causa de Dios'."[127]

Tanto las escuelas eclesiásticas como las escuelas superiores, las que ofrecían instrucción para los estudiantes que se preparaban para las universidades, fueron organizadas por Melanchthon.

A esta obra no se le permitió avanzar sin algunos amargos ataques por parte de los escolásticos y los representantes de la educación papal. Para ilustrar este hecho, tenemos las palabras de D'Aubigné: "Las escuelas, que durante cinco siglos pasados habían dominado la cristiandad, lejos de ceder ante el primer golpe del Reformador [Lutero], se levantaron altivamente para aplastar al hombre que se atrevió a verter sobre ellas el torrente de su desprecio." "El doctor Eck, el célebre profesor de Ingolstadt,... era un doctor de las escuelas y no de la Biblia; bien versado en los escritos escolásticos, pero no en la Palabra de Dios.... Eck representaba a los escolásticos". "Eck era un adversario mucho más formidable que Tetzel [el vendedor de indulgencias], Prierio o Hochstraten; cuanto más superaba su obra a la de ellos en aprendizaje y en sutileza, más peligroso era".[128] Así, los enemigos más acérrimos de Lutero fueron los que antes habían sido sus cálidos amigos, y los que ofrecieron la más fuerte oposición a su obra fueron los profesores de las universidades de Alemania.

Lutero estaba a veces casi vencido en su espíritu por la ingratitud demostrada, y del doctor Eck escribió una vez: "Si no conociera los pensamientos de Satanás, me asombraría la furia que ha llevado a este hombre a terminar con una amistad tan dulce y tan nueva, y eso, además, sin avisarme, sin escribirme, sin decir una sola palabra."

Fue para hacer frente a la oposición ofrecida por los hombres de la escuela, y para poner la Reforma sobre una base firme, que Lutero y Melanchthon formularon el plan escolar de Sajonia, y reorganizaron las escuelas alemanas.

Stump dice: "En el año 1527, Melanchthon participó con Lutero en la visita a las escuelas e iglesias de Sajonia. Ya era hora de dar ese paso. Los asuntos estaban en una condición miserable. En muchos lugares no se impartía ningún tipo de instrucción religiosa, porque o bien no había pastores y maestros destinados allí, o bien los que estaban destinados eran ellos mismos groseramente ignorantes. El mayor desorden imaginable reinaba casi en todas partes.... La condición financiera de muchas de las iglesias era igualmente mala.... El objetivo de la visita era poner orden en este caos. A Melanchthon se le encargó hacer un comienzo en Turingia. La angustia espiritual que descubrió le desgarraba el corazón, y a menudo se apartaba y lloraba por lo que veía". "En 1528, Melanchthon elaboró el 'plan escolar de Sajonia', que sirvió de base para la organización de muchas escuelas en toda Alemania".

Según este plan, los maestros debían evitar "cargar a los niños con una multiplicidad de estudios que no sólo fueran infructuosos, sino incluso perjudiciales". Además, "el maestro no debe agobiar a los niños con demasiados libros" y "es necesario que los niños estén divididos en clases". "Se recomiendan tres clases, o grados," y las materias enseñadas deben adaptarse a la edad y condición del alumno. Así pues, evite demasiados estudios para los niños y jóvenes; no ponga demasiados libros en sus manos; agrúpelos según su capacidad. Este "plan" parece resistirse a la práctica de empollar, tan universalmente seguida hoy en día casi tan vigorosamente como se opuso a las escuelas papales del siglo XVI.

Se puso en marcha una gran obra, una revolución que iba a afectar a las épocas siguientes. En el breve espacio de la vida de un solo hombre, se trazaron planes, especialmente en la labor educativa, que, de haber sido llevados a cabo por sus sucesores, habrían colocado a Alemania en posición de gobernar el mundo. En lugar de volver al hoyo del que había sido sacada, sus escuelas y universidades podrían haber sido modelos dignos de imitación en toda Europa y en América. Lutero murió, y Melanchthon, su colaborador, fue incapaz de llevar adelante la obra. Los teólogos, los pastores y los ministros en cuyas manos recayó legítimamente la obra de la Reforma, en lugar de multiplicar las escuelas cristianas, y llevar a la perfección los métodos de instrucción introducidos por Lutero y Melanchthon, pasaron de largo de la mayor obra de la época, y debido a luchas internas y disputas teológicas perdieron la batalla duramente ganada. Las semillas de la verdad habían sido sembradas en el republicanismo y el protestantismo, y estas dos instituciones deberían haberse mantenido en Alemania. La educación, la educación cristiana, era la única que podía mantenerlas allí. Esto se descuidó; y como niños perdidos, los dos se fueron de la mano a los Países Bajos, a Inglaterra y finalmente a América, en busca de una madre adoptiva, un sistema puro de educación. El espíritu y la vida tan manifiestos en la enseñanza de los grandes reformadores pasaron, dejando a Europa con la forma. Una casa vacía, barrida y adornada no permanece mucho tiempo así. La forma fue ocupada por el espíritu del papado, y Europa recayó en una posición de la que sólo puede ser recuperada mediante una renovación de los planes de los reformadores del siglo XVI: un sistema de educación cristiana.

Capítulo XIII
La reacción después de
la reforma educacional

EL acontecimiento más trascendental de la historia del mundo, exceptuando únicamente el nacimiento del Redentor, fue la Reforma del siglo XVI. Se han producido grandes movimientos religiosos antes y después, pero quedan eclipsados por la brillantez y los resultados de gran alcance de éste. Se ha llegado a más hombres y se han revolucionado más vidas, que por las fuerzas combinadas de todos los cambios en los círculos civiles y domésticos desde esa época. El hecho es que, cuando se consideran las causas de los cambios políticos en el mundo moderno, todo pensador sincero debe reconocer que estos cambios se deben, de una u otra manera, a la actitud asumida por las personas afectadas hacia esa única Reforma que puso en marcha el monje de Wittenberg. Cristo había sido olvidado, y volvió a presentarse ante el mundo en los días de Lutero.

Unas pocas citas de Ranke muestran hasta dónde se extendió la Reforma en el breve espacio de cuarenta años; y puesto que estamos tratando las causas de esta rápida propagación, es gratificante ver que este autor da el debido crédito a la influencia de las escuelas de la manera más natural. Así pues, al leer estas selecciones, hay que notar dos cosas: primero, la extensión del territorio cubierto por los principios protestantes; segundo, el papel desempeñado por las escuelas y los maestros en la conversión de las naciones. Se trata del año 1563.

"En los reinos escandinavos [los protestantes] se habían establecido de forma más inexpugnable, porque allí su introducción coincidió con el establecimiento de nuevas dinastías y la remodelación de todas las instituciones políticas. Desde el primer momento fueron aclamados con alegría, como si hubiera en su naturaleza una afinidad primitiva con los sentimientos nacionales."

"En el año 1552, sucumbieron los últimos representantes del catolicismo en Islandia".

"También en las costas del sur del Báltico. El luteranismo había logrado un completo predominio, al menos entre la población de lengua alemana".

En Polonia se dijo: "Un noble polaco no está sujeto al rey; ¿lo estará al papa?".

En Hungría, "Fernando I nunca pudo forzar la dieta a ninguna resolución desfavorable al protestantismo".

"El protestantismo no sólo reinaba de manera suprema en el norte de Alemania, donde se había originado, y en aquellos distritos de la Alemania del norte donde siempre se había mantenido, sino que su alcance se había extendido mucho más ampliamente en todas las direcciones".

"En Wurzburgo y Bamberga, la mayor parte de la nobleza y los funcionarios episcopales, los magistrados y los burgueses de las ciudades, al menos la mayoría de ellos, y la mayor parte de la población rural, se habían pasado al partido reformista".

En Baviera "la gran mayoría de la nobleza había adoptado la doctrina protestante, y una parte considerable de los pueblos se inclinaba decididamente por ella".

"Mucho más que esto, sin embargo, se había hecho en Austria. La nobleza de ese país estudiaba en Wittenberg; todas las universidades del país estaban llenas de protestantes".

No nos sorprende, por lo tanto, leer que "se dijo que se determinó que no más, tal vez, que la trigésima parte de la población permanecía católica: paso a paso, se desplegó una constitución nacional, formada sobre los principios del protestantismo." "En Rauris, y en Gastein, en St. Veit, Tamsweg y Radstadt, los habitantes exigieron en voz alta el cáliz sacramental, y al negárseles éste [para obligarles a permanecer en el catolicismo], dejaron por completo de asistir al sacramento. También retuvieron a sus hijos de las escuelas [católicas]".

"La nobleza renana había abrazado temprano el protestantismo.... En todos los pueblos ya existía un partido protestante.... También los habitantes de Maniz no dudaron en enviar a sus hijos a las escuelas protestantes. En resumen, de oeste a este, y de norte a sur, en toda Alemania, el protestantismo tenía sin duda la preponderancia".

"Las nociones protestantes extendieron sus energías vivificantes hasta los rincones más remotos y olvidados de Europa. Qué inmenso dominio habían conquistado en el espacio de cuarenta años. Desde Islandia hasta los Pirineos, desde Finlandia hasta las alturas de los Alpes italianos. Incluso más allá de estas últimas montañas habían prevalecido, como sabemos, opiniones análogas. El protestantismo abarcaba toda la gama de la iglesia latina. Se había apoderado de una gran mayoría de las clases superiores y de las mentes que participaban en la vida pública; naciones enteras se aferraban a él con entusiasmo y los estados habían sido remodelados por él. Esto es lo que más merece nuestro asombro, ya que el protestantismo no era de ninguna manera una mera antítesis, una negación del papado, o una emancipación de su dominio; era en el más alto grado positivo, una renovación de las nociones y los principios cristianos, que influyen en la vida humana hasta los más profundos misterios del alma".[129] Nótese de nuevo que esto se debió a las ideas educativas propagadas por los protestantes, y la razón por la que el papado estaba perdiendo tan rápidamente su posición fue porque aún no había aprendido que esta Reforma, que comenzó en las escuelas, y fue llevada adelante por las escuelas cristianas, debía ser derrotada en las escuelas y por los maestros. Durante cuarenta años los protestantes tuvieron el derecho de paso en la educación, y los resultados fueron estupendos.

Ranke dice: "Las opiniones protestantes habían triunfado en las universidades y en los centros educativos. Aquellos viejos campeones del catolicismo [los profesores] que habían resistido a Lutero estaban muertos o eran de edad avanzada: aún no habían surgido hombres jóvenes capaces de ocupar sus puestos. En Viena habían transcurrido veinte años desde que un solo estudiante de la universidad había tomado las órdenes sacerdotales. Incluso en Ingolstadt, preeminentemente católica, no se presentaban candidatos competentes de la facultad de teología para ocupar los puestos que hasta entonces habían sido siempre ocupados por eclesiásticos. La ciudad de Colonia fundó una escuela financiada por donaciones; pero cuando se habían hecho todos los preparativos para ella, se descubrió que el regente era un protestante. El cardenal Otto Truchess estableció una nueva universidad en su ciudad de Dilinga, con el propósito expreso de resistir el progreso del protestantismo. El crédito de esta institución fue mantenido durante algunos años por unos pocos teólogos españoles distinguidos; pero tan pronto como éstos la abandonaron, no se pudo encontrar ni un solo erudito en toda Alemania para sucederles en sus puestos, e incluso éstos se llenaron igualmente de protestantes. En esta época los profesores de Alemania eran todos, casi sin excepción, protestantes. Todo el cuerpo de la generación naciente se sentaba a sus pies, y se empapaba del odio al Papa con los primeros rudimentos del aprendizaje".[130]

No se hace hincapié en su odio al papa, sino en el hecho de que la generación naciente se sentaba a los pies de los maestros protestantes en toda Alemania; que los padres retenían a sus hijos de la escuela papal, aunque al hacerlo fuera necesario enviarlos de casa para que recibieran educación; y, por último, que el papado estaba muriendo y el protestantismo se estaba extendiendo a través de la obra de las escuelas. Ojalá esas escuelas hubieran conservado su prístina pureza y sencillez. Ningún poder en la tierra podría entonces haber retrasado el progreso del protestantismo, y en lugar de sólo modificar la historia de muchos países, eventualmente habría barrido de la tierra todas las formas de tiranía, tanto civil como religiosa, pues respiraba la libertad del evangelio y ninguna opresión podía enfrentarse a ella. Es tan imposible resistir la educación cristiana pura como resistir a Cristo, cuyo poder es su vida y su fuerza.

Es con dolor que uno se ve obligado a rastrear en este movimiento ese capítulo tan repetido en la historia de la humanidad. Así como al líder de Israel se le permitió ver la tierra prometida desde la cima del Pisga, en donde tuvo que dejar de lado su armadura y dormir el sueño de la muerte por haberse apartado de los principios correctos, así el protestantismo, a través de sus escuelas, miró al otro lado del Jordán, pero fracasó en mantener el principio de fe que podría ordenar que las aguas se separaran en el momento crucial.

Una de las razones de la decadencia la expone así Painter: "En sus esfuerzos por dar a la doctrina cristiana una forma científica [es decir, por formularla], perdieron su espíritu. Al perder su libertad y vida iniciales, el protestantismo degeneró en gran medida en lo que se ha llamado 'ortodoxia muerta' .... La vida cristiana contaba poco, y el mundo protestante se dividió en facciones opuestas". Dice Kurtz, dispuesto a disculpar este periodo lo más posible: "Al igual que la escolástica medieval, en su preocupación por la lógica, la teología casi perdió vitalidad. La ortodoxia degeneró en ortodoxismo; externamente, no sólo discerniendo las diversidades esenciales, sino despreciando la amplia base de una fe común, y corriendo hacia una controversia odiosa y desenfrenada; e internamente, aferrándose a la forma de la doctrina pura, pero descuidando cordialmente el abrazarla y vivir de manera consistente con ella'."[131]

¡Qué estrecha es la línea entre la verdad y el error! ¡Qué fácil es para los que se les había dado a comer del árbol de la vida volverse al árbol del conocimiento del bien y del mal! ¡Qué lástima que los educadores protestantes no pudieran mantenerse fieles a su confianza! En vísperas del éxito, se volvieron a los viejos caminos, y "llamaron a la existencia a una escolástica dialéctica que no era en absoluto inferior a la del período más floreciente de la Edad Media".[132] Los principios papales son papales, ya sean propugnados por los católicos o por los protestantes; habiendo abandonado la fuente de las aguas puras de la fe, se volvieron hacia la única otra fuente accesible de conocimiento: el mundo pagano. Aquel sistema de educación introducido por Lutero y Melanchthon, fundado en las Sagradas Escrituras, y que a través de ellas contemplaba las ciencias, las matemáticas y la literatura, utilizando esta última sólo como medio para ilustrar la Palabra de Dios, fue sustituido por la escolástica de la Edad Media. Uno se pregunta involuntariamente: "¿Cuántas veces, oh, Israel, volverás a Egipto?"

Esta decadencia se describe en las siguientes citas tomadas de Painter, y no necesitan comentario: "Durante el período que se extiende desde mediados del siglo XVI hasta principios del XVIII, aparecen tres tendencias principales en la educación. Éstas pueden caracterizarse como la teológica, la humanista y la práctica.... Una gran parte de la fuerza intelectual de la época se dirigió a la teología. Cada fase de la verdad religiosa, particularmente en sus aspectos doctrinales y especulativos, fue puesta bajo investigación. La teología se elevó a una ciencia, y los sistemas doctrinales se desarrollaron con precisión lógica, y se extendieron a sutilezas insignificantes".[133]

En la figura de la Biblia colaron los mosquitos, mientras se tragaban el camello. La vida se perdió así en el púlpito y en las escuelas de teología. De nuevo "enseñaron por doctrinas los mandamientos de los hombres".

Painter dice además que "las escuelas, que están en estrecha relación con la religión, estaban naturalmente influenciadas en gran medida por las tendencias teológicas de la época. Los intereses teológicos impusieron a las escuelas una gama estrecha de materias, un método mecánico de instrucción y una disciplina cruel. El principio de autoridad, exigiendo una sumisión ciega del alumno, prevalecía en las escuelas de todos los grados. Los jóvenes eran considerados no como tiernas plantas que debían ser cuidadosamente nutridas y desarrolladas, sino como animales indómitos que debían ser reprimidos o quebrados".[134]

Obsérvese la entrada sigilosa de esas mismas características de la educación papal a las que tanto se ha hecho referencia hasta ahora: 1, estrechez de materias;

2, instrucción mecánica, a saber, trabajo de memoria desprovisto de comprensión; 3, gobierno arbitrario, como se ve en la cuestión de la disciplina. A esto hay que añadir lo que es el acompañamiento natural en la instrucción papal: la enseñanza del latín. Dice Painter, citando a Dittes "En las instituciones superiores, e incluso en las míseras escuelas del pueblo, el latín era el Moloc al que innumerables mentes caían como ofrenda a cambio de la bendición concedida a unos pocos. Un conocimiento muerto de las palabras ocupó el lugar de un conocimiento vivo de las cosas. Los libros escolares en latín suplantaron al libro de la naturaleza, al libro de la vida, al libro de la humanidad. Y en las escuelas populares, las mentes juveniles se torturaron con el libro de ortografía y el catecismo. El método de enseñanza era un ejercicio mecánico y obligatorio de fórmulas ininteligibles casi en todas partes, tanto en las escuelas primarias como en las superiores. Se obligaba a los alumnos a aprender, pero no se les educaba para ver y oír, para pensar y probar, y no se les conducía a una verdadera independencia y perfección personal. Los maestros encontraban su función en la enseñanza del texto prescrito, y no en el desarrollo armonioso del joven ser humano según las leyes de la naturaleza, un proceso, además, que estaba bajo la prohibición de la ortodoxia eclesiástica".[135]

Es evidente que se seguía un proceso de abastecimiento igual al de cualquier escuela del siglo XX. "La disciplina correspondía al contenido y al espíritu de la instrucción.... El principio era domesticar a los alumnos, no educarlos. Debían mantenerse sin moverse, para que los ejercicios escolares no se vieran perturbados. Los pedantes de la escuela no entendían ni apreciaban lo que ocurría en sus mentes, y cómo se constituían sus diversos caracteres."

Para apreciar la rapidez con que se produjo la recaída del sistema educativo introducido por Lutero a los principios y métodos medievales, nuestra atención se dirige a la escuela de Juan Sturm. Este hombre, "considerado como el más grande educador que la Iglesia reformada produjo durante este período", murió en 1589, menos de setenta años después de la Dieta de Worms; por lo tanto, su obra cayó dentro del medio siglo que siguió a esos cuarenta años de inusual prosperidad para el protestantismo que ya se ha notado. Su obra es contemporánea de la primera escuela jesuita de Alemania. La decadencia es visible en todos los elementos de su obra.

Juan Sturm presidió por cuarenta años el gimnasio de Estrasburgo, y su jactancia era que su institución "reproducía las mejores épocas de Atenas y Roma; y, de hecho, logró dar a su ciudad adoptiva el nombre de Nueva Atenas". La escuela de Sturm se situaba como un punto intermedio entre las escuelas cristianas y las puramente papales de los jesuitas, pero como el compromiso siempre sitúa a una persona o institución en el lado del mal, al sopesar el valor de su escuela la balanza se inclina necesariamente a favor del papado.

Que la suya era una mezcla de la literatura clásica medieval con una fina rodaja de las Escrituras intercalada para dar efecto, se ve en el curso de estudio esbozado por Painter. La escuela estaba dividida en diez clases que abarcaban diez años, pero sólo se da lo necesario para mostrar el carácter de los estudios: "Décima clase, el alfabeto, la lectura, la escritura, las declinaciones y conjugaciones latinas, el catecismo alemán o latino". "Novena clase, continuación de las declinaciones y conjugaciones latinas, memorización de palabras latinas". La octava y la séptima clases son prácticamente iguales. En la sexta, se comienza con el griego. La quinta clase es la siguiente: "Estudio de palabras, versificación, mitología, Cicerón y las églogas de Virgilio, vocabulario griego. El sábado y el domingo, una de las epístolas de Pablo".[136] Las cuatro clases restantes tienen mucho "aprendizaje de memoria", retórica, epístolas de Pablo, discursos de Demóstenes, la Ilíada de la Odisea; memorización y recitación de la Epístola a los Romanos, dialéctica, y retórica continuada; Virgilio, Horacio, Homero, Tucídides, Salustio, entretenimientos dramáticos semanales, y de nuevo una lectura de las epístolas de Pablo.

Tal curso de instrucción estaba bien adaptado para salvar el abismo entre el papado y el protestantismo. Se impregnaba tal vez inconscientemente del espíritu de las nuevas escuelas papales. "Se ignoran la historia, las matemáticas, las ciencias naturales y la lengua materna. Se deja un gran vacío entre el gimnasio y la vida, un abismo que no podría ser llenado ni siquiera por la universidad. Al aspirar a reproducir Grecia y Roma en medio de la civilización cristiana moderna, el esquema de Sturm implica un vasto anacronismo".[137]

El gimnasio de Estrasburgo llegó a tener varios miles de alumnos que representaban a Dinamarca, Polonia, Portugal, Francia e Inglaterra. "La influencia de Sturm se extendió a Inglaterra, y de ahí a América". Un escritor inglés dice: "Nadie que esté familiarizado con la educación impartida en nuestras principales escuelas clásicas, Eaton, Winchester y Westminster, hace cuarenta años, puede dejar de ver que su currículo estaba enmarcado en gran medida en el modelo de Sturm".[138] Y sin embargo se reconoce que su "esquema implica un vasto anacronismo". Para demostrar que Sturm es el padre de gran parte de la instrucción que se imparte ahora en nuestros institutos y universidades, Rosenkranz dice: "John Sturm, de Estrasburgo, mucho antes que Comenius, había sentado las bases de lo que se ha convertido en el curso tradicional de instrucción y los métodos de estudio en las escuelas clásicas para la preparación para la universidad".[139] La decadencia en materia de instrucción fue acompañada de un correspondiente retroceso en la moral de los universitarios. Painter nos dice que "el estado de la moral en las universidades de los siglos XVI y XVII era muy bajo. La ociosidad, la embriaguez, el desorden y el libertinaje prevalecían en un grado sin parangón. La práctica de las novatadas era universal, y los nuevos estudiantes eran sometidos a indignidades espantosas". El duque Albrecht, de la universidad de Jena, escribió en 1624: " 'Han surgido costumbres antes inauditas, inexcusables, irracionales y totalmente bárbaras'." Luego habla de los nombres insultantes, las cenas costosas y las juergas de los estudiantes, hasta que " 'los padres de lugares lejanos deciden no enviar a sus hijos a esta universidad... o se los llevan de nuevo'."[140]

El protestantismo perdió mucho porque dejó de educar a sus hijos. Si el protestantismo se hubiera mantenido fiel a sus primeros principios de educación, su derrocamiento habría sido imposible. Este preparó el camino para su propia caída al apartarse gradualmente del evangelio, e inclinarse cada vez más hacia los clásicos y el escolasticismo. Fue esta decadencia por su parte, causada por la insidiosa obra de los jesuitas, la que hizo posible las grandes victorias de esta orden en años posteriores. Fue cuando Roma vio a sus jóvenes escurrirse de sus manos hacia las escuelas protestantes, y como resultado, unos años más tarde, se encontró con que naciones enteras rechazaban la obediencia, y construían para sí mismas nuevas formas de gobierno, que, en su angustia, captó la oferta hecha por Loyola. Y aunque el poder que él representaba en su organización se colocó por encima del papa, convirtiéndose, por así decirlo, en un papado del papado, aun así, aceptó su oferta, y comenzó el movimiento contra educativo. Los jesuitas se organizaron para combatir la reforma en las líneas educativas. Al hablar de los jesuitas, Painter dice: "Esta orden, establecida por Ignacio de Loyola [en 1534], encontró su misión especial en combatir la Reforma. Como medio más eficaz para detener el progreso del protestantismo, tenía como objetivo controlar la educación, especialmente entre los ricos y los nobles. En rivalidad con las escuelas de los países protestantes, desarrolló una inmensa actividad educativa y se ganó para sus escuelas una gran reputación." De nuevo, el mismo escritor dice "Más que cualquier otro organismo, detuvo el progreso de la Reforma, e incluso consiguió recuperar territorios ya conquistados por el protestantismo. Aunque empleó el púlpito y el confesionario, trabajó principalmente a través de sus escuelas, de las que estableció y controló un gran número. La educación en todos los países católicos pasó gradualmente a sus manos". Para comprender la razón del éxito de los jesuitas como profesores es necesario echar un vistazo al plan de estudios elaborado en 1588 a partir de un borrador hecho por el propio Loyola. "Cada miembro de la orden", dice Painter, "se convertía en un maestro competente y práctico. Recibió un curso completo de los clásicos antiguos, filosofía y teología. Durante el progreso de sus estudios posteriores se le exigía que enseñara". Las escuelas de los jesuitas tenían dos cursos, el inferior correspondía muy de cerca a la obra de Sturm. Rosenkranz ofrece una excelente descripción del sistema educativo de los jesuitas. Dice:

"En la instrucción desarrollaron un mecanismo tan exacto que se ganaron la reputación de tener un reglamento escolar modelo, e incluso los protestantes enviaban a sus hijos a ellos. Desde finales del siglo XVI hasta la actualidad han basado su enseñanza en la Ratio et institutio studiorum Societatis Jesu de Claudio de Aquaviva. Siguiendo eso, distinguieron dos cursos de enseñanza, uno superior y otro inferior. El inferior no incluía más que un conocimiento externo de la lengua latina, y algunos conocimientos fortuitos de historia, de antigüedades y de mitología. Se cultivaba la memoria como medio para sofocar la libre actividad del pensamiento y la claridad de juicio. El curso superior comprendía la dialéctica, la retórica, la física y la moral. La dialéctica se exponía como el arte del sofisma. En retórica, favorecían el estilo polémico y enfático de los padres africanos de la iglesia y su magnífica fraseología; en física, seguían de cerca a Aristóteles, y fomentaban especialmente la lectura de los libros 'De Generatione et Corruptione' y 'De Coelo', sobre los que comentaban a su manera; finalmente, en moral, el escepticismo casuista era su punto central. Dieron mucha importancia a la retórica, a causa de sus sermones, prestándole una cuidadosa atención. Hicieron hincapié en la declamación, y la introdujeron en sus aparatosos exámenes públicos a través de la representación de comedias escolares en latín, y así divirtieron al público, lo dispusieron a la aprobación, y al mismo tiempo practicaron de forma bastante inocente al alumno en el arte de asumir un carácter fingido.

"La conducta diplomática era necesaria para los alumnos de los jesuitas, tanto por su estricta disciplina militar como por su sistema de desconfianza mutua, espionaje e información. La obediencia implícita eximía a los alumnos de toda responsabilidad en cuanto a la justificación moral de sus actos. Este seguimiento exacto de todas las órdenes y la abstención de cualquier crítica en cuanto a los principios creaba una indiferencia moral; y, de la necesidad de tener consideración por las peculiaridades y caprichos del superior del que todos los demás dependían, surgía el servicio al ojo. La frialdad de la desconfianza mutua surgió de la necesidad que cada uno sentía de estar en guardia contra todos los demás como chismosos. La hipocresía más deliberada y el placer de la intriga por el mero hecho de intrigar, que es el veneno más sutil de la corrupción moral, fueron el resultado. El jesuitismo no sólo tenía interés en el beneficio material, que, cuando había corrompido las almas, caía a su parte, sino que también tenía interés en el proceso educativo de la corrupción. Con absoluta indiferencia en cuanto a la idea de moralidad... o a la calidad moral de los medios utilizados para alcanzar su fin, se regocijaba en la eficacia del secreto, y en el entendimiento consumado y calculador, y en engañar a los crédulos por medio de su gracioso y aparentemente escrupuloso lenguaje moral".[141]

He aquí una imagen de este papado del papado. Una vez más, digo, si el protestantismo hubiera permanecido fiel al principio, ni siquiera este sistema habría logrado su derrocamiento; pero como la verdad fue descuidada por las escuelas protestantes, este sistema de los jesuitas se impuso fácilmente en todos los países en los que se introdujo. "El sistema de educación de los jesuitas... pretendía hacer frente a la influencia activa del protestantismo en la educación. Tuvo un éxito notable, y durante un siglo [después de 1584] casi todos los hombres más destacados de la cristiandad procedían de escuelas jesuitas. En 1710 tenían seiscientos doce colegios, ciento cincuenta y siete escuelas normales, veinticuatro universidades y un inmenso número de escuelas inferiores. Estas escuelas hacían mucho hincapié en la emulación. Sus experimentos en este principio son tan amplios y continuados por largo tiempo que proporcionan una fase muy valiosa en la historia de la pedagogía solo en este aspecto. En materia de supervisión, también son dignas de estudio. Tenían un sistema quíntuple, en el que cada subordinado obedecía a su superior. Además de esto, había un sistema completo de espionaje por parte de los maestros y los monitores de los alumnos".[142]

Sobre el asunto de la emulación, tal y como se utilizaba en las escuelas de los jesuitas, Painter nos da estas reflexiones: "Los jesuitas dieron mucha importancia a la emulación y, en su afán por promoverla, adoptaron medios que no podían dejar de excitar los celos y la envidia. Dice el Plan de Estudios: 'Quien sabe excitar la emulación ha encontrado el auxiliar más poderoso en su enseñanza. Que el maestro, pues, aprecie mucho esta valiosa ayuda, y que estudie para hacer el más sabio uso de ella. La emulación despierta y desarrolla todas las facultades del hombre. Para mantener la emulación, será necesario que cada alumno tenga un rival que controle su conducta y lo critique; también se deben nombrar magistrados, cuestores, censores y decuriones entre los alumnos. Nada se considerará más honorable que superar a un compañero, y nada más deshonroso que ser superado. Los premios se distribuirán entre los mejores alumnos con la mayor solemnidad posible. Fuera de la escuela, el lugar de honor se concederá en todas partes a los alumnos más distinguidos'."[143]

Como el Coloso de Rodas se encontraba a horcajadas sobre las aguas griegas, así las escuelas jesuitas abarcaban el abismo de la educación. Un pie estaba en Grecia entre sus clásicos (pues "Aristóteles proporcionaba los principales libros de texto"), el otro en suelo cristiano, con la forma de la divinidad; pero como los semidioses de Grecia, no era ni humano ni divino. Los resultados del sistema educativo de los jesuitas están bien resumidos en otro párrafo de Painter:

"El sistema de educación de los jesuitas, basado no en el estudio del hombre, sino en los intereses de la orden, era necesariamente estrecho. Buscaba resultados llamativos con los que deslumbrar al mundo. El desarrollo integral no era nada. El principio de autoridad, suprimiendo toda libertad e independencia de pensamiento, prevaleció de principio a fin. Se fomentó el orgullo y la intolerancia religiosa. Mientras nuestros sentimientos más bajos eran altamente estimulados, el lado más noble de nuestra naturaleza era totalmente desatendido. El amor a la patria, la fidelidad a los amigos, la nobleza de carácter y el entusiasmo por los bellos ideales fueron insidiosamente suprimidos. Por lo demás, adoptamos el lenguaje de Quick: 'Los jesuitas no pretendían desarrollar todas las facultades de sus alumnos, sino únicamente las facultades receptivas y reproductoras. Cuando el joven había adquirido un dominio completo de la lengua latina a todos los efectos; cuando estaba bien versado en las opiniones teológicas y filosóficas de sus preceptores; cuando era hábil en las disputas, y podía hacer un brillante despliegue de los recursos de una memoria bien guardada, había alcanzado los puntos más altos a los que los jesuitas pretendían conducirle. La originalidad y la independencia de la mente, el amor a la verdad por sí misma, el poder de reflexionar y de formar juicios correctos, no sólo se descuidaron, sino que se suprimieron en el sistema de los jesuitas. Pero en lo que intentaron tuvieron un éxito eminente, y su éxito contribuyó en gran medida a asegurar su popularidad'."[144]

No se puede condenar sin reservas el sistema jesuítico de educación; porque todos los sistemas falsos contienen algunos puntos de verdad, y la fuerza de todos estos sistemas reside en su estrecha falsificación de lo verdadero. De ahí que podamos estar de acuerdo con estas palabras: "Cualesquiera que sean sus defectos como sistema de educación general, era admirablemente adecuado para los propósitos de los jesuitas, y en algunos particulares, encarnaba valiosos principios". Al seguir el progreso del papado a través de las escuelas jesuíticas en un país y luego en otro, uno admira la constancia y la abnegación de aquellos que han comprometido sus vidas con la orden. Si los protestantes hubieran sido la mitad de diligentes en propugnar los principios de la educación cristiana como lo han sido los maestros jesuitas en contrarrestar la influencia de la Reforma, hoy se verían resultados muy diferentes en el mundo. Al rastrear el crecimiento de las escuelas de los jesuitas, comenzamos por Alemania, el corazón del movimiento de la reforma, y seguimos con mucha atención la historia tal como la relata Ranke: "El obispo Urbano conoció a Le Jay y oyó de él, por primera vez, los colegios que los jesuitas habían fundado en varias universidades.

"A raíz de esto, el obispo aconsejó a su señor imperial [Fernando I] que fundara un colegio similar en Viena, viendo la gran decadencia de la Alemania teológica católica. Fernando acogió calurosamente la sugerencia; en una carta que escribió a Loyola sobre el tema, declara su convicción de que el único medio de sostener la causa decadente del catolicismo en Alemania era dar a la generación naciente católicos doctos y piadosos por maestros." Podemos entender los motivos de esta decisión cuando recordamos la afirmación de que hacia 1563 se decía que "habían transcurrido veinte años en Viena desde que un solo estudiante de la universidad había tomado las órdenes sacerdotales". "Los preliminares", dice Ranke, "se arreglaron fácilmente. En el año 1551 trece jesuitas, entre ellos el propio Le Jay, llegaron a Viena, y se les concedió en primer lugar una vivienda, una capilla y una pensión por parte de Fernando, hasta que poco después, los incorporó a la universidad, e incluso les asignó la visitación de la misma." "Poco después de esto surgieron a consideración en Colonia", pero durante un tiempo tuvieron poco éxito. En 1556, la escuela financiada por donaciones a la que nos referimos antes, gobernada por un regente protestante, "les dio una oportunidad de ganar una posición más firme. Ya que había un partido en la ciudad empeñado sobre todas las cosas en mantener el carácter católico de la universidad, el consejo dado por los patronos de los jesuitas de entregar el establecimiento a esa orden encontró atención." "En la misma época, también se afianzaron en Ingolstadt". "Desde estos tres centros metropolitanos los jesuitas se extendieron ahora en todas las direcciones". Estas escuelas eran, o algunas de ellas al menos, escuelas de formación de maestros católicos; pues Ranke habla de cierto hombre en Hungría, de nombre Olahus y dedicado en su infancia a la iglesia, que, "contemplando la decadencia general del catolicismo en Hungría, vio que la última esperanza que le quedaba era la de mantener su dominio sobre el pueblo común, que aún no había pasado totalmente de su dominio. Para ello, sin embargo, faltaban maestros de principios católicos, y para formarlos, fundó un colegio de jesuitas en Tyrnau en el año 1561."

"Dos consejeros secretos del elector Daniel, de Maguncia... concibieron igualmente que la admisión de los jesuitas era el único medio que prometía una recuperación de la Universidad de Maguncia. A pesar de la oposición de los canónigos y de los propietarios feudales, fundaron un colegio de la orden en Maguncia y una escuela preparatoria en Aschaffenburg."

Los jesuitas avanzaron por el Rin. "Codiciaban especialmente un asentamiento en Espira, tanto porque... había tantos hombres distinguidos [reunidos allí] sobre los que sería de extraordinaria importancia poseer influencia; y también para situarse cerca de la Universidad de Heidelberg, que en aquel momento gozaba de la mayor reputación por parte de sus profesores protestantes. Poco a poco lograron su objetivo". Es interesante observar cómo siguieron de cerca a las escuelas protestantes, como si, al igual que un parásito, quisieran chuparles la vida. "Para devolver su Universidad de Dilinga a su propósito original, el cardenal Truchess resolvió despedir a todos los profesores que aún enseñaban allí, y encomendar el establecimiento por completo a los jesuitas".

Para mostrar la rapidez con la que trabajaban los jesuitas, Ranke dice: "En el año 1551 todavía no tenían ninguna posición fija en Alemania"; "en 1556 se habían extendido por Baviera y el Tirol, Franconia y Suabia, una gran parte de Renania y Austria, y habían penetrado en Hungría, Bohemia y Moravia". Fieles al propósito de la orden, "sus labores se dedicaron por encima de todo a las universidades. Tenían la ambición de rivalizar la fama de las de los protestantes...".

"Los jesuitas no mostraron menos asiduidad en la dirección

de sus escuelas de latín. Una de las principales máximas de Lainez era que las clases gramaticales inferiores debían estar provistas de buenos maestros, ya que las primeras impresiones ejercen la mayor influencia sobre toda la vida futura del individuo." Los jesuitas estaban dispuestos a dedicar toda una vida a una fase de la educación. "Se descubrió que los jóvenes aprendían más bajo ellos en medio año que con otros en dos años; incluso los protestantes llamaban a sus hijos de escuelas lejanas y los ponían bajo el cuidado de los jesuitas". De esta última frase hay que observar dos cosas. Los protestantes habían perdido de vista la importancia de la educación y sus escuelas se habían deteriorado mucho, pues de lo contrario no habrían confiado sus hijos a los jesuitas. Mientras que los jesuitas comenzaron trabajando para entrar en las universidades, "siguieron las escuelas para los pobres, los modos de instrucción adaptados a los niños y la catequesis". "La instrucción de los jesuitas fue transmitida totalmente en el espíritu de esa devoción entusiasta que desde el principio había caracterizado tan peculiarmente a su orden". Esto tuvo su efecto; porque la obra seria y de todo corazón por parte del maestro, aunque los métodos sean erróneos y el material falso, seguramente reaccionará en la vida de los alumnos. Al ver la obra de los maestros jesuitas, uno siente exclamar: "¡Ya que eres tan noble, ojalá estuvieras de nuestro lado!" Y así "los niños que frecuentaban las escuelas de los jesuitas en Viena se distinguían por su decidida negativa a comer las carnes prohibidas que comían sus padres en los días de ayuno".

Los maestros tenían más peso con los niños que los propios padres, y se convirtieron en líderes de los miembros mayores de la familia, de modo que "los sentimientos así engendrados en las escuelas se propagaron por la masa de la población mediante la predicación y la confesión".

Los resultados finales en Alemania, Ranke los da así: "Ocuparon las cátedras de los profesores y encontraron alumnos que se adhirieron a sus doctrinas.... Conquistaron a los alemanes en su propio suelo, en su propia casa, y les arrebataron una parte de su tierra natal".[145] Hasta aquí Alemania y sus escuelas jesuitas.

Sobre la toma de Francia por los jesuitas no es necesario decir mucho. Ranke da unos cuantos párrafos contundentes, mostrando la obra de la orden como maestros. Los protestantes de Francia cometieron un gran error y desprestigiaron su causa, especialmente en París, al tomar las armas en un momento de conmoción, y Ranke dice: "Respaldados por este estado de sentimiento público, los jesuitas se establecieron en Francia. Comenzaron allí en una escala algo pequeña, viéndose obligados a contentarse con universidades que les abrieron algunos eclesiásticos.... Al principio encontraron la más obstinada resistencia en las grandes ciudades, especialmente en París,... pero finalmente forzaron su paso a través de todos los impedimentos, y fueron admitidos en el año 1564 al privilegio de la enseñanza. Lyon ya los había recibido. Ya sea fruto de la buena fortuna o del mérito, enseguida pudieron producir algunos hombres de brillantes talentos de entre ellos. En Lyon, especialmente, los hugonotes fueron completamente derrotados, sus predicadores exiliados, sus iglesias demolidas y sus libros quemados; mientras que, por otro lado, se erigió un espléndido colegio para los jesuitas en 1567. Tenían también un distinguido profesor, cuya exposición de la Biblia atraía a multitudes de jóvenes encantados y atentos. Desde estas ciudades principales se extendieron ahora por el reino en todas direcciones".[146] A través de la influencia obtenida como educadores, se vendieron 3.800 ejemplares del Catecismo de Angler en el espacio de ocho años sólo en Pads. Francia ya no se inclinaba hacia el protestantismo. Había sido recuperada por las escuelas jesuitas.

Sobre la obra en Inglaterra se dice más, y nuestra propia conexión con ese reino añade peso a la historia de su educación a nuestros ojos. Thompson dice: "Durante el reinado de Isabel, las autoridades papales renovaron sus esfuerzos para poner fin al protestantismo en Inglaterra, y enviaron allí más jesuitas con ese propósito".[147] Lo que no podían lograr a través de la intriga y la política civil estaban más seguros de obtenerlo a través de las escuelas; por eso Thompson dice: "Lograron una cosa, que fue llevarse a algunos jóvenes de la nobleza inglesa para ser educados por los jesuitas en Flandes, a fin de prepararlos para la traición contra su propio país, repitiendo en esto el experimento que Loyola había hecho en Alemania.... Los jesuitas se esforzaron por convertirse en los educadores de los jóvenes ingleses como lo habían hecho con los de Alemania.... Por ello, el Papa estableció una universidad inglesa en Roma, para educar a los jóvenes ingleses".

De esta universidad, Ranke nos dice además "William Allen concibió por primera vez la idea de unir a los jóvenes católicos ingleses que residían en el continente para la prosecución de sus estudios, y, principalmente gracias al apoyo del papa Gregorio, estableció una universidad para ellos en Douay. Esto, sin embargo, no le pareció adecuado al papa para el propósito en cuestión. Deseaba proveer a aquellos fugitivos, bajo sus propios ojos, de un refugio más tranquilo y menos peligroso que el que se podía encontrar en los perturbados Países Bajos; en consecuencia, fundó una universidad inglesa en Roma, y la consignó al cuidado de los jesuitas. No se admitió a nadie en la universidad que no se comprometiera, al terminar sus estudios, a volver a Inglaterra y a predicar allí la fe de la Iglesia romana".[148]

América fue colonizada cuando el poder de los jesuitas estaba en su apogeo. Aquellos maestros que penetraron en Alemania sin miedo, y que se colaron sigilosamente en Inglaterra cuando no era seguro que se les identificara, siguieron de cerca los caminos del descubrimiento y el poblamiento. "A principios del siglo XVII", dice Ranke, "encontramos el majestuoso entramado de la Iglesia católica en América del Sur completamente levantado.... Los jesuitas enseñaban gramática y artes liberales, y un seminario teológico estaba conectado con su universidad de San Ildefonso. Todas las ramas del estudio teológico se enseñaban en las universidades de México y Lima".[149]

En América del Norte, su vigilancia no fue menos marcada. "En 1611 llegaron los misioneros jesuitas y trabajaron con notable celo y éxito en la conversión de los indios".[150] En Maryland, una colonia católica desde el principio, tuvieron un dominio ilimitado. Hablando de la época de Lord Baltimore, Thompson dice: "En esa época, en Inglaterra, los papistas estaban principalmente bajo la influencia de los jesuitas, cuya vigilancia era demasiado insomne para permitir que se les escapara la oportunidad de plantar su sociedad en el Nuevo Mundo".[151] Su obra se ha realizado silenciosamente desde el principio, y algunos piensan que, a causa del decreto papal de 1773, que suprime la orden, han cesado su obra. Esto, sin embargo, es un error; ya que "Gregorio XVI, cuyo pontificado comenzó en 1831, fue el primer papa que pareció animado por la idea de que el papado acabaría estableciéndose en los Estados Unidos. Su principal dependencia, como medio de realizar esta esperanza, era en los jesuitas, en cuya entera devoción a los principios del absolutismo podía confiar con seguridad".[152] Pero los jesuitas siempre logran su obra en gran medida por medio de la educación, de ahí que podamos esperar que utilicen en nuestro país las mismas tácticas que habían resultado tan eminentemente exitosas para su causa en Inglaterra y Alemania.

"Lo principal de los jesuitas", como escribe Gressinger, "era obtener la dirección exclusiva de la educación, para que, poniendo a los jóvenes en sus manos, pudieran moldearlos según su propio modelo". Ha sido el objetivo declarado de los jesuitas erradicar el protestantismo, y con ello, el republicanismo. En este país, donde estos dos principios eran preeminentemente conspicuos, y tan estrechamente asociados que lo que mata a uno mata al otro, es doblemente cierto que al obtener el control del sistema educativo, la orden podría trabajar para el papado la ruina total de América, tanto desde el punto de vista religioso como civil. Desde los albores de nuestra historia ha habido dentro de nuestras fronteras, mezclándose con nuestros ciudadanos leales, una clase de educadores que llevan a cabo este principio descrito por Thompson. "Los jóvenes católicos romanos tienen prohibido, por el sistema papal, aceptar como verdaderos los principios de la Declaración de Independencia o de la Constitución de los Estados Unidos".[153] León XIII, que fue educado como jesuita [Thompson], se mantiene fiel a sus principios. Su biógrafo dice "que la 'falsa educación' y la 'formación anticristiana' de los jóvenes que prevalecen en los Estados Unidos y entre los pueblos liberales y progresistas del mundo deben ser eliminadas, abandonadas, y 'Tomás de Aquino [un católico del siglo XIII] debe ser entronizado una vez más como el 'ángel de las escuelas'; sus métodos y doctrinas deben ser la luz de toda la enseñanza superior, ya que sus obras no son más que la verdad revelada puesta ante la mente humana en su forma más científica'."[154]

No es necesario enumerar el número de escuelas establecidas por los católicos en los Estados Unidos, que han sido puestas bajo el control de los jesuitas; tampoco es necesario rastrear los intentos que ha hecho el papado, en períodos irregulares de nuestra historia, para obtener el control de nuestro sistema escolar público. Los asuntos de Stillwater, Minnesota, y de Faribault, en el mismo estado, si bien no tuvieron éxito, fueron veletas que mostraban la dirección del viento; fueron posturas para probar el pulso público, y con la misma seguridad muestran la política del papado en materia educativa. De mucha mayor importancia para nosotros, como protestantes, es el hecho de que los principios jesuíticos pueden prevalecer, y de hecho prevalecen, en nuestro sistema popular de educación, y estos principios, ya sean llevados a cabo por los jesuitas, o por la maestra ordinaria que es inconsciente de su situación, e inconsciente del resultado de sus métodos, provocan la caída del protestantismo y del republicanismo. Nuestra nación ha repudiado sus principios fundacionales; ¿están haciendo lo mismo nuestras iglesias protestantes? La historia de las instituciones educativas de los Estados Unidos que se analizan en los próximos capítulos mostrará cómo el plan de trabajo que se sigue ahora en nuestras universidades, colegios y escuelas de grados inferiores, sigue el modelo de Sturm, y cómo se remonta más atrás, conectando el siglo XX con el escolasticismo de la Edad Media. Estos hechos se rastrean sin el menor sentimiento de animosidad hacia los jesuitas o el papado. Ambos hacen por su causa lo que mejor sirve para edificarla. Sus métodos, en tanto que logran su fin deseado, son dignos de elogio, y su celo es siempre digno de admiración. El único problema que han de resolver los protestantes es si aceptan la educación jesuítica, papal, y se convierten así en papables, formando "una imagen para la Bestia"– para usar el lenguaje del Apocalipsis– o si siguen los principios de la educación cristiana, y permanecen fieles al nombre de protestantes. Que el lector se olvide de los nombres; pero que recuerde que no hay más que dos principios en el mundo, cuando se reconoce el estándar de la verdad eterna; uno exalta a Cristo, y da vida eterna; el otro exalta al hombre, y su vida es sólo para este mundo.

La educación según la segunda hace, en sus métodos, empequeñecer, debilitar y menospreciar. Pone el acento en lo insignificante y pasa por alto la verdad sin mirarla. Prepara la mente para el absolutismo tanto en el gobierno como en la religión. La educación según la primera se basa en métodos que desarrollan al ser humano en todos los aspectos. Es una educación mental, moral y física, y su objetivo es educar de tal manera que finalmente cada una de estas tres naturalezas asuma la relación correcta con las otras dos, y otra vez, como en el Monte de la Transfiguración con el Hijo de Dios, "la divinidad interior destellará para encontrarse con la divinidad exterior".

Capítulo XIV
América y el problema de la educación

PROTESTANTISMO Y REPUBLICANISMO, NACIDOS DE LA REFORMA, ALIMENTADOS POR LAS ESCUELAS. Como si hubiera sido levantada del seno de las profundidades por la poderosa mano de Dios, América se levantó para recibir los principios de libertad religiosa y civil nacidos de la Reforma en suelo alemán. Al gobierno alemán se le ofreció primero la oportunidad de desarrollar plenamente el movimiento de reforma. Este desarrollo pleno y completo habría significado la libertad religiosa para todos, y un gobierno por el pueblo: el protestantismo y el republicanismo. Estos dos sistemas van de la mano y están más estrechamente relacionados que cualquier otro principio que exista. La muerte de uno significa la muerte del otro, pues la misma sangre vital alimenta a ambos.

Alemania empezó bien. Se encontraron príncipes, liberales de mente y de gobierno, que aceptaron la nueva religión, y estuvieron al lado de los reformadores a lo largo de toda su tormentosa carrera. Dios había suscitado a estos hombres para el momento y el lugar, tan seguramente como llamó a Nabucodonosor, o designó una obra para Ciro. El protestantismo estaba firmemente arraigado y, como ya hemos visto, durante los primeros cuarenta años de su existencia, su vitalidad era tan fuerte que los hombres y las naciones se inclinaban hacia él. Los primeros reformadores, especialmente Lutero y Melanchthon, conectaron el movimiento con la fuente de la vida cuando introdujeron un sistema de educación cristiana. Y los capítulos anteriores dejan clara la verdad de que la vida de todo el movimiento en su doble aspecto, a saber, protestantismo y republicanismo, dependía de un sistema educativo correcto. Cuando la masa de la juventud alemana se sentó a los pies de maestros alemanes, y esos maestros fueron fieles a los principios de la educación cristiana, la influencia romana disminuyó, y su propia vida se vio amenazada. Fue entonces que el propio papado se ocupó del tema de la educación, y mediante la obra de los jesuitas logró matar la Reforma en Alemania; y en realidad, en toda Europa.

"Ha quedado probado cuánto favorecieron el éxito del papado los períodos de tinieblas intelectuales. También quedará demostrado que una época de grandes luces intelectuales es igualmente favorable a su triunfo."

Los jesuitas plantaron escuelas propias a la sombra de las escuelas protestantes; entraron en las escuelas protestantes como maestros; chuparon la sangre vital del niño pequeño, y éste se desvaneció y murió. Los principios de la Reforma encontraron corazones honestos en los Países Bajos. Los holandeses se ocuparon de la cuestión de la educación; pero los jesuitas estaban de nuevo tras su pista, y, como dice Ranke, "poco a poco cargaron su punto". La Reforma cruzó el Canal de la Mancha, y encontró los corazones de los ingleses anhelando una mayor libertad. El lolardismo, iniciado por Wycliffe doscientos años antes, volvió a cobrar vida en los corazones de los puritanos, hasta que, en el reinado de Enrique VIII, más de la mitad de la población inglesa era protestante. Finalmente, se estableció la Mancomunidad Británica.

A Inglaterra se le ofreció la oportunidad de mostrar al mundo los frutos perfectos de la Reforma en su religión protestante y un gobierno republicano. Pero ¡ay! la historia se repite. La juventud inglesa cayó en manos de los jesuitas. Se fundó una universidad inglesa en Roma, y los maestros, ministros y promotores regresaron a su tierra natal con el propósito declarado de sus educadores, los jesuitas, de derrocar la Reforma. ¡E Inglaterra cayó!

Esas conocidas palabras de la pluma de Lutero, que aparecen en su carta pidiendo ayuda para el establecimiento de escuelas protestantes, resuenan también en Inglaterra: "La Palabra de Dios y su gracia son como una lluvia que cae y pasa. Estaba entre los judíos; pero pasó, y ahora ya no la tienen. Pablo la llevó a Grecia; pero en ese país también ha pasado, y ahora reina allí el turco. Llegó a Roma y al imperio latino; pero allí también ha pasado, y Roma tiene ahora al papa. Oh, alemanes, no esperen tener esta Palabra para siempre". Si este hombre de Dios hubiera salido de su tumba un siglo después, y hubiera mirado sobre su amada Alemania y sobre Inglaterra, habría añadido estos nombres a los de los países donde la Palabra de Dios y su gracia habían estado, pero habían pasado. ¿Debe añadirse el nombre de Estados Unidos a la lista anterior? ¡Que los protestantes se despierten antes de que sea demasiado tarde!

Al encontrar que Inglaterra cerraba sus puertas al progreso, los puritanos buscaron mayor libertad en los Países Bajos. Se sintieron decepcionados, pues allí no pudieron educar a sus hijos como el protestantismo les enseñó que debían ser educados. Como peregrinos buscaron nuevos hogares en América, encontrando un refugio en las lóbregas costas de Nueva Inglaterra. Ahora es nuestro deber rastrear el crecimiento y la decadencia del protestantismo en nuestra propia tierra. Su prosperidad en todos los demás países ha sido proporcional a su fidelidad a los principios correctos de la educación; su declive ha sido, sin excepción, el resultado de un sistema de educación equivocado. ¿Cómo es en los Estados Unidos?

Ningún estudioso de la historia, y especialmente de la historia profética, duda por un momento que el camino estaba divinamente preparado para que el protestantismo cruzara el Atlántico, y es igualmente evidente que esa misma Mano estaba sosteniendo esos principios después de que llegaran a estas costas. La Palabra de Dios habló a menudo a los corazones de los hombres, llevándolos a idear planes, aprobar leyes, establecer instituciones y, de diversas maneras, obrar para que sus verdades crecieran aquí hasta una perfección que nunca alcanzaron en el viejo país. Por otra parte, aquellas enseñanzas que han frustrado los principios del protestantismo en Europa se ven obrando en América desde la primera plantación de una colonia hasta el día de hoy. Ese elemento que produce fuerza es la educación cristiana; esa influencia que la contrarresta es la educación falsa o papal. Estos dos elementos constituyen el tema de este capítulo.

La historia de Estados Unidos está entrelazada con la historia de la educación. Sus fundadores, especialmente los de las colonias de Nueva Inglaterra, rastrearon su origen a un centro educativo en Inglaterra, y al igual que la historia temprana de Nueva Inglaterra gira en torno a Harvard, los padres y partidarios de esa institución rastrearon su origen en la Vieja Inglaterra a los condados de Anglia Oriental, donde la Universidad de Cambridge ejercía su influencia. "De los primeros seiscientos que desembarcaron en Massachusetts, se dice que uno de cada treinta era un graduado de la Cambridge inglesa. Estos y sus compañeros eran hombres poco comunes. Tenían la escolaridad para un servicio cuya ejecución, en plenitud y buen sentido, el mundo nunca ha igualado".[155]

"Con una sabiduría sin parangón, unieron la libertad y la enseñanza en una alianza perpetua y santa, obligando a esta última a bendecir a todos los niños con la instrucción, a quienes la primera inviste con los derechos y deberes de la ciudadanía. Hicieron la educación y la soberanía de la misma extensión, al hacer ambas universales".[156]

John Fiske se extiende sobre este pensamiento.[157] La "mayor hospitalidad de Cambridge [Universidad, Inglaterra] hacia las nuevas ideas" es proverbial, y los propios nombres, Lincolnshire, Norfolk, Suffolk y Essex, Cambridge y Huntingdon, familiares en la geografía de Nueva Inglaterra, están contando una historia de educación protestante.

Por muy fuertes que parecieran los puritanos en la denuncia de la Iglesia de Roma y en la aceptación del protestantismo, que, a principios del siglo XVII, más que nunca, significaba la separación de la iglesia establecida y de las formas de gobierno establecidas, no estaban unidos en el pensamiento. Había dos clases: Los puritanos, y una clase de esta clase representada por hombres como Richard Hooker. De los puritanos, Fiske dice: "Algunos se habrían detenido en el presbiterianismo, mientras que otros sostenían que 'el nuevo presbítero no era más que el viejo sacerdote escrito en grande', y así presionaban hacia la independencia".[158] Esta diferencia de opinión en materia religiosa es discernible cuando los representantes de ambas clases, mezclados en la sociedad sobre Boston, iniciaron la obra educativa de América. Los que se inclinaban por permanecer bajo la bandera del presbiterianismo se burlaban de los otros, que eran conocidos como brownistas o separatistas, y que siguieron a William Brewster a América, con la anarquía, simplemente porque creían en llevar a cabo plenamente los principios por los que todos estaban dispuestos a luchar.

Así, desde el principio, nuestra obra educativa ha caído en manos de dos clases de hombres: una clase dispuesta a transigir para mantener la paz, y una clase audaz y atrevida, que abogaba por dar un paso adelante en la verdad a pesar de lo que pudiera suceder.

La Iglesia tenía ante sí un gran problema educativo. Los episcopalianos habían fallado en asumir esa obra en Inglaterra; fue de entre ellos que William Brewster, un graduado de Cambridge, John Robinson, también graduado de Cambridge en 1600, y William Bradford, posteriormente gobernador de Plymouth por treinta años, se retiraron para formar el núcleo de la Iglesia Congregacional, que tuvo su origen en Scrooby, Inglaterra, y terminó en Plymouth. Lo que el episcopalismo había pasado por alto en materia de educación en Inglaterra se convirtió ahora en el deber y el privilegio de la nueva iglesia para comenzar en el suelo virgen de América.

El lector está familiarizado con el hecho de que los puritanos, al abandonar Inglaterra a causa de la opresión civil y religiosa que fue el resultado de la unión de la Iglesia y el Estado, llegaron a América en busca de libertad y, en contra de lo que uno esperaría, especialmente a simple vista, aquí desarrollaron una teocracia. "El objetivo de Winthrop y sus amigos al llegar a Massachusetts era la construcción de un estado teocrático que debería ser para los cristianos... todo lo que la teocracia de Moisés, Josué y Samuel había sido para los judíos.... En tal esquema no había lugar para la libertad religiosa.... El estado que iban a fundar debía consistir en un cuerpo unido de creyentes; la ciudadanía misma debía ser de la misma extensión que la pertenencia a la iglesia".[159]

Sin embargo, es igualmente conocido que esta forma teocrática se rompió pronto; y mientras los Estados Unidos comienzan a acercarse de nuevo a este modo de gobierno, es un hecho notable, y que bien merece nuestra más atenta consideración, que la antigua teocracia de Nueva Inglaterra fue rota por el poder del sistema educativo allí introducido. Cuando se lea esto en las páginas que siguen, que el lector responda a la pregunta si el repudio de los principios protestantes y de los principios del republicanismo por parte de los Estados Unidos en el siglo XIX se debe igualmente al sistema actual. Tenga en cuenta la pregunta a medida que avanzamos.

La historia educativa de Estados Unidos puede estudiarse convenientemente en tres secciones: 1. Colonial; 2. Revolucionaria; 3. Siglo XIX.

I. El período colonial

Puesto que el colegio de Harvard, el Cambridge americano, "realizó", como dice Boone, "una obra muy necesaria, con diversas reacciones saludables sobre la sociedad y el gobierno, de modo que se ha afirmado, con muestras de verdad, que 'la fundación del colegio de Harvard aceleró la Revolución medio siglo'."[160] nuestro estudio de las escuelas del periodo colonial girará en torno a esta institución. Se puede afirmar con seguridad que la historia de Harvard, sus hombres principales y su actitud variable hacia los diferentes problemas coloniales, arroja luz sobre el desarrollo de la cuestión de la educación en la época en que se sentaron las bases de nuestro gobierno nacional.

Cuando Boston no tenía más que seis años, se trazaron los planes para la primera universidad de Estados Unidos. "Entre los primeros líderes educativos", dice Boone, "se encontraban hombres como el reverendo Thomas Shepherd, John Cotton y John Wilson, hijo; todos ellos clérigos y educados en la universidad; Stoughton; Dudley, el vicegobernador; y, sobre todo, 'Winthrop, el gobernador, el guía y buen genio de la colonia'. Tales eran los hombres de la colonia infantil. Aquí había aprendizaje y carácter; sabiduría del mundo y refinamiento del corazón; amplitud e integridad de la cultura, tales que sólo podían justificar la audacia de su intento".[161] La institución se inició en la pobreza; cuatrocientas libras esterlinas fueron votadas por el pueblo. El alto motivo que impulsó la empresa fue "un celo ilimitado por una educación, que a ellos les parecía no tanto deseable como necesaria, para que 'la luz del aprendizaje no se apague, ni el estudio de la Palabra de Dios perezca' ".

El objetivo de la escuela, tal como lo sostenían los fundadores, está bien descrito por un ciudadano de Boston, que escribe así en 1643 a algunos de sus amigos "Después de haber construido nuestras casas, proveído lo necesario para nuestro sustento, levantado lugares convenientes para el culto, y establecido el gobierno civil, una de las siguientes cosas que anhelamos y buscamos fue hacer avanzar el aprendizaje y perpetuarlo a la posteridad, temiendo dejar un ministerio analfabeto a las iglesias, cuando nuestros actuales ministros yazcan en el polvo. Y mientras pensábamos y consultábamos cómo llevar a cabo esta gran obra, le agradó a Dios mover el corazón de un tal Sr. Howard (un caballero piadoso y amante del saber, que entonces vivía entre nosotros) para que diera la mitad de su hacienda para erigir una universidad, y toda su biblioteca".

En la contemplación de una universidad por parte de aquellos nobles hombres, el pensamiento más importante era cómo conseguir un ministerio educado. Este objeto se perdió de vista.

"Hay que recordar", escribe Boone, "que durante sesenta años la institución fue poco más que una escuela de formación de ministros, gestionada como un seminario teológico, teniendo la religión, de un tipo más o menos bien definido, como base y objeto principal. Sin embargo, como el profesor Emerson ha dicho: 'Es una de las cosas más notables en la historia de Harvard, que en todas las constituciones de la universidad no hay nada antiliberal o sectario; nada que frene la más libre búsqueda de la verdad en las opiniones teológicas, y en todo lo demás; y esto, además, mientras los fundadores de la universidad eran severa y estrictamente ortodoxos, a menudo exclusivos en sus propias opiniones, y mientras su objetivo era incuestionablemente proporcionar la educación completa de los ministros del evangelio en puntos de vista similares a los suyos'." "La idea fundacional misma de la universidad", dice Boone, en otro párrafo, "era la carencia teológica".

"Los presidentes y miembros de la corporación eran generalmente los eruditos prominentes, los teólogos y los líderes políticos de la comunidad y de la época. Fácilmente, la universidad llegó a ser la arena, o el interés, sobre los que se libraban esas terribles logomaquias del dogma y la doctrina. Éstas requerían, como lo hacían, el mejor aprendizaje, la más sagaz perspicacia, las mentes más políticas de la época".

Esto quizá explique la afirmación anterior de que la educación de los ministros por parte de Harvard tuvo más que ver con el derrocamiento de la teocracia establecida en torno a Boston. Es interesante, además, observar el espíritu de democracia que esta institución fomentó. Al hablar de la recaudación del fondo para erigir el edificio, Boone dice: "La colonia se contagió de su espíritu [del Sr. Harvard] y todos hicieron algo, incluso los indigentes. Uno suscribió varias ovejas; otro, telas por valor de nueve chelines; otro, una jarra de peltre de diez chelines; otros, un frutero, una cuchara para azúcar, una jarra con punta de plata, etc. .... Ningún rango, ninguna clase de hombres, está sin representar. La escuela era del pueblo".[162] "Fue amamantada por la democracia", y a su vez amamantó a la democracia. Seguramente el Espíritu de Dios estaba suplicando a los hombres que organizaran su principal institución educativa para que se perpetuaran los principios de la Reforma.

El curso de estudio de esta escuela de ministros, tal como lo describe Emerson, estaba notablemente libre de sectarismo, y era de pensamiento liberal. "La Biblia se estudiaba sistemáticamente a lo largo de los tres años, especificándose Esdras, Daniel y el Nuevo Testamento. Se dedicaba un año a la divinidad catequética".[163] Los alumnos estaban obligados a asistir al culto dos veces al día, cuando se leían las Escrituras en hebreo o en griego, y se les exigía que tradujeran la selección. La historia recibía cierta atención, pero las ciencias eran prácticamente desconocidas, y "toda la literatura profana estaba excluida".

A través de todo esto es discernible el intento de educar para la causa de Cristo. Con este comienzo, ¡qué se podría haber logrado si se hubiera seguido el plan, con la verdad sin adulterar! La obra realizada en días posteriores por las escuelas, bajo la dirección del estado, no es más que una indicación del amplio campo que tenía por delante Harvard e instituciones similares, si la iglesia hubiera permanecido en su provincia como educadora de sus propios hijos.

Desde la misma fundación de Harvard pueden verse indicios de que junto a estos principios de la educación cristiana había algo de enseñanza medieval que, a menos que se descubriera y desterrara, actuaría como levadura, impregnando todo el pan. Por ejemplo, cuando la universidad tenía menos de veinte años, encontramos anunciado este requisito de admisión "Cuando cualquier erudito sea capaz de leer a Tully o a cualquier otro autor clásico latino ex tempore, y hacer y hablar verdadero latín en verso y en prosa, y definir perfectamente los paradigmas de los sustantivos y los verbos en la lengua griega, entonces podrá ser admitido a la universidad; nadie podrá reclamar la admisión antes de tales calificaciones". Tiffs, por supuesto, seguía el modelo de las universidades europeas, y el suyo era un sistema papal.

Este era el Harvard de los tiempos coloniales. Al entrar en el período revolucionario, podemos buscar cambios como resultado de los principios correctos e incorrectos albergados. ¿Está Harvard, con todas sus maravillosas instalaciones, formando a tantos para el servicio evangélico hoy en día como lo hizo en el pasado? Yale, la segunda escuela congregacional, siguió de cerca los planes y el objetivo de Harvard.

William and Mary, la segunda universidad en los Estados Unidos, fue fundada en circunstancias diferentes. Nació en medio de la riqueza y se hizo amiga de los caballeros y los cortesanos. "Las raíces", dice Boone, "estaban profundamente arraigadas en el gran sistema eclesiástico inglés", y sin embargo el objetivo declarado era "que la universidad, cuando se estableciera, fuera un 'seminario para la crianza de buenos ministros'." A pesar de las buenas intenciones, mezclaba las enseñanzas escolásticas; ya que, representaba "el orden de Oxford de las humanidades; lo abstracto como fundamento de lo concreto; todo por la disciplina; las lenguas antiguas antes que las modernas". Jefferson era un graduado de esta escuela, y más tarde se verá cómo este hombre, cuya mente comprendía tan claramente los principios de la libertad religiosa, se esforzó por desvincularse de esta mezcla en la educación, y abogó por una educación decididamente secular en las escuelas que eran apoyadas por el estado, evitando así en tales instituciones la mezcla de formación secular y religiosa.

Hasta ahora, vemos a la escuela episcopal, William y Mary, profundamente arraigada en el sistema eclesiástico inglés, e incapaz de recibir los principios de la Reforma en materia de educación pura y simple. Las dos escuelas congregacionales, Harvard y Yale, se acercaron más al ideal protestante, pero al ser incapaces de romper por completo el vínculo del escolasticismo, hicieron mucho trabajo preparatorio en los clásicos.

Algunos de los problemas educativos con los que tuvieron que lidiar nuestros padres coloniales fueron "la responsabilidad de los padres, el vicio general de la indolencia, el oficio educativo del trabajo, la relación del estado con la necesidad individual, el empleo y la escolarización obligatorios, la propiedad estatal de la vida infantil", y sobre todo, e incluyendo todo, la relación que la iglesia mantenía con las escuelas, hasta qué punto la educación secular podía ofrecerse en las escuelas cristianas, y hasta qué punto la iglesia podía pedir ayuda al estado en la dirección de las escuelas de la iglesia. Eran cuestiones pesadas de las que pendía, y aún pende, el destino de una nación.

No se puede trazar una línea divisoria nítida entre el período colonial y el revolucionario. La obra iniciada en el período colonial preparó a los hombres para desempeñar un noble papel en el período revolucionario. La verdad del sistema educativo daría sus frutos, pero el error que ya hemos notado estaba en gran peligro de ganar fuerza suficiente para ahogar los principios puros. Las meras acusaciones no significan nada. Basta con seguir la historia del progreso educativo a lo largo del siglo siguiente. Los resultados hablan por sí mismos.

II. El período revolucionario

Además de la instrucción impartida por los piadosos padres puritanos al rebaño en sus propios hogares, se estableció un número limitado de escuelas comunes o eclesiásticas en el periodo colonial. La posición de las academias, a medida que se desarrollan en el periodo revolucionario, es significativa. Encontramos que "al lado de cada una de las primeras universidades, frecuentemente antecediéndolas, a veces formando parte de la organización, había una escuela de gramática".

Tales escuelas, adscritas a Harvard, Yale, Princeton, William y Mary y otras, preparaban para las universidades y complementaban la obra de las escuelas elementales o comunes. Aquí radica un punto vital. Había escuelas caseras, escuelas elementales y universidades. Era imposible que estas escuelas elementales prepararan a los alumnos para la vida universitaria cuando éstas exigían para el ingreso que el alumno debía "leer a Tully o a cualquier autor clásico de latín ex tempore, y hacer y hablar verdadero latín en verso y en prosa, y definir perfectamente los paradigmas de los sustantivos y los verbos en la lengua griega," como ya se ha citado de un primer anuncio de Harvard. Las universidades fundadas por la iglesia estaban, pues, formando un curso de estudio para estas escuelas de gramática, o academias, como pronto se las llamó; y como la demanda era de una escuela preparatoria clásica, naturalmente sus cursos se "ajustaban al currículo sancionado por el tiempo de la universidad. Enseñaban mucho latín y griego, un curso extenso de matemáticas, y eran fuertes en general por el lado de las humanidades". Se modelaba así a Rugby, Eton y otras escuelas inglesas destacadas, o a las escuelas clásicas de ejercicios de Alemania, que, como hemos visto antes, eran escuelas que llevaban marcas decididas de la enseñanza jesuita.

Si un joven quería continuar sus estudios más allá de la escuela elemental, su única oportunidad de hacerlo era en una de las academias donde los clásicos formaban la suma y la sustancia de la instrucción. La tendencia a volver a las formas establecidas de educación europea, o al sistema papal, es claramente visible.

Los primeros colegios habían sido plantados para dar una formación cristiana, y sin duda tuvieron un comienzo que podría haber resultado en la mayor fuerza para la iglesia, y para la nación de manera secundaria; pero la introducción de estas escuelas de gramática o academias, con un curso de estudio en los clásicos hecho necesario por las universidades, lanzó a la mayoría de los jóvenes a una línea de instrucción clásica en lugar de práctica. Mirándolo desde un punto de vista, no se podría haber hecho ninguna maniobra más sabia para cambiar de nuevo el curso de la reforma educativa hacia la educación papal. ¿Podemos rastrear aquí las huellas de los jesuitas, cuya política desde los días de Loyola había sido derrocar al protestantismo mediante un falso sistema de educación?

El efecto de la mezcla de los métodos puros e impuros, rastreable en líneas indistintas al principio, asumió ahora proporciones más definidas. El crecimiento de las academias fue notablemente rápido, y cuando se llama la atención sobre hombres como Franklin, los Adams, John Hancock y la generación del '76, que recibieron la mayor parte de su educación en estas escuelas, puede parecer pura presunción condenar su obra. Los resultados, sin embargo, como se vio en años posteriores, justifican el cargo de que en ese tiempo se dio un largo paso desde los principios de la Reforma, que significó para este país un debilitamiento tanto en el protestantismo como en el republicanismo.

Estas academias eran denominacionales, es cierto; aun así, ofrecían este curso de instrucción prescrito. Casi inmediatamente aparecen señales del resultado de esta unión de la educación cristiana con el escolasticismo. Por ejemplo, leemos que "la Universidad Brown, aunque fundada como una institución bautista, fue sin embargo una de las primeras escuelas de la época en enfatizar el creciente sentimiento a favor de una formación universitaria completamente sin denominación". ¿Por qué una universidad denominacional debía impartir un curso de instrucción no denominacional, y por qué, por encima de todas las denominaciones, debían hacerlo los bautistas, a los que había llegado tal torrente de luz, y que siempre señalaban con orgullo a Roger Williams y al Estado de Rhode Island como los antepasados y la encarnación de todo lo que es protestante y republicano? Sin embargo, este no es el único indicio de esta decadencia de los primeros principios.

Hacia 1793 Harvard asumió el nombre de universidad. Boone dice: "También aparecen señales de catolicismo, pues ya no se exigía a los estudiantes que asistieran a las clases de divinidad, salvo que se prepararan para el ministerio.... Las sociedades literarias y las asociaciones voluntarias para la cultura social y general se multiplicaron".

"La primera fraternidad griega– la Phi Beta Kappa– el padre de las organizaciones secretas y abiertas de fraternidad universitaria de América", se formó en William and Mary en 1776. Este es otro indicio de la introducción sigilosa de principios opuestos a la democracia, y que tienden a romper el prejuicio existente contra las organizaciones secretas del papado.

De nuevo, "Yale, también, aunque nominalmente sobre una fundación congregacional, recibió ayuda (1792) del estado, y dio lugar en su corporación a representantes del estado". La apostasía educativa estaba comenzando; la decadencia religiosa era seguramente lo que iba a seguir.

Boone ofrece otro párrafo que, en pocas palabras, relata una historia de mucha importancia, más, quizás, de lo que el autor se dio cuenta; pues simplemente estaba haciendo una crónica de la historia de la educación, y no buscando la filosofía de la misma. Dice: "La universidad, que antes era un apéndice de la iglesia, se vio, en vista de los inminentes peligros del Estado, que tenía un valor igual para la Mancomunidad Británica". Esto, por supuesto, es cierto, porque la Mancomunidad Británica dependía para su apoyo, para su propia existencia, en las ideas educativas propagadas en sus escuelas. Pero el escritor continúa: "En primer lugar, alentada porque proporcionaba un ministerio educado, estaba llegando a reconocerse la opinión, a pesar de las deficiencias en la cultura, de que la educación es algo más, que tiene un valor en sí misma; que las escuelas bien podrían mantenerse al margen de la iglesia como organización, y de ninguna manera disminuir su utilidad".[164] Aquí estaba el desafío.

Dios ha puesto en manos de su iglesia el derecho y el privilegio de educar a los jóvenes. Al hacer esto, ha hecho más; porque al educar a la juventud, la iglesia está a la derecha de Dios para guiar a la nación por los caminos de la rectitud. No se puede hacer esto uniendo las manos, pues la iglesia y el estado deben, para que cada uno sea libre, estar siempre separados. Aun así, el pilar sobre el que la nación debe sostenerse, el único sobre el que puede sostenerse, es un verdadero sistema de educación, y esto es un regalo divino para la iglesia, que nació de la Reforma.

A la Iglesia luterana, el mensaje de la educación fue predicado por Lutero. La Iglesia Episcopal recibió esta "palabra y gracia de Dios", como la expresa Lutero; pero pasó de ellos, y volvieron al escolasticismo. Oxford, Cambridge, Eton y Rugby, todas las escuelas inglesas dan testimonio de ello. El mensaje pasó a la Iglesia Congregacional, y Harvard, Yale y otras iniciaron el camino correcto, pero por las glorias del mundo perdieron de vista su objeto original. Harvard, fundada para educar a ministros, envió en el año 1896 sólo seis ministros de una clase de cuatrocientos graduados". La Iglesia Presbiteriana tuvo su oportunidad, y asimismo la Bautista y la Metodista. Rápidamente, la educación, el cetro con el que se iba a gobernar América, se escapaba de las iglesias. "De las cuatro universidades establecidas durante la guerra, dos eran no sectarias, al igual que las tres cuartas partes de las dieciséis universidades fundadas en los veinte años posteriores a 1776".

Se llegó a un momento trascendental. No sólo las colonias iban a organizar un gobierno que asombraría al mundo, sino que los pueblos de estas colonias estaban al borde de un precipicio educativo, y poderosos intereses pendían de un hilo.

Hemos visto que, de las academias clásicas salieron las mentes que, durante una o dos generaciones, dominaron mientras la nación atravesaba su período crítico. Allí estaban los Adams y Jefferson, Franklin, Webster, De Witt Clinton, Horace Mann, Joseph Henry, Everett y Story; Guilford, de Ohio; Grime, de Carolina del Sur; Frelinghuysen, de Nueva Jersey; Wayland, en Rhode Island; y Shaw, en Virginia; además de Kent, Clay, Marshall y Randolph, quienes, muchos de ellos, no sólo resolvían problemas políticos, sino que ejercían una influencia en los sistemas escolares planificados para sus respectivos estados.

Muchos de ellos eran hombres de las academias clásicas, y no podemos sino ver que la educación recibida en estas escuelas debía afectar a los sistemas que engendrarían en sus diversos estados. Si las universidades hubieran permanecido fieles a su confianza en la educación cristiana, las academias habrían sido escuelas preparatorias para las universidades cristianas, y los hombres enviados desde sus muros habrían estado firmemente fundados en los principios de la educación cristiana, yendo a todos los estados de la Unión para fundar escuelas cristianas que a su vez prepararían jóvenes serios y valientes, fieles al protestantismo y al republicanismo.

Cuando la iglesia fracasa en la educación, los hombres recurren al estado. Estos hombres "diferían en sus puntos de vista sobre la Constitución y discutían sobre los peligros de la centralización; los mejores hombres temían las incursiones de la esclavitud y los peligros para el comercio", dice Boone, "pero todos estaban de acuerdo en que la inteligencia era necesaria para la ciudadanía." Washington dijo: "En la proporción en que la estructura de un gobierno da fuerza a la opinión pública, es necesario que la opinión pública sea ilustrada", y Jefferson instó a que "la difusión de la luz y la educación son los recursos en los que más se debe confiar para mejorar la condición, promover la virtud y avanzar la felicidad del hombre".

Hay una demanda para el tipo de educación más alto y más práctico. Los estadistas ven que se necesitan estadistas, ciudadanos. Las universidades denominacionales dejaron de educar a los cristianos, y los ciudadanos deben ser educados en otra parte. En 1805 se formó la Sociedad de Escuelas Públicas de la ciudad de Nueva York; las reivindicaciones de la educación primaria pública fueron urgidas en Boston en 1818; y Nueva York dispuso la supervisión de las escuelas por parte del condado. A inicios del siglo XIX se introdujeron o se discutieron las primeras preparatorias, las escuelas de formación manual y los institutos de mecánica, las asociaciones de maestros, las publicaciones de maestros, las escuelas profesionales y las bibliotecas públicas gratuitas.

Hemos entrado en el tercer periodo.

Capítulo XV
América y el problema de la educación (continuación)

III. El siglo XIX

El problema de la educación preparatoria elemental cayó de las manos de las iglesias y fue asumido por el Estado. ¿Cuál es el carácter de esa educación que el Estado puede apoyar legítimamente? Una pregunta trascendental, ciertamente; pero antes de considerarla, investiguemos las escuelas que el estado ha organizado, y que apoyó, y aún apoya. Había una demanda urgente para la educación liberal, y varios estados se apropiaron tierras para un fondo escolar. Ya en 1786 "el estado de Nueva York apartó dos lotes en cada municipio de las tierras desocupadas, para 'fines evangélicos y escolares';" y por un voto de unos mil ochocientos, dedicó las ganancias de medio millón de acres de tierras desocupadas al apoyo de las escuelas comunes. Otros estados siguieron el mismo plan general, algunos en rápida sucesión, otros más lentamente. Una cosa era un hecho establecido: la educación del pueblo común, pasada por las iglesias, había sido asumida por el gobierno.

En esas circunstancias no es de extrañar que, en 1837, Horace Mann, presidente del Senado de Massachusetts, se interesara por el tema de la educación. De este hombre se dice: "Rara vez la gran capacidad, la devoción desinteresada y el éxito brillante se han unido tanto en el curso de una sola vida". Este hombre se convirtió en el padre del sistema de escuelas públicas de los Estados Unidos, y comenzó una obra que mucho antes deberían haber iniciado por las iglesias populares de América. Pero fue descuidada por ellas, y será provechoso para nosotros observar el desarrollo del más grandioso sistema de escuelas jamás organizado, un sistema que, si se pudiera dejar de lado el tema de la educación cristiana, y se considerara sólo desde el punto de vista del político, ha llevado a los Estados Unidos a la prominencia como centro educativo entre las naciones del mundo. Sin embargo, como el republicanismo descansa en la cuenca del protestantismo, y el protestantismo se acuña en la educación cristiana, en el momento en que se deja de lado el rasgo de la educación cristiana, y el sistema pretende ser civil (pero en realidad nunca lo es), en ese momento pierde su verdadera vitalidad y su genuina fuerza. Pero volviendo al Sr. Mann y a su maravillosa obra.

Boone dice: "Había que limar las asperezas de un siglo de crecimiento; no todo el gran número de escuelas privadas estaba de acuerdo con el nuevo movimiento, y las iglesias estaban naturalmente atentas a las invasiones de la educación no sectaria".[165] Esta expresión describe a las escuelas sectarias como en una actitud muy parecida a la asumida por la debilitada iglesia cristiana hacia los días de Constantino; y como la iglesia de aquellos días tendía sus manos a un poder más fuerte en busca de ayuda, y porque había perdido su suministro individual de fuerza, el Espíritu de Dios, así ahora estas escuelas sectarias observaban con ojo celoso el progreso de las escuelas no sectarias, e incapaces de mantener su posición anterior y asignada por virtud de la fuerza inherente, tendían sus manos a las arcas del Estado, y recibían ayuda. Yale lo hizo antes de los días de Horace Mann; muchas otras lo han hecho desde entonces.

Boone continúa: "Los profesores incompetentes estaban temerosos, los políticos estaban censurados y el conservadurismo general se veía entorpecido" por los avances del Sr. Mann. "Había que lograr mucho, también, dentro de la escuela. Había que mejorar a los profesores, despertar el interés, racionalizar los métodos y ajustar el conjunto a los recursos disponibles. Además, había que estudiar la arquitectura escolar. Todo esto lo hizo el Sr. Mann". ¡Cuán grande fue la oportunidad que perdieron las sectas religiosas de Estados Unidos! Algunas de las cosas que se lograron en los años siguientes se relatan así: "Se originó un sistema de escuelas normales. Se duplicó la asignación anual para las escuelas; se gastaron dos millones de dólares en casas y mobiliario; se incrementó el número de maestras; se introdujeron y sistematizaron los institutos; se multiplicaron las bibliotecas escolares; se proporcionó educación a las clases dependientes y a los jóvenes delincuentes, y se promulgó la primera ley de escolaridad obligatoria del estado."

Henry Bernard, un joven abogado de Connecticut, hizo por su estado una obra similar a la de Horace Mann en Massachusetts. Era un hombre de aguda perspicacia y atacó la raíz de muchos males. Al descubrir que el dinero público se aplicaba mal y que muchos niños de primaria estaban desatendidos, se puso a trabajar en una reforma. "Se despertó a los maestros, se formaron asociaciones para la mejora mutua.... Estableció una revista educativa", totalmente a su costo. En 1843, este hombre de corazón fuerte y cabeza fría fue llamado por el estado de Rhode Island para enderezar los enredos de su sistema educativo. De este comienzo ha surgido el sistema de escuelas públicas tal y como se ve hoy en día. Está entretejido en las mallas de nuestra historia nacional desde Boston hasta San Francisco, y desde San Pablo hasta Nueva Orleans. Las universidades hicieron necesarias las academias-escuelas preparatorias clásicas; y éstas enviaron hombres que modelaron las escuelas secundarias según el curso académico. Las universidades cristianas marcaron el ritmo al principio; luego, al verse superadas en la carrera, para satisfacer las necesidades, el siglo XIX ve un cambio gradual pero no por ello menos decidido en sus cursos de instrucción. He aquí algunos de los cambios, con sus razones. Dice Boone:

"El actual y reciente engrandecimiento de las humanidades, el creciente reconocimiento de un espíritu altruista y cooperativo en la vida civil y social y política, la creciente complejidad de las fuerzas sociales, los nuevos aspectos del gobierno, la unidad fundamental de toda vida, y la consecuente idea de la solidaridad de la sociedad humana, han creado para el estudiante nuevas líneas de investigación".[166]

¡Cuánta verdad! Qué amplia es la separación entre el ideal sostenido delante de la Harvard primitiva y el de la Harvard de hoy. "La idea consecuente de la solidaridad de la sociedad humana" como una nueva línea de investigación para los estudiantes, parece casi una burla cuando vemos que los principios fundamentales del gobierno se van aflojando, alistándose para desmoronarse en la aplicación de alguna fuerza inesperada.

El mismo alejamiento del estudio de la Palabra de Dios y del registro de sus tratos con los hombres y las naciones, a saber, Dios en la historia y la política, se nota en el currículo de cada colegio y universidad modernos. Citando de nuevo a Boone, "La historia de las costumbres e instituciones, el crecimiento de las opiniones y los sentimientos tal como se cristalizan en las formas sociales, el estudio de los gobiernos y las religiones y del arte y la industria, están clamando por un lugar en el currículo. La filología comparada, con el interés aumentado de las lenguas modernas, pertenece al período actual". Un currículo así no puede dejar de tener peso para moldear las mentes de los hombres, y la historia que estamos haciendo hoy en día no es sino el resultado de los pensamientos inculcados en nuestras universidades modernas.

La cátedra de ciencias se ha ampliado enormemente: las ideas de la evolución, tal como las defienden Darwin, Huxley y Dana se han infiltrado en los cursos de conferencias y, habiendo sido acogidas, parecen haber llegado para quedarse. Dice Boone: "Se ha dicho que el estudio biológico [en las universidades] comenzó con Huxley en Inglaterra, y más tarde en este país". "De los diversos cursos en Harvard, el treinta por ciento son de ciencias, y en la mayoría de las otras instituciones contemporáneas hay una proporción similar. Esto ha tenido su influencia en el currículo aceptado". Esta ciencia sería calificada por el apóstol Pablo como "ciencia falsamente llamada".

"Han sucedido grandes cambios en los veinte años [desde 1868] en la multiplicación de los cursos y las especializaciones de estudio que los acompañan". Quizás las cifras sean más impresionantes en este punto que las meras palabras. Boone dice que "de las cuarenta y siete instituciones superiores cuyos informes da el Dr. Adams, incluyendo Harvard, Columbia y Brown, y diez destacadas universidades estatales, cuarenta y seis informan de un total de ciento ochenta y nueve cursos de historia y estudios estrechamente relacionados". Cornell ofrece ahora tantos cursos que, si un estudiante intentara tomarlos todos, necesitaría más que la vida natural de un hombre para completarlos.

No es con ningún espíritu de condena que se exponen estas cosas, pero todos pueden ver que hay un significado que inevitablemente acompaña a estos cambios. La multiplicidad de materias enseñadas ha conducido a un maravilloso estudio de los libros, y toda la vida de un estudiante se gasta en un intento de meter en su propia cabeza los pensamientos que otros han escrito para él. El espíritu de las universidades fue captado por las academias, y por las escuelas secundarias, y se refleja incluso en los grados inferiores. Es el comienzo de la práctica de empollar que ahora denuncian con tanta fuerza algunos verdaderos educadores. Los lectores de nuestras revistas están familiarizados con las ideas expresadas por la señora Lew Wallace en "El asesinato de los inocentes modernos", por el editor del Ladies' Home Journal, y por otros. Considero suficiente citar al Sr. Edward Bok, que sorprendió a los hogares estadounidenses al declarar que "sólo en cinco ciudades de nuestro país hubo, durante el último período escolar, más de dieciséis mil niños de entre ocho y catorce años sacados de las escuelas públicas porque sus sistemas nerviosos estaban destrozados, y sus mentes eran incapaces de seguir adelante en la infernal práctica de empollar que existe hoy en día en nuestras escuelas.... Estaba previsto por la naturaleza que entre los siete y los quince años el niño tuviera descanso, no un descanso que detuviera todo el crecimiento mental y físico, por supuesto, sino que el ritmo del niño fuera controlado para permitirle recuperarse del estrés que su sistema acaba de sufrir.

"Pero ¿qué ocurre realmente con el niño a los siete años? ¿Se le da este período de descanso? ¡Verdaderamente, no! Entra en el aula escolar y se convierte en víctima de largas horas de confinamiento: la primera aplicación mental, téngase en cuenta, que el niño ha conocido. Comienza el desgaste nervioso; el niño es lanzado de lleno al disfrute (¡Dios salve la marca!) del gran sistema educativo de América.... Se inician sistemas especiales de 'notas', que equivalen a premios, que sólo sirven para estimular al niño extraordinariamente brillante, quien más que nada necesita la relajación, y para desanimar al niño que resulta estar por debajo de la media de inteligencia. ¡Es empollar, empollar, empollar! Hay que repasar una cierta cantidad de 'terreno', como se suele decir. Si el niño es físicamente capaz de trabajar el terreno, o no, no es parte de la cuestión. ¡Y no nos detenemos ni siquiera ahí! Los pobres niños son obligados a llevar a casa un montón de libros para estudiar, normalmente después de la cena, y justo antes de irse a la cama, y eso es quizá la parte más bárbara de todo el sistema".[167]

Esto es suficiente para mostrar que el sistema es reconocido por practicar métodos que no están de acuerdo con las leyes de la naturaleza, que son las leyes de Dios. Tales métodos son el resultado del sistema sobre cuya cabeza se encuentran las universidades que trazan la obra para todos los que están por debajo de ellas.

Los padres leen estas declaraciones con asombro y un sentimiento de horror, pero sólo unos pocos se dan cuenta de que las escuelas primarias y las escuelas de gramática, e incluso las escuelas secundarias, son responsables por los métodos que destruyen la salud y adormecen el cerebro, y que son empleados en nuestras escuelas públicas. La causa del sistema y de los métodos actuales hay que buscarla en los cambios que el tiempo ha introducido en aquellas sencillas escuelas plantadas por los padres puritanos que buscaban la libertad. Digamos, más bien, que el protestantismo ofreció un sistema de educación cristiana que, si se hubiera seguido, habría evitado lo que encontramos hoy en día.

Es gratificante descubrir que la decadencia no ha proseguido sin perturbaciones. Su historia no ha transcurrido como un río de aguas tranquilas. De vez en cuando han surgido hombres que han ofrecido ideas educativas adelantadas a la época en la que enseñaban. Tales hombres fueron Comenius y Pestalozzi, que introdujeron el estudio de objetos en lugar del trabajo de memoria de larga tradición; y Froebel, cuya paciente labor en favor de los niños del jardín de infancia no sólo lo ha hecho ganarse el corazón de los verdaderos maestros, sino que lo ha convertido en un benefactor de la humanidad por haber suscitado preguntas respecto a los métodos de instrucción de la mente humana. Estos hombres, en busca de verdades, vislumbraron los principios de la verdadera educación tal y como los enseñó Cristo. Discípulos de estos hombres, en lugar de tomar de ellos una luz prestada, tienen el privilegio de ir de nuevo a la fuente de la verdadera sabiduría: "el Maestro venido de Dios". He aquí el secreto del éxito de los reformadores educativos del siglo XX.

La marea ha mantenido un flujo y un reflujo constantes. Cuando la tendencia crecía fuerte hacia los clásicos, la ciencia natural revivió, y el espíritu de investigación rompió la banda que el trabajo de memoria estaba tejiendo. La ciencia, no contenta con los campos lícitos de exploración, se adentra ahora en la metafísica, y envía al mundo una raza de escépticos e infieles; o, si se profesan cristianos, los estudiantes son evolucionistas confirmados, desechando la Palabra de Dios por las teorías de la geología, la astronomía o la biología. El estrecho sistema atiborrado de enseñanza memorística estaba matando la vida intelectual de los niños, cuando se introdujo el estudio de la naturaleza. Esto fue ciertamente una mejora, ya que estos estudios producen pensamiento; pero aquí la marea se puso en la dirección opuesta, y la fe en un Creador es destruida.

Como en Jerusalén, así ahora en las iglesias, se destruyen porque se descuida la educación de los hijos. ¿En qué consiste la seguridad del padre cristiano y de su hijo? El niño tiene derecho a una educación cristiana. ¿Dónde puede obtenerla? ¿Puede el Estado darla? No podría aun si así lo quisiera. ¿Están las iglesias protestantes educando a sus propios hijos? Ciertamente son pocas las escuelas cristianas, y hoy en día las iglesias están cosechando el resultado de su largo período de retroceso. Las palabras del Dr. James M. Buckley, editor del Christian Advocate, el órgano destacado del metodismo, expresan el sentimiento general. Dice en parte:

"Que la Iglesia Metodista Episcopal, con casi tres millones de comulgantes y un vasto ejército de alumnos de la escuela dominical añada menos de siete mil miembros en 1899, es sorprendente. Que en el mismo período muestre una disminución de 28.595 en aquellos candidatos declarados y aceptados, conocidos como probacionistas, es ominoso. Tal situación no ha sido frecuente en nuestra historia.... Ninguna persona reverente puede acusar del descenso a Dios Padre Todopoderoso, a Jesucristo su único Hijo nuestro Señor, o al Espíritu Santo, en quienes la iglesia declara incesantemente su creencia. Debe, por lo tanto, estar a las puertas de cada iglesia".[168]

Esta afirmación es muy cierta; y, sin embargo, aunque exonera a Dios, a Cristo y al Espíritu Santo de cualquier culpa en el asunto, es triste observar que hombres prominentes del ministerio no ven que las iglesias están perdiendo su dominio sobre la humanidad porque han renunciado a su derecho como protestantes a educar a los niños. Hay que compadecer a las iglesias; pero sólo hay un remedio, y aquella iglesia que asuma su deber descuidado en materia de educación recibirá la recompensa. A los estudiantes de la profecía, es un hecho significativo que este estado de cosas ha ido empeorando deplorablemente desde aproximadamente el año 1843 o 1844.

Ya se ha hecho referencia a las fluctuaciones que se han sucedido en los currículos de nuestras principales escuelas, pero se enfatiza con una mirada a la introducción de los cursos electivos. Cuando el curso de instrucción se hizo decididamente complejo, requiriendo años para su finalización, y la multiplicación de asignaturas hizo impracticable completar el curso tal y como estaba trazado para la mayoría de los estudiantes, surgió el privilegio de la opción en la elección de los estudios en muchos cursos. Esto también se hizo necesario en las universidades por la organización de muchas escuelas técnicas en todo el país. "Los primeros esfuerzos por establecer institutos de mecánica y de trabajos manuales son interesantes porque marcan una reacción contra el dominio del lenguaje y la metafísica, y un ingenioso llamamiento para el gran reconocimiento de las ciencias físicas". Esto ha llevado en algunos casos a la sustitución del alemán o de alguna otra lengua moderna, y a una cantidad aumentada de matemáticas en lugar de los clásicos, siendo los estudiantes libres para elegir.

Se encuentra que este espíritu de libertad, que ha sido casi arrancado, podría decirse, de muchas de las instituciones de enseñanza superior, ha influido ocasionalmente en los corazones de los educadores anteriores. Uno lee con agudo interés la historia de la fundación de la Universidad de Virginia, cuyo espíritu impulsor fue Thomas Jefferson. Al lector le interesará un párrafo de Boone:

"Ya en 1779, mientras el 'Viejo Dominio', con sus estados hermanos estaba envuelto en una guerra dudosa; y de nuevo en 1814, después de numerosas derrotas y la constante oposición del ya establecido colegio William and Mary, de las iglesias protestantes y de la mayoría de los líderes políticos de la época, el Sr. Jefferson y sus amigos trataron de dotar al estado, junto con el sistema general de educación, de una universidad en la que debería enseñarse en el más alto grado 'toda rama del conocimiento, ya sea calculada para enriquecer, estimular y adornar el entendimiento, o para ser útil en las artes y los negocios prácticos de la vida'. Cinco años después (1819) se obtuvo una legislación de la Asamblea que estableció la Universidad de Virginia. Cuando seis años más tarde se inauguró, después de un amplio conocimiento y un cuidadoso estudio de las instituciones más progresistas de los Estados Unidos, se encontró que, en la disciplina y la instrucción, en la constitución y los medios, difería muy sustancialmente de todas ellas".[169]

La visión de largo alcance del principal promotor de la empresa se ve cuando observamos dónde radica esta diferencia tan sustancial. "Hay una práctica", escribió el Sr. Jefferson, "de la que ciertamente nos apartaremos, aunque ha sido copiada por casi todas las universidades y academias de los Estados Unidos; ésa es la sujeción de todos los estudiantes a un curso de lectura prescrito, y la denegación de la aplicación exclusiva a aquellas ramas que han de capacitarlos para la vocación particular a la que están destinados. Por el contrario, les permitiremos una elección incontrolada en las clases a las que escojan asistir, y exigiremos únicamente calificaciones elementales y una edad suficiente".[170]

Este fue un paso maravilloso para la época en que ocurrió, e indica la dirección dada a las mentes de los hombres por el Espíritu de Dios. La mayor libertad ocasionada por la adopción del sistema electivo se siente en todos los centros educativos de nuestra tierra. La Universidad Johns Hopkins concede el título de licenciatura en cuatro de sus seis cursos sin los clásicos. Esto nos lleva, sin embargo, a una consideración de la pregunta sugerida varias páginas atrás: ¿Qué materias pueden enseñarse de derecho en las escuelas sostenidas con los fondos públicos?

La educación, pura y simple, en la amplitud de su significado, es el desarrollo del carácter. El Estado, como tal, no puede juzgar los motivos, de ahí que no pueda educar al hombre interior. Las dos fases de la Reforma fueron el protestantismo y el republicanismo; la primera se ocupa de la naturaleza espiritual, y a través de ella llega a todo el hombre, haciendo un carácter simétrico; la parte gubernamental se ocupa sólo de lo mental y lo físico, las manifestaciones externas. A la iglesia se le encomendó el cargo del hombre espiritual, y la comisión de "enseñar a todas las naciones" dada a la pequeña compañía que observaba al Señor ascendente, se repitió a la iglesia en el siglo XVI; y con especial peso se puso esta carga sobre los hombros de los hombres y mujeres estadounidenses. El Estado necesita hombres para llevar adelante sus actividades; y para la formación puramente secular de tales individuos, tiene el perfecto derecho, incluso el deber, de proveer del fondo común. Por lo tanto, en nuestras escuelas estatales podría ofrecerse un curso puramente mecánico, secular o de negocios; pero con esa educación pocos padres se contentan. La naturaleza moral necesita entrenamiento; para ser buenos ciudadanos, se argumenta, debe inculcarse alguna parte del sistema de ética que se basa en las doctrinas de Cristo. Las escuelas cristianas, y sólo ellas, pueden dar una educación espiritual. Este es el dilema en el que se encontró el sistema educativo hacia la época de la Revolución, y el asunto, en lugar de alcanzar una solución satisfactoria, ha empeorado constantemente. Las iglesias no proveyeron la formación cristiana; y el estado sintió que había que hacer algo por los niños. Se establecieron escuelas públicas; pero éstas, por derecho, no pueden enseñar la moralidad ni nada relacionado con ella. Pero lo hacen. Por lo tanto, la iglesia, con su fracaso, ha obligado al estado a intentar hacer su obra, una tarea imposible.

Una vez más, las iglesias y las escuelas denominacionales, no dispuestas a ser superadas por las instituciones estatales, han extendido sus estacas y alargado sus cuerdas hasta ofrecer, no aquellas materias que forjan el carácter, sino aquellas que les permitirán competir con las instituciones estatales. Aquí también hay un alejamiento de la educación cristiana, y una mezcla que sería difícil de designar como otra cosa que papal. Una vez más, el Estado pone su sello en la obra realizada en las instituciones que apoya, y las escuelas cristianas, las de nombre al menos, no sólo aceptan dinero público, sino que permiten que el Estado ponga su sello a la obra de ellas en la otorgación de títulos y diplomas literarios. Este es un resultado natural de la unión de la educación mundana y los principios de la educación cristiana que hemos seguido a lo largo de dos siglos, y, sin embargo, hoy en día apenas hay una escuela que afirme ser cristiana en sus principios que se atreva a levantar su voz contra las costumbres de sus instituciones hermanas.

"Pues dad a César lo que es de César, y a Dios lo que es de Dios", se repetiría si el autor de esas palabras entrara en persona en las instituciones de enseñanza que pretenden llevar su nombre. La unión de la iglesia y el estado se describe como el papado; la unión de la educación (la base de la iglesia) y el estado se pasa por alto con apenas una voz discordante.

Hasta ahora en este capítulo se ha pasado por alto la obra educativa de la Iglesia católica en los Estados Unidos, no porque esa organización haya sido menos activa aquí que en los países europeos, sino porque la idea de que un sistema de educación para ser papal debe emanar de la Iglesia romana está tan extendida. Las ideas contrarias se han subrayado una y otra vez en estas páginas. En nuestro propio país no podemos dejar de ver que, al margen de la obra de la Iglesia católica, se ha desarrollado un sistema de instrucción papal. Los peldaños desde el presente hasta las épocas sombrías del pasado, cuando Egipto o Grecia dominaban el mundo a través de la ciencia o la filosofía, pueden estar ocultos en algunos lugares; pero los productos de la filosofía griega y la sabiduría egipcia, aderezados con las ideas del escolasticismo medieval, o la mezcla más sutil de la educación cristiana moderna y el sistema papal tal como lo ejemplifica Sturm, a la que se adjunta el sello de aprobación del Estado, se encuentran con nosotros de temporada en temporada cuando nuestras escuelas envían a sus graduados.

Los católicos, sin embargo, no han visto el crecimiento de nuestro sistema educativo sin esforzarse vigorosamente. Desde los días coloniales, cuando los jesuitas llegaron en masa a estas costas y enseñaron en las escuelas y misiones establecidas, hasta el momento actual, cuando la nueva universidad para la educación de los jóvenes católicos está en pleno funcionamiento en nuestra capital nacional, esta organización no ha escatimado esfuerzos. Como dice Boone, "Todo el servicio de otras denominaciones en materia de educación es parcial e irregular comparado con el alcance comprensivo de la Iglesia Católica. Su objetivo lo incluye todo y no asume ningún otro organismo. Ignorando la escuela pública, su plan es de la misma extensión que su membresía. Con una quinta parte de todos los seminarios teológicos, y un tercio de todos sus estudiantes; con una cuarta parte de las universidades, cerca de seiscientas academias, y dos mil seiscientas escuelas parroquiales (elementales), que instruyen a más de medio millón de niños, la iglesia se ve como una fuerza que, considerada desde el punto de vista educativo, no es igualada por ninguna otra agencia sino por el propio gobierno".[171]

El sistema por el que se lleva a cabo esta obra se describe así: "Las doce provincias católicas... están subdivididas en setenta y nueve diócesis. Estas últimas tienen un promedio de treinta y cinco a cuarenta parroquias, cada una de las cuales se supone que tiene una escuela para la formación elemental de sus niños. De hecho, el noventa y tres por ciento de ellas mantienen escuelas parroquiales, en las que se educan los 511.063 alumnos, generalmente por el sacerdocio.... Además de éstas hay quinientas ochenta y ocho academias, generalmente para niñas, y noventa y una universidades". Esto fue escrito hace seis o siete años, pero las cifras hablan por sí mismas. Con la nación infiltrada por escuelas que tienen como objetivo declarado la aniquilación del protestantismo y el republicanismo; con nuestro propio sistema de escuelas públicas, tan grandioso en muchos aspectos, sin embargo, comprometido hasta ser realmente papal, no es extraño que las congregaciones metodistas y presbiterianas se lamenten de su disminución.

¿Deben los protestantes educar a sus propios hijos? La historia habla en un lenguaje enfático, ¡Sí! El papado dice: Si queréis que tengamos vuestros hijos, ¡no!

"Dios está a la puerta y llama; benditos seamos si le abrimos" – Luther.

Capítulo XVI
La educación cristiana

Después de observar la lucha educativa que se ha llevado a cabo por épocas entre la verdad y el error, y observando que apenas ha pasado un siglo que no haya presenciado una controversia más o menos severa entre los métodos de instrucción cristianos y papales, uno está preparado para creer que este es un tema inseparablemente conectado con la historia de las naciones. Siendo esto cierto, debemos esperar encontrarnos en medio de la controversia hoy en día. No se necesita más que una mirada casual a la historia actual para confirmar este hecho; porque las mentes están turbadas por los males existentes, y los corazones están abiertos para la verdad educativa.

Si nos inclinamos a pensar que los principios de la educación cristiana son nuevos y antes inéditos, no tenemos más que captar los pensamientos que han movido a los verdaderos educadores desde los tiempos de Cristo hasta el presente para saber que el mismo espíritu ha estado actuando en todas las épocas para atraer los corazones de los hombres hacia Dios.

El advenimiento de Cristo fue un acontecimiento maravilloso. "Y aquel Verbo fue hecho carne, y habitó entre nosotros". Cristo nació para que el hombre pudiera contemplar por medio de Cristo las obras de Dios en carne humana, y ver aquí la manifestación de la verdad. La suya fue preeminentemente una obra de educación, y su sistema fue la educación cristiana. Por este medio, el cielo nuevamente alcanzó la tierra, y la estrechó en su seno. Los hombres, en su falta de visión, fueron incapaces de comprender las enseñanzas espirituales del Hijo de Dios, y a menudo sus lecciones más poderosas cayeron sin ser apreciadas por los oídos de las multitudes, y aun por los de los apóstoles.

Por mucho que la vida de Cristo haya hecho para el mundo, nunca ha habido un hombre o una nación de hombres que hayan seguido plenamente sus enseñanzas. El error se ha mezclado siempre con la verdad, y los educadores del mundo han fracasado en ver la realización de sus esperanzas debido a esta comprensión parcial de la verdad.

Cristo, cuando fue rechazado por el mundo, no se retiró por completo y abandonó al hombre a su suerte, sino que envió a su Espíritu, el Espíritu de la Verdad, como educador, guiando las mentes hacia la verdad. Esta obra del Espíritu se ve claramente, pues un hombre ha sido dirigido a una fase de la verdadera educación, mientras que otro, tal vez un trabajador contemporáneo, o tal vez un sucesor, puede ser un compatriota, o uno a gran distancia, ha recogido otro hilo de la madeja, y ha desarrollado otro pensamiento para el mundo.

El mundo no se ha quedado mucho tiempo sin algún representante de la educación cristiana. Al intentar definir el término que constituye el tema de este capítulo, se llama la atención a la obra parcial de reforma que ha sido realizada por hombres que el mundo reconoce como educadores. Los errores de una falsa educación, tan prevalentes en tiempos pasados, y aún reconocidos como parte de los sistemas educativos ahora vigentes, contrastan fuertemente con las ideas correctas propugnadas por estos hombres en varias épocas.

Los hombres cuyas ideas se exponen en este capítulo vivieron y trabajaron después de la Reforma; y con el fin de revelar el error contra el que trabajaron, es necesario considerar los métodos de instrucción que se encuentran en las escuelas papales. Pensamientos similares se encuentran en páginas anteriores, pero, por contraste, se repiten aquí.

Painter dice: "Cuando el joven había adquirido un dominio completo de la lengua latina a todos los efectos; cuando estaba bien versado en las opiniones teológicas y filosóficas de sus preceptores; cuando era hábil en las disputas, y podía hacer un brillante despliegue de los recursos de una memoria bien guardada, había alcanzado los puntos más altos a los que los jesuitas pretendían conducirle. La originalidad y la independencia de la mente, el amor a la verdad por sí misma, el poder de reflexionar y de formar juicios correctos, no sólo se descuidaron, sino que se suprimieron en el sistema de los jesuitas.[172] Karl Schmidt también lo atestigua con estas palabras: "Los libros, las palabras, habían sido los temas de la instrucción.... Faltaba el conocimiento de las cosas. En lugar de las cosas mismas, se enseñaban palabras sobre las cosas". "Aprender haciendo" es la regla en la educación cristiana. Una gran cantidad de latín y griego era, y sigue siendo, la regla en el sistema educativo papal, y estas lenguas se enseñaban, no por el pensamiento, sino simplemente por las palabras.

Por un siglo, el mundo había estado atado al estudio de los clásicos. Esta atadura fue rota por la Reforma, pero el mundo volvió allí de nuevo. Milton, el poeta del siglo XVII, escribió: "El lenguaje no es más que el instrumento que nos transmite las cosas útiles para ser conocidas. Aunque un lingüista se enorgullezca de poseer todas las lenguas en las que Babel partió el mundo, sin embargo, si no ha estudiado las cosas sólidas en ellas, además de las palabras y los léxicos, no se le puede considerar un hombre erudito como a cualquier campesino o comerciante competente en su dialecto materno solamente.... Hacemos mal en gastar siete u ocho años en reunir tanto latín y griego mientras que se podría aprender de otra manera fácil y deliciosamente en un año".[173]

Ratik, un educador alemán del siglo XVI, dijo: "Estamos esclavizados al latín. Los griegos y los sarracenos nunca habrían hecho tanto por la posteridad si hubieran gastado su juventud en adquirir una lengua extranjera. Debemos estudiar nuestra propia lengua, y luego las ciencias". "Todo primero en la lengua materna" y "nada por mera autoridad", eran reglas en su aula. Comenius, el renombrado profesor, solía decir: "Si hay que dedicar tanto tiempo sólo a la lengua, ¿cuándo va a saber el niño sobre las cosas? ¿Ccuándo va a aprender filosofía, religión, etc.? Consumirá su vida en prepararse para la vida".

¡Cómo se aplica esto exactamente al estudio de las palabras de nuestros niños y niñas de hoy en día! No importa si se trata de gramática latina o inglesa; de hecho, puede ser ese otro modo de expresión, alguna forma de matemáticas, en el que el tiempo y la energía se dedican simplemente al proceso. Un fracaso en hacer del desarrollo del pensamiento, el pensamiento independiente, de hecho, el objeto principal en la instrucción sella cualquier método de enseñanza como papal, no importa por cuál nombre sea conocido, o por quién las materias sean enseñadas. Fue la obra de la vida de Comenius contrarrestar esta tendencia, como muestran los siguientes principios. Insistió en que "no se debe enseñar nada que no tenga una utilidad sólida. No se debe aprender nada de memoria que no se comprenda primero a fondo". "Los teólogos y los médicos deben estudiar griego". "El hacer sólo se aprende haciendo". Que los reformadores educativos de hoy en día propugnan estos mismos principios se verá más adelante. Esto forma parte de la educación cristiana.

John Locke, un educador inglés del siglo XVII, tenía la verdad sobre el tema de la educación. Sobre las lenguas, dice: "Cuando considero el revuelo que se arma con un poco de latín y griego, cuántos años se dedican a ello, y el ruido y el asunto que hace para nada, apenas puedo dejar de pensar que los padres de los niños todavía viven con miedo a la vara del maestro de escuela, que consideran como el único instrumento de educación; como si una lengua o dos fueran todo su asunto."

Este hombre valoraba el carácter, y su declaración sobre la importancia relativa del estudio es valiosa para los padres y los maestros. "Admito que la lectura, la escritura y el aprendizaje son necesarios, pero no son el asunto principal. Me imagino que le parece un tipo muy tonto aquel que no valore infinitamente a un hombre virtuoso o sabio antes que a un erudito. No obstante, creo que el aprendizaje es una gran ayuda para ambos, en las mentes bien dispuestas; pero también hay que confesar que, en otros no tan dispuestos, sólo les ayuda a ser más tontos o peores hombres.

"Digo esto, que cuando considere la crianza de su hijo, y esté buscando un maestro de escuela, o un tutor, no tenga, como es habitual, el latín y la lógica sólo en sus pensamientos. El aprendizaje debe tenerse, pero debe estar en segundo lugar, como subordinado sólo a cualidades mayores. Busque a alguien que sepa cómo enmarcar discretamente sus modales: póngalo en manos de quien pueda, en la medida de lo posible, asegurar su inocencia, acariciar y alimentar lo bueno, y suavemente corregir y extirpar cualquier mala inclinación, y asentar en él buenos hábitos. Este es el punto principal; y estando esto asegurado, se puede tener el aprendizaje en el trato".

¿En qué medida siguen los protestantes este excelente consejo? ¿En qué escuelas para niños y niñas protestantes se aprecia la inocencia? ¿Dónde se alimenta lo bueno? ¿Dónde se eliminan suavemente las malas inclinaciones y se asientan los buenos hábitos? ¿Dónde se sitúan estas cosas por delante del aprendizaje de los libros?

"La virtud", continúa Locke, "como la primera y más necesaria de las dotaciones que pertenecen a un hombre o caballero, se basa en la religión. Como fundamento de ésta, debe imprimirse muy pronto en su mente una verdadera noción de Dios". Aquí se encuentra una concepción clara de la educación cristiana, que los padres de hoy en día harían bien en estudiar.

El estudio de los clásicos, junto con el trabajo de memoria que era la principal característica de estos estudios, no era el único defecto de la educación papal; por lo tanto, no es el único error del que los educadores, guiados, como hay que creer, por el espíritu de la verdad, se han desprendido de vez en cuando. La práctica de empollar, tan justamente denunciada por las mentes pensantes como uno de los defectos de mayor alcance del sistema escolar actual, es una marca de la educación papal dondequiera que se encuentre. Y probablemente no ha pasado ninguna generación que no haya escuchado alguna voz levantada contra esta práctica perniciosa del aula. El Dios del cielo reconoce que la mente humana contiene las posibilidades más elevadas de la tierra; el niño es una parte de Él mismo; y cuando se utilizan métodos erróneos de educación al tratar con las mentes en desarrollo, Él, la cabeza del cuerpo del que somos miembros, siente el daño; así es que la educación cristiana es una emanación de la mente de Dios.

Montaigne, hablando de la educación en el siglo XVI, dijo "La costumbre de los maestros de escuela es estar eternamente tronando en los oídos de sus alumnos, como si estuvieran vertiendo en un embudo, mientras que el asunto de los alumnos es sólo repetir lo que sus maestros han dicho". Se le enseña que "un tutor... debe, según la capacidad que tenga que tratar, ponerla [la mente del niño] a prueba, permitiendo a su alumno que pruebe y saboree por sí mismo las cosas, y por sí mismo las elija y discierna.... El exceso de aprendizaje ahoga el alma, al igual que las plantas se ahogan por el exceso de humedad, y las lámparas por el exceso de aceite. Nuestros pedantes saquean el conocimiento de los libros, y lo llevan en la punta de los labios, igual que los pájaros llevan semillas para alimentar a sus crías.... Nos esforzamos y trabajamos sólo para rellenar la memoria, pero dejamos la conciencia y el entendimiento sin amueblar y vacíos".

Tan tarde como en enero de 1900, Edward Bok, editor del Ladies' Home Journal, escribió sobre la práctica de empollar en las escuelas populares: "¿Se dan cuenta los hombres y mujeres estadounidenses de que sólo en cinco ciudades de nuestro país hubo, durante el último período escolar, más de dieciséis mil niños de entre ocho y catorce años sacados de las escuelas públicas porque sus sistemas nerviosos estaban destrozados, y sus mentes eran incapaces de seguir adelante en la infernal práctica de empollar que existe hoy en día en nuestras escuelas?... Los médicos conservadores que han dedicado su vida al estudio de los niños sitúan el número de éstos que ven destrozada su salud por el exceso de estudio en más de 50.000 cada año.... ¡Es empollar, empollar, empollar! Hay que repasar una cierta cantidad de "terreno", como se suele decir. Si el niño es físicamente capaz de trabajar el terreno, o no, no es parte de la cuestión.

El escritor se detiene en los males del estudio nocturno, y continúa "La verdadera reforma siempre comienza en la raíz de todos los males, y la raíz del mal del estudio en casa está en la práctica de empollar".

La Sra. Lew Wallace dice: "Entren en cualquier escuela pública y verán niñas pálidas como lirios de día y niños con el pecho plano y la piel de cera que se ha denominado tez escolar. Se ofrecen todos los incentivos y estímulos; el temor a la culpa, el amor a los elogios, los premios, las medallas, las insignias, la codiciada floritura en los periódicos... la tensión nunca afloja.... La carga son los libros. Las tareas impuestas a los jóvenes son temibles. El esfuerzo parece consistir en hacer que los libros de texto sean lo más difíciles y complicados posible, en lugar de suavizar la colina tan alta y difícil de subir".

En su estilo característico, la señora Wallace condena los métodos habituales de enseñanza de la aritmética y la lengua:

"Dijo una madre: '¿Dos y dos son qué?'.

"El niño dudó.

" 'Seguro que sabes que dos y dos son cuatro'.

" 'Sí, mamá; pero estoy tratando de recordar el proceso'.

"¡Proceso, por cierto!...

"Un día María estaba inclinada sobre una tabla escribiendo palabras a ambos lados de una línea recta, como numeradores y denominadores multiplicados.

" '¿En qué estás ahora?' preguntó la abuela.

"María respondió con orgullo: 'Estoy diagramando'.

" 'En nombre del sentido común, ¿qué es diagramar?'

" 'Es la disciplina mental. La señorita Cram dice que tengo una mente fina que necesita desarrollarse. Mira, abuela, esta es la colocación correcta de los elementos.

Ochenta y siete están unidos por la palabra y, una conjunción copulativa subordinada. Ésta modifica a años, el atributo de la preposición. Hace es un verbo modal de tiempo pasado. La raíz de la primera cláusula es...
" 'Pues ese es el discurso de Lincoln en Gettysburg. Lo guardo en mi cesta de trabajo y me lo sé de memoria'.
" '¡En serio! Bueno, el nuestro es un simple personal...'
" 'Eso es suficiente. Si el presidente Lincoln hubiera sido educado en esas cosas, ese discurso nunca se habría escrito. Llamó a un sustantivo un sustantivo, y se acabó'."[174]

Montaigne apenas podría haber dado una descripción más vívida si hubiera visto la rutina de la educación moderna, donde se mantienen estrictamente los grados, y todos los niños, los fuertes y los tiernos por igual, son obligados a pasar por el mismo proceso. No hay alivio salvo el de quedarse a medio camino cuando la enfermedad sujeta sus zarcillos al armazón humano.

Contra este sistema se han esforzado todos los reformadores de la educación, pero sigue estando entre nosotros. Los padres cristianos, si pudieran ver el valor relativo del alma y de la cultura mental, exigirían el establecimiento de un nuevo orden de cosas. La educación cristiana es la única que puede afectar a la cura.

Comenius se esforzó por corregir este error mediante la introducción del estudio de la naturaleza. Dice: "La correcta instrucción de los jóvenes no consiste en atiborrarlos con una masa de palabras, frases, sentencias y opiniones recogidas de autores, sino en desplegar el entendimiento, para que fluyan en él muchos pequeños arroyos como de una fuente viva.... ¿Por qué no abrir, en lugar de los libros muertos, el libro vivo de la naturaleza? No son las sombras de las cosas, sino las cosas mismas, que hacen una impresión en los sentidos y la imaginación, las que deben ser llevadas ante los jóvenes. Por la observación real, no por una descripción verbal de las cosas, debe comenzar la instrucción.... Los hombres deben ser dirigidos, en lo más posible, a extraer su sabiduría, no de los libros, sino de la consideración del cielo y de la tierra, de los robles y de las hayas; es decir, deben conocer y examinar las cosas por sí mismos, y no contentarse simplemente con las observaciones y el testimonio de los demás".

Sus principios fundamentales eran: "La educación es un desarrollo del hombre entero" y "Hay que evitar muchos estudios porque disipan la fuerza mental".

Comenius dio un gran paso hacia la ruptura de la enseñanza mecánica del papado. El error en el que caen sus seguidores está en hacer de la naturaleza el todo en el todo, no reconociendo la Palabra de Dios como la única guía e intérprete de los fenómenos naturales. Este error ha llevado a las escuelas modernas a adoptar la posición en los estudios científicos que se describe en las siguientes palabras de Frank S. Hoffman, profesor de filosofía en una de las principales escuelas teológicas de Estados Unidos: "Todo hombre, por el hecho de serlo, está dotado de poderes para formar juicios, y está colocado en este mundo para desarrollar y aplicar esos poderes a todos los objetos con los que entra en contacto".[175] Con estas palabras afirma claramente que la razón humana es el medio por el que el hombre debe obtener su sabiduría. Luego sigue su explicación del método de procedimiento cuando la razón ha sido así exaltada. Estas son sus palabras: "En toda esfera de investigación, él [el hombre] debe comenzar con la duda, y el estudiante hará el progreso más rápido si ha adquirido el arte de dudar bien.

Supongamos, ahora, que el tema que se está considerando es algún fenómeno natural recién descubierto, y que el estudiante de la naturaleza desea investigar. Según el profesor Hoffman, un teólogo moderno, y por lo tanto un profesor, se debe "comenzar con la duda, y el estudiante hará el progreso más rápido si ha adquirido el arte de dudar bien". La educación cristiana, en contraste con este método, dice: "A través de la fe entendemos".

Que este método de estudio, comenzar con la duda, no sólo es aplicable a las ciencias naturales, sino también al estudio de las verdades espirituales, continúa el profesor Hoffman: "Pedimos que todo estudiante de teología aborde el tema precisamente como lo haría con cualquier otra ciencia: que comience con la duda, y sopese cuidadosamente los argumentos de cada doctrina, aceptando o rechazando cada afirmación según el balance de probabilidades esté a favor o en contra de ella.... Creemos que incluso las enseñanzas de Jesús deben ser vistas desde este punto de vista, y deben ser aceptadas o rechazadas sobre la base de su razonabilidad inherente".

Así, el espíritu de duda con el que se enseña al niño a estudiar la naturaleza le acompaña a lo largo de todos sus años escolares; crece con su crecimiento; y si entra a una escuela teológica para prepararse para el ministerio, se enfrenta al mismo método en la investigación de las enseñanzas de Cristo. ¿Qué es de extrañar que los resultados de la educación moderna sean una clase de infieles y escépticos?

Vale la pena repetir las palabras del presidente Harper, de la Universidad de Chicago "Es difícil profetizar cuáles serán los resultados de nuestro actual método de educación de los jóvenes en cincuenta años. Estamos entrenando la mente en las escuelas públicas, pero el lado moral en la naturaleza del niño se descuida casi por completo." No sólo se descuida, sino que la fe es pisoteada en el suelo, y la razón humana exaltada por encima de su forma postrada. "Cuando venga el Hijo del Hombre, ¿hallará fe en la tierra?" Una pregunta pertinente, ciertamente, para que los educadores respondan.

Este método de dudar es papal, y puede rastrearse directamente hasta Sócrates, el griego. De él, leemos: "Sócrates no era un 'filósofo', ni tampoco un 'maestro', sino más bien un 'educador', teniendo por función 'despertar, persuadir y reprender'.... La teoría de Sócrates sobre la educación tenía como base una concepción profunda y coherente".[176]

Al tratar con sus alumnos, la misma autoridad expone así su método de proceder: "Partiendo de algún principio o proposición aparentemente remota a la que el interlocutor accedía fácilmente, Sócrates extraía de ella una consecuencia inesperada pero innegable que era claramente inconsistente con la opinión impugnada. De este modo, llevaba a su interlocutor a juzgarse a sí mismo y lo reducía a un estado de duda o perplejidad. 'Antes de conocerte', dice Meno, en un diálogo que Platón tituló con su nombre, 'me dijeron que te pasabas el tiempo dudando y haciendo dudar a los demás: y es un hecho que tus brujerías y hechizos me han llevado a esa condición; eres como el torpedo; al igual que entorpece a cualquiera que se acerque y lo toque, tú también lo haces'."

Podemos rastrear fácilmente la conexión entre el método socrático de dudar y el mismo método defendido por el profesor de la escuela teológica, ya que "su práctica (la de Sócrates) condujo al resurgimiento platónico", y el sistema platónico de educación y su introducción en las escuelas modernas se ha discutido demasiado a fondo en las páginas anteriores para que sea necesario repetirlo aquí.

El método socrático de enseñanza, es decir, el desarrollo de la duda parece caracterizar gran parte de la enseñanza de hoy en día, si podemos juzgar por un artículo que apareció en el Outlook, escrito por el editor, Lyman Abbott. La obra educativa se describe así:

"Los procesos educativos de nuestro tiempo, y posiblemente de todos los tiempos, son en gran medida analíticos y críticos. Consisten principalmente en analizar los temas que llegan al estudiante para ser examinados, separándolos en sus partes constituyentes, considerando cómo han sido ensamblados y juzgando el tejido acabado del proceso por el cual ha sido construido.

"Así, todo o casi todo el estudio es analítico, crítico, un proceso de indagación e investigación. El proceso presupone un estado de ánimo inquisitivo, si no escéptico. La duda es el pedagogo que conduce al alumno al conocimiento.

"¿Estudia el cuerpo humano? La disección y la anatomía son las bases de su estudio. ¿La química? El laboratorio le proporciona los medios de análisis e investigación de las sustancias físicas. ¿Historia? Cuestiona las afirmaciones hasta ahora incuestionables, registra las bibliotecas en busca de autoridades en volúmenes antiguos y documentos más antiguos. ¿Literatura? El poema que leía sólo para disfrutar lo somete ahora al bisturí, se pregunta si es realmente bello, por qué lo es, cómo debe clasificarse su métrica, cómo se han construido sus figuras. ¿Filosofía? Somete su propia conciencia a un proceso de vivisección en un esfuerzo por averiguar la fisiología y la anatomía del espíritu humano; lleva su alma al laboratorio para poder aprender sus componentes químicos.

"Mientras tanto, el proceso constructivo y sintético queda relegado a un segundo lugar, o perdido de vista por completo. ¿Estudia la medicina? Presta más atención al diagnóstico que a la terapéutica; al análisis de la enfermedad que al problema de cómo superarla. ¿Derecho? Dedica más tiempo a analizar casos que a desarrollar el poder de captar los grandes principios y aplicarlos en la administración de justicia a diversas condiciones. ¿Los clásicos? Es extraño que al graduarse no haya pasado más semanas en la sintaxis y la gramática del idioma que horas en adquirir y apreciar el pensamiento y el espíritu de los grandes autores clásicos. Se ha dicho muy bien del estudiante moderno que no estudia la gramática para entender a Homero, sino que lee a Homero para obtener la gramática griega. Su estudio histórico le ha proporcionado fechas, acontecimientos, una carta histórica mental; quizás, también le ha dado un poder erudito para discriminar entre lo verdadero y lo falso, lo histórico y lo mítico en las leyendas antiguas: pero no a muchos les ha dado una comprensión del significado de los acontecimientos, una comprensión o incluso una nueva luz sobre el verdadero significado de la vida del hombre en la tierra. ¿Ha estudiado filosofía? Es feliz si, como resultado de su análisis de la conciencia de sí mismo, no se ha vuelto morboso respecto a su propia vida interior, o cínicamente escéptico respecto a la vida interior de los demás.

"Es sin duda en el ámbito de la ética y la religión donde se ven los resultados desastrosos de un proceso analítico y de un espíritu crítico demasiado exclusivos. Llevando el mismo espíritu y aplicando los mismos métodos a la investigación de la religión, la Biblia se convierte para él simplemente en una colección de literatura antigua, cuyas fuentes, estructura y formas estudia, cuyo espíritu, al menos por el momento, olvida; el culto es un ritual cuyo origen, surgimiento y desarrollo investiga; cuyo significado real como expresión de penitencia, gratitud y consagración pierde de vista por completo. La fe es una serie de principios cuyo desarrollo biológico rastrea; o una forma de conciencia cuya relación a la acción del cerebro indaga; o cuyo crecimiento por procesos evolutivos a partir de estados anteriores se esfuerza por desandar.

"La vivisección está casi segura de convertirse tarde o temprano en una autopsia; y el objeto de la misma, ya sea una flor, un cuerpo, un autor o una experiencia, generalmente muere bajo el bisturí. Es por esta razón que tantos estudiantes en la escuela, la academia y la universidad pierden no sólo su teología, lo que quizá no sea una gran pérdida, sino su religión, que es una pérdida irreparable, mientras adquieren una educación".[177]

Este espíritu de duda caracteriza las enseñanzas de los críticos superiores. El estudio crítico de la Biblia nos dice el Dr. Newton, "ha deshecho para siempre de la pretensión de que sea un oráculo de Dios al que podamos someter nuestros intelectos sin cuestionar." "El Dr. Briggs dice que hay tres autoridades coordinadas: la Iglesia, la Biblia y la razón. 'Pero cuando están en desacuerdo, ¿cuál ha de ser el tribunal de apelación final?' pregunta el Dr. Newton. 'Hoy en día están en amplio desacuerdo'. El Dr. Newton cree que el último tribunal de apelación es la razón, no la razón de Thomas Paine y los racionalistas realistas del presente, sino la 'Razón Divina' de Sócrates y de Plato.... La razón, en este sentido, no significa mera o principalmente la facultad de racionalizar, sino la naturaleza moral, todo el ser espiritual del hombre. Es lo que la conciencia enseña, así también como lo que el intelecto afirma, que, junto con la voz del corazón, forma la trinidad de la verdadera autoridad, a saber, la razón'."[178]

Esto es, en efecto, la exaltación de la razón. En un sistema así no hay lugar alguno para la fe. W. T. Harris, Comisionado de Educación de los Estados Unidos, al escribir sobre las escuelas dominicales, atribuye su declive a la adopción de los métodos empleados en las escuelas seculares por parte de los maestros de las escuelas dominicales. Unas pocas palabras de él serán suficientes. Dice: "Con el espectáculo de la organización sistemática de las escuelas seculares y el mejoramiento de los métodos de enseñanza delante de ellos, los líderes de la iglesia se han esforzado por perfeccionar los métodos de la instrucción religiosa de los jóvenes. Se han encontrado con los siguientes peligros que estaban en su camino; a saber, en primer lugar, el peligro de adoptar métodos de instrucción en religión que eran adecuados y propios sólo para la instrucción secular; en segundo lugar, la selección de materia religiosa para el curso de estudio que no conducía de la manera más directa hacia la religión vital, aunque fácilmente adoptara una forma pedagógica".[179]

Para mostrar la razón por la que los métodos que son perfectamente adecuados para dar una educación secular no se adaptan a la instrucción religiosa, el Sr. Harris explica: "La escuela secular da una instrucción positiva. Enseña matemáticas, ciencias naturales, historia y lenguaje. El conocimiento de los hechos puede ser preciso y exacto, y se puede llegar a un conocimiento similar de los principios. La autoactividad del alumno es... exigida por el maestro de la escuela secular. El alumno no debe tomar las cosas por la autoridad, sino que debe probar y verificar.... Debe trazar las demostraciones matemáticas.... Debe aprender el método de investigación de los hechos.... El espíritu de la escuela secular llega, por tanto, a ser esclarecedor, aunque no del más alto nivel".

Toda la tendencia de la educación secular, según el señor Harris, es desarrollar un espíritu de investigación y prueba.

Esto, dice, es un medio de iluminación, pero no del más alto orden. El medio más elevado para iluminar la mente es la fe. Ese es el método de Dios. Las escuelas cristianas deben evitar los métodos seculares de instrucción, adoptando en su lugar esa forma más elevada de iluminación: la fe. Eso separa a las escuelas cristianas de las seculares tanto en los métodos como en la materia que se enseña.

Este método secular de investigación mina la vida espiritual y es responsable por el declive del protestantismo moderno. El señor Harris continúa: "La educación religiosa es obvia al dar los más altos resultados de pensamiento y vida a los jóvenes, y debe aferrarse a la forma de autoridad, y no intentar tomar prestados los métodos de matemáticas, ciencia e historia de la escuela secular. Ese préstamo sólo resultará en dar a los jóvenes una confianza excesiva en la finalidad de sus propios juicios inmaduros. Se volverán engreídos y superficiales.... Contra este peligro de minar o socavar toda autoridad en la religión por la introducción de los métodos de la escuela secular que ponen el énfasis en la autoactividad del niño, la escuela dominical no se ha protegido suficientemente en los años más recientes de su historia."

Si la adopción de métodos seculares de enseñanza en la escuela dominical, donde los niños son instruidos un solo día en la semana, ha debilitado tanto al protestantismo, cuál debe ser el resultado cuando los niños son enseñados diariamente en las escuelas públicas por métodos que tienden siempre a exaltar la razón humana por encima de la fe. No es de extrañar que la instrucción de cinco días no pueda ser contrarrestada por la mejor instrucción sabática aun en aquellas escuelas que no han adoptado métodos seculares en la enseñanza de la Biblia.

Los protestantes deberían aprender de esto que al iniciar escuelas cristianas no se pueden adoptar los métodos seguidos en las escuelas seculares. Aquí está el escollo sobre el que muchos son propensos a caer. La instrucción religiosa exige métodos de enseñanza que desarrollen la fe.

No puedo abstenerme de recurrir a las enseñanzas de Comenius, ya que se oponen tan fuertemente a los métodos de educación seguidos por los que, hoy en día, dicen ser sus discípulos. James H. Blodgett dice: "Comenius, anticipando más líderes modernos en la filosofía y el arte de la educación, preparó un esquema de la Escuela Pansófica hacia 1650, en el que la obra de una educación completa se dividía en siete clases. La escuela general debía dedicar la primera hora de la mañana a los himnos, la lectura de la Biblia y las oraciones".[180] "La clase III, la Atrial", nos dice el mismo escritor, debía tener la inscripción: "Que no entre nadie que no sepa hablar". En esta clase los chicos debían empezar a leer la Biblia.... La historia de esta clase son los famosos hechos de la narración bíblica". De la clase IV leemos: "Una colección especial de himnos y salmos debe ser arreglada para esta clase; también, un epítome del Nuevo Testamento, que debe comprender una vida continua de Cristo y sus apóstoles, recopilada de los cuatro Evangelios.... El estudio accesorio es el griego.... Es comparativamente fácil aprender a leer el Nuevo Testamento [en griego], y ésta es la principal utilidad del estudio". El estudio de la Biblia constituyó una característica importante del trabajo de la Clase V, pues sobre su labor leemos "También se pondrá en manos de los alumnos un manual bíblico, llamado la Puerta del Santuario. Este contendrá toda la historia de las Escrituras en las palabras de la Biblia, pero de forma tan digerida que pueda leerse en un año".

La clase VII era teológica; y el lector notará fácilmente la diferencia entre el curso de instrucción marcado para ella por Comenius, y el sugerido por el profesor Hoffman para los estudiantes de teología en el siglo XX. "Inscripción sobre la puerta: 'Que no entre nadie irreligioso'... El libro de clase debe ser una obra que trate de la última etapa de la sabiduría en la tierra, es decir, la comunión de las almas con Dios. Debe estudiarse la historia universal, y en particular la historia de la iglesia por la que existe el mundo.... El futuro ministro debe aprender cómo dirigirse a una congregación, y se le deben enseñar las leyes de la oratoria sagrada".

Recordemos que Comenius era un obispo de los Hermanos Moravos, una denominación que destaca por su amplia obra misionera, cuyas misiones salpican la tierra. Su actividad en la obra de la iglesia puede explicarse fácilmente por su sistema de educación. Cualquier iglesia protestante que desee sobrevivir, y desee la difusión de sus principios, debe procurar que sus hijos sean educados tanto espiritual como mental y físicamente.

Ahora nos toca considerar otra fase muy importante de la educación: la relación del entrenamiento mental con el físico. Los sistemas falsos han exaltado siempre la primera en detrimento de la segunda. Cristo combinó los dos, y los educadores del siglo XVII en adelante han presentado puntos de vista correctos sobre el tema.

Locke comienza sus "Pensamientos sobre la educación" con estas palabras "Una mente sana en un cuerpo sano es una descripción breve pero completa de un estado feliz en este mundo". "El logro de esta condición feliz", observa Painter, "es el fin de la educación.... En su mente [la de Locke], la función de la educación era formar hombres nobles bien equipados para los deberes de la vida práctica".[181]

Un alma pura en un cuerpo sano debe preceder al estudio de los meros hechos. Las ideas de Locke sobre la educación son descritas así por Quick: "Su objetivo era dar a un chico una mente robusta en un cuerpo robusto. Su cuerpo debía soportar la dureza, su razón debía enseñarle la abnegación. Pero este resultado debía conseguirse guiándolo, no impulsándolo. Debía ser entrenado, no para la universidad, sino para el mundo. Los buenos principios, los buenos modales y la discreción debían cuidarse en primer lugar; la inteligencia y la actividad intelectual después; y el conocimiento real en último lugar.... Debía abandonarse el ejercicio predominante de la gramática de las lenguas clásicas y estudiar cuidadosamente la lengua materna.... En todo, debía tenerse constantemente en cuenta el papel que el alumno iba a desempeñar en la vida".

Y, sin embargo, hoy en día, cuando el editor de una de nuestras revistas propuso que nuestros estudiantes universitarios discutieran la cuestión: "¿Qué orden de estudios es el más adecuado para capacitar al hombre corriente para sus deberes en el mundo actual?" o, "¿Cuál es la importancia relativa de las distintas ramas de la educación para capacitar a un hombre para asegurar su propia felicidad y convertirle en un ciudadano y vecino útil?", el presidente de la Universidad de Yale respondió "Algunos de los hombres dudan en dar la sanción oficial de la universidad a un debate con poca antelación sobre cuestiones de las que la mayoría de los contendientes saben muy poco. ¿Por qué no deberían nuestros estudiantes universitarios conocer y elegir los estudios prácticos? Si no los conocen, ¿por qué no?".[182]

Hay educadores, sin embargo, que están dispuestos a separarse del conservadurismo del pasado, y que abogan por un cambio de métodos en las escuelas primarias. Tales son los pensamientos presentados por el superintendente de instrucción pública del Estado de Michigan, en un manual publicado en mayo de 1900. Hay sentido sensato en los siguientes párrafos, que atraerán a todos los que consideran las necesidades de la mente de un niño. Dice:

"Es el deber de las escuelas producir crecimientos paralelos de todas las facultades, dejando al alumno libre para balancearse hacia el reino de la elección sin gustos distorsionados o poderes acortados. El entrenamiento de la mano contribuye a este desarrollo paralelo.

"Recordamos cuando las ciencias se enseñaban enteramente del texto. Más tarde, los principios de Pestalozzi entraron en el aula, y permanecimos con los ojos y la mente abiertos, mientras las verdades de la ciencia se demostraban con los aparatos adecuados en las manos del profesor, pero hoy en día la idea de Forebear ha tomado posesión, y el alumno realiza el experimento. Es su mano que crea las condiciones; es su ojo que observa los cambios, su mano que los anota. La enseñanza de las ciencias ha adoptado así la idea de la formación manual; y tales son los resultados que el latín, el griego y las matemáticas ya no se consideran las únicas materias intelectuales para la formación universitaria.

"Lo que la idea de la formación manual ha hecho por la enseñanza de las ciencias: lo hará por las matemáticas y otras materias similares. El descontento entre los profesionales y los hombres de negocios con respecto a la enseñanza de cosas prácticas en nuestras escuelas es generalizado. Esto es especialmente cierto con respecto a la aritmética, la caligrafía, la ortografía y el lenguaje. Cualquiera que dude de esto no tiene más que entrar en los locales comerciales de su propia ciudad y hacer averiguaciones. Existe un sentimiento bien fundado de que en el dominio de la aritmética hay una disciplina estrechamente aliada a la que se necesita en las actividades de la vida; y cuando un padre descubre que su hijo de dieciséis o diecisiete años no tiene ninguna idea de las cuestiones prácticas de los negocios y poca habilidad en los procesos analíticos, acusa con razón a la escuela de ineficacia. La dificultad, sin embargo, radica en que el alumno no ha tenido oportunidad de percibir la aritmética. Para él, las medidas y los valores son ideas indefinidas. Aprende los hechos de memoria y trata de resolver los problemas a ciegas. Si su memoria e imaginación son buenas, se defiende bien y recibe una nota alta. Pero, aun así, la obra es vaga; no toca su vida ni su experiencia; no tiene sentido. Ponga a ese alumno en una escuela de formación manual, el niño en el taller, la niña en la cocina [la experiencia práctica ha demostrado que la niña también tiene un lugar en el taller], y de inmediato los hechos matemáticos se convierten en ideas definidas.

"Entre en el taller de una escuela de formación manual [o entre en la cocina bien ordenada], y observe al muchacho con un proyecto ante él. Cuáles son los pasos por los que su mente debe llevarle a la perfección final de la obra.

"Primero, debe estudiar detenidamente el proyecto.

"Segundo, debe diseñarlo y hacer un dibujo del mismo. Esto pone de inmediato las matemáticas en su mano, así como en su cabeza. Debe utilizar escuadra, compás, escuadra de prueba y lápiz. Debe hacer medidas exactas, calcular las divisiones y subdivisiones y trazar cuidadosamente las líneas.

"Tercero, debe seleccionar material de dimensiones y fibra adecuadas, y luego debe reflexionar sobre cómo aplicarlo al dibujo realizado para que no haya desperdicio.

"Cuarto, debe cepillar y serrar hasta la línea, corregir y ajustar; en resumen, debe crear el proyecto que ha tenido existencia en su mente y sobre el papel solamente. Es entonces cuando su aritmética comienza a palpitar con vida, su juicio a mandar y su sentido ético a desplegarse".

Este es el testimonio de los maestros que han hecho una aplicación práctica de la aritmética y la geometría en el taller de carpintería. Los niños de doce y catorce años resuelven problemas de proporción, de raíz cuadrada, de medidas y de números denominados, que desconciertan la habilidad del graduado ordinario de la escuela superior. Esto también es una parte de la educación cristiana. Sin duda, el propio Cristo adquirió la mayor parte de sus conocimientos matemáticos en el banco del carpintero.

"La educación más práctica", dice Hiram Corson "(pero esta época, considerada como preeminentemente práctica, no parece saberlo), es la educación del hombre espiritual; porque es ésta, y no la educación del hombre intelectual, que es, debe ser (o el cristianismo ha cometido un gran error), la base del carácter individual, y al carácter individual... la humanidad le debe su sustento". La combinación apropiada, entonces, de la formación religiosa y la obra práctica en la enseñanza de las matemáticas o el lenguaje desarrollará la estabilidad del carácter, y éste es el fin y el objetivo de la educación cristiana.

Sin embargo, en este siglo XX, existen otras formas de hacer que la educación sea práctica; y puesto que estas formas son un factor en la formación cristiana de los jóvenes, deberían recibir atención. Dios no se equivocó cuando le dio a Adán la obra de labrar la tierra. Desde los días del Edén, aquellos hombres que han rehuido las ciudades y han elegido, en cambio, habitar en distritos rurales, por regla general, se han acercado más al corazón del Creador. La verdadera manera de estudiar las ciencias es entrar en contacto con la naturaleza.

En esto, también, tenemos el ejemplo de Cristo. "Mientras educaba a sus discípulos, Jesús solía apartarse de la confusión de la ciudad a la tranquilidad de los campos y las colinas, porque estaba más en armonía con las lecciones de abnegación que deseaba enseñarles. Y durante su ministerio, se deleitaba en congregar a la gente en derredor suyo bajo los cielos azules, en algún collado hermoso, o en la playa a la ribera del lago. Allí, rodeado por las obras de su propia creación, podía dirigir los pensamientos de sus oyentes de lo artificial a lo natural. En el crecimiento y desarrollo de la naturaleza se revelaban los principios de su reino. Al levantar los hombres los ojos a las colinas de Dios, y contemplar las obras maravillosas de sus manos, podían aprender lecciones preciosas de la verdad divina. La enseñanza de Cristo les era repetida en las cosas de la naturaleza.... Las cosas de la naturaleza repiten las parábolas de nuestro Señor y sus consejos."

El maestro que tenga el deseo de ennoblecer el carácter de sus alumnos buscará un lugar donde la naturaleza, en su lenguaje silencioso, dé lecciones que ninguna lengua humana puede pronunciar. Los padres que desean el mejor bien para sus hijos e hijas, cuando la luz de la educación cristiana amanezca en sus mentes, se apresurarán a ir al campo, para que las mentes juveniles sobre las que hacen guardia puedan ser influenciadas por lo natural en lugar de lo artificial.

No es sorprendente que los mejores educadores que han abierto sus mentes a la verdad hayan enseñado que el cultivo de la tierra, junto con el entrenamiento del ojo y la mano en el taller, debe acompañar a la disciplina mental. El profesor James R. Buchanan, dice "Bendito sea el chico del agricultor.... El rasgo industrial, que no se limita a la artesanía, sino que abarca todas las formas de esfuerzo útil, es la base esencial de una verdadera educación, ya que asegura, si se lleva a cabo correctamente, un carácter digno, una constitución sana, un intelecto sólido y una capacidad para el éxito práctico; porque da vigor a todo el cerebro y una disciplina mental mucho más vigorizante que la que se puede obtener de los libros de texto. El muchacho que ha construido una carreta, o un buró, o que ha cultivado una pequeña cosecha, según las instrucciones, tiene más independencia mental y originalidad que el que sólo ha estudiado los libros de texto. Los muchachos de Lancaster, Ohio, que dedicaron la mitad de su tiempo a la industria útil, progresaron más en los estudios escolares que los alumnos de la escuela común que tuvieron todo su tiempo para el estudio, y al mismo tiempo presentaron un modelo de conducta en todos los aspectos inigualable en cualquier escuela no laboral de este país".[183]

La estrecha fidelidad al libro de texto es el método papal de enseñanza, y es un acompañamiento necesario de los cursos prescritos, mientras que la tendencia humanista está bien desarrollada. Las escuelas cristianas, debido a las verdades que propugnan, se ven obligadas a apartarse del orden establecido en el mundo educativo, y su educación se hace práctica al unir la granja y la escuela.

Este método de enseñanza ya se sigue en algunos lugares, demostrando que ese sistema que tan a menudo se denomina educación cristiana no es una cosa de reciente nacimiento, ni es el producto de la mente de algún hombre. Sus principios se han dado a conocer de tiempo en tiempo, y estos principios se han seguido más o menos cuidadosamente en todos los períodos de la historia del mundo.

Que la combinación del cultivo de la tierra y el estudio es algo práctico, y no una mera teoría, lo atestiguan las palabras del Cónsul General de los Estados Unidos, John Karel, que informa lo siguiente sobre los "Huertos escolares en Rusia": "En un buen número de países de Europa occidental, especialmente en Alemania, Austria, Francia,

Bélgica, Suiza y, en parte, en Suecia, las escuelas públicas de las aldeas tienen secciones de terreno que se les asignan y que, o bien se dedican al uso de los profesores, que se llevan los beneficios de las mismas, o bien sirven para el establecimiento de huertos escolares. Los huertos escolares en Europa occidental tienen, en cierta medida, un carácter científico. Se hace que los niños lleven a la práctica en ellos lo que aprenden teóricamente.

"En Rusia... se sabía que los propietarios de tierras y los campesinos tenían una gran necesidad de instrucción en agricultura; en consecuencia, el ministerio de agricultura estableció escuelas de todo tipo en todo el país... Para el desarrollo de la industria de la jardinería, primero se fundaron escuelas en Penza, en Besarabia,... y en 1869 se fundó una escuela de jardinería y viticultura en Nikitsk. La obra de la escuela de Nikitsk se dividía de la siguiente manera: Durante el semestre de invierno había tres horas de clases al día y cuatro horas y media de estudio práctico en el jardín, la viña y en la despensa. Durante el semestre de verano las lecciones en clase duraban sólo una hora, o a veces dos, pero los estudios prácticos ocupaban diariamente seis o hasta ocho horas".[184]

Los profesores de estas escuelas pueden mantenerse, al menos parcialmente, de la venta de frutas, bayas, verduras, miel, etc., pero éste no fue el principal aliciente para iniciar los huertos escolares. El último escritor citado continúa: "El deseo de añadir algo a los bajos salarios de los maestros de las escuelas de los pueblos y, por otra parte, de familiarizar lo más posible, no sólo a los niños, sino también a la gente adulta, con la jardinería, la sericultura y la apicultura, ha provocado un aumento, durante los últimos diez años, del número de huertos escolares, colmenares y criaderos de gusanos de seda. En 1892 había unos dos mil huertos escolares en Rusia. En la actualidad [1897] hay 7.521, con 532 colmenares y 372 criaderos de gusanos de seda".

El señor Mescherski, jefe de uno de los departamentos de agricultura y uno de los principales promotores de los huertos escolares en Rusia, ha expuesto el objeto de los huertos escolares y su importancia de la siguiente manera: "Los huertos escolares... tienen importancia por las siguientes razones (1) Higiénico, por ser un lugar de trabajo físico al aire libre, tan necesario para el maestro y los alumnos.... (2) Científico-educativo, ya que familiarizan a los niños con la vida de las plantas útiles, desarrollan sus mentes mediante el estudio de la naturaleza y promueven en la generación naciente la estima por el trabajo y un sentimiento más moral y estético con respecto a los árboles. (3) Económico general... y (4) Económico personal", que se refiere al apoyo del maestro.

Si el gobierno ruso, al liberar a sus siervos y a sus campesinos de la corona, encontró tan ventajoso establecer huertos escolares, ¡qué beneficio duradero serían para los cristianos! Los protestantes, en lugar de amontonarse en las ciudades donde el hombre trabajador está sometido a los sindicatos, los fideicomisos y los monopolios, deberían buscar para sí unas cuantas hectáreas de tierra, y procurar que se establezcan escuelas para la educación de sus hijos donde la rutina mecánica de los libros de texto sea sustituida por el estudio de la voluntad de Dios tal como se revela en su Palabra y en sus obras. Los estudios de la naturaleza así realizados, en lugar de desarrollar la duda, fortalecerán la fe del alumno, y los estudiantes de tales escuelas estarán capacitados para ser ciudadanos no sólo en los gobiernos de la tierra sino en el Reino de Dios. Esto también forma parte del sistema de instrucción conocido como educación cristiana.

Capítulo XVII
La educación cristiana
(continuación)

En el siglo XIX no han faltado mentes que hayan captado, al menos en parte, los principios de la educación cristiana. Así, escribe Pestalozzi: "La sólida educación se presenta ante mí simbolizada por un árbol plantado cerca de aguas fecundas.... En el niño recién nacido se esconden las facultades que han de desarrollarse durante la vida. Los órganos individuales y separados de su ser se forman gradualmente en un conjunto armónico y construyen la humanidad a imagen de Dios".[185]

Con esto concuerda la definición de educación de Milton. "El fin, pues, de la educación", dice, "es reparar las ruinas de nuestros primeros padres volviendo a conocer a Dios correctamente, y a partir de ese conocimiento amarlo, imitarlo, ser como Él, lo más cerca que podamos mediante el dominio de nuestras almas de la verdadera virtud, que, estando unida a la gracia celestial de la fe, constituye la más alta perfección." Esto es similar a la definición dada por el autor de "La educación cristiana", que "El verdadero propósito de la educación es restaurar la imagen de Dios en el alma."

La educación cristiana, pues, es una educación espiritual. En este sentido, las palabras de Pestalozzi, en el entierro de su esposa, son patéticas pero cargadas de significado. Dirigiéndose al féretro, dijo con ternura "Fuimos evitados y despreciados por todos; la enfermedad y la pobreza nos doblegaron; y comimos pan seco con lágrimas. ¿Qué fue lo que en esos días de dura prueba nos dio a ti y a mí la fuerza para perseverar y no perder la esperanza?" Poniendo un ejemplar de la Palabra de Dios sobre su pecho, continuó: "De esta fuente tú y yo sacamos valor, fuerza y paz".[186]

Los defensores de la educación cristiana pueden encontrar hoy en día el mismo tipo de rechazo por parte del mundo; pero la Palabra de Dios se mantiene como guía, expresando los principios que debe seguir el educador.

Charles W. Dabney, Jr., presidente de la Universidad de Tennessee, en un discurso pronunció estas palabras "La Biblia es el mejor libro de texto de la educación, como de muchas otras ciencias. En ella leemos que Pablo le dice a Timoteo, su 'querido y amado hijo en la fe', que 'Toda la Escritura es inspirada por Dios, y útil para enseñar, para redargüir, para corregir, para instruir en justicia a fin de que el hombre de Dios sea perfecto, enteramente preparado para toda buena obra'. En ninguna parte de la literatura o la filosofía hay una expresión mejor o más clara del verdadero propósito de la educación que ésta. El objeto de la educación no es el placer, ni la comodidad, ni la ganancia, aunque todos estos pueden y deben resultar de ella. El único y verdadero propósito de la educación es preparar al hombre para las "buenas obras". Es una cosa noble desarrollar un alma perfecta, equipar a fondo un cuerpo, una mente y un corazón.... La construcción del carácter y la formación de la conciencia es entonces el objeto principal de la educación. El maestro no se atreve a descuidar el carácter, ni la universidad a proporcionar su desarrollo. Debemos siempre y en todas partes, en cada curso y esquema de estudio, proveer aquellos métodos y agencias que desarrollarán el carácter del alumno junto con sus otras facultades. ¿Cómo, entonces, desarrollaremos el carácter en nuestros alumnos? ¿Cuáles son los métodos y las agencias para hacerlo? Esta es la cuestión crucial de esta época, como de todas las épocas. A esta pregunta todas las épocas dan una sola respuesta, y es el cristianismo. El mundo ha tenido muchos maestros de la ciencia, el arte y la filosofía, pero sólo un maestro de la justicia, y fue Jesucristo, el Hijo de Dios".

Los numerosos maestros de la ciencia, el arte y la filosofía han alejado a los hombres, a través de sus sistemas de educación, del conocimiento de Dios, la sabiduría que es la vida eterna. Si la educación de Cristo ha de ser aceptada, como sugiere el profesor Dabney, su palabra, la Biblia, debe ser reconocida como el Libro de los libros, la guía en toda investigación, el intérprete de todos los fenómenos.

Se habla mucho de la educación moral que debe recibir todo niño. Los padres se dan cuenta de que el niño o la niña que crece hasta la madurez con sólo una educación física o intelectual es un pugilista o un sujeto apto para la penitenciaría, y por lo tanto insisten en que la naturaleza espiritual debe recibir alguna atención. Pero ¿dónde se puede obtener esta educación espiritual? Las escuelas estatales no tienen derecho a dar esa formación; de hecho, no pueden hacerlo. Es cierto que lo han intentado, pero es un miserable fracaso. Los protestantes no deben seguir exigiendo. Ha llegado el momento que vean que deben establecer escuelas, cuyo objetivo es desarrollar el carácter. Estas escuelas deben recibir apoyo independiente del estado; deben ser libres de seguir métodos totalmente diferentes al formalismo del sistema papal; su curso de instrucción debe satisfacer las necesidades individuales de los alumnos, y ser de un carácter que desarrolle a los cristianos. Para lograr tales resultados, la Palabra de Dios debe ser sacada del polvo y colocada en el currículo, no como un mero libro de referencia de las antigüedades judías, sino, como lo es en realidad y en verdad: la luz cuyos rayos rodean el mundo. "Las Sagradas Escrituras deben ser el Alfa y la Omega de las escuelas cristianas", escribió Comenius. Cristo debe ser el maestro.

Los hombres citados hasta ahora han seguido la luz que brillaba en su camino. Hoy podemos recoger las gemas dispersas de la verdad dejadas por ellos; pero, mejor aún, podemos ir directamente a la Palabra misma, y el Espíritu de la verdad nos guiará hacia los caminos de la educación cristiana. Como enseñó Froebel, "El desarrollo espiritual y el físico no van por separado en la infancia, sino que ambos están estrechamente ligados entre sí".

El ser humano tiene una triple naturaleza: la física, la mental y la espiritual; y la educación cristiana las desarrolla de tal manera que mantienen la correcta relación entre sí. La naturaleza espiritual era el poder controlador en el hombre hecho a imagen de Dios. En la degeneración de la raza, perdió su percepción espiritual y pasó primero al plano intelectual y luego al físico. Esto se ve en la historia antes del diluvio. La vida en el Edén era una existencia espiritual; la vida de Adán después de la caída fue menos espiritual, y gradualmente sus descendientes llegaron a vivir en el plano mental. Había mentes maestras en el mundo antediluviano. Los hombres no tenían necesidad de libros, tan fuerte era la memoria y tan aguda la perspicacia. Por una mayor desobediencia, por una educación que reforzaba la razón en lugar de la fe, los hombres se hundieron al plano físico en lugar de elevarse al espiritual, hasta que a su debido tiempo la tierra fue destruida por el agua.

Se distinguen los mismos planos de existencia en todas las épocas desde el diluvio, pero sólo Cristo se elevó al nivel puramente espiritual. Israel como nación podrían haber vivido así si se hubieran seguido los verdaderos métodos educativos. Al caer Israel, la oferta se hizo a la iglesia cristiana. Edad tras edad, ese cuerpo se ha negado a vivir una vida espiritual, o, aceptando el don ofrecido, ha intentado elevarse sin cumplir las condiciones necesarias: fe absoluta en la Palabra de Dios y cumplimiento estricto de sus mandatos. La Reforma dirigió nuevamente los ojos de los hombres hacia una educación espiritual, y los protestantes estadounidenses tuvieron la mejor oportunidad jamás ofrecida al hombre para volver al diseño original del Creador. El fracaso es una vez más el veredicto del ángel registrador. El tiempo se apresura y el último mensaje evangélico se dirige al mundo; pero antes de que un pueblo pueda estar preparado para el establecimiento del reino de Cristo, debe ser educado según los principios de la educación cristiana, pues ésta es la base de todo gobierno, así como de toda religión.

¿Qué es la educación cristiana? Puesto que su objeto es la formación de un ser humano para la vida eterna, y esa existencia es una vida espiritual, lo espiritual debe ser la característica predominante de la educación. Cuando lo espiritual lidera, lo intelectual y lo físico toman sus posiciones apropiadas. El hombre interior o espiritual sólo se alimenta de la verdad, la verdad absoluta; no de la teoría ni de la especulación, sino de la verdad. "Tu palabra es verdad". La

Palabra de Dios debe ser entonces el fundamento de toda la educación cristiana, la ciencia de la salvación el tema central.

Puesto que Dios revela su carácter de dos maneras, en su Palabra y en sus obras, la Biblia debe ser el primer libro en la educación cristiana, y el libro de la naturaleza el siguiente. Muchos educadores han visto el valor del libro de la naturaleza, y hoy en día el estudio de la naturaleza forma una gran parte del curso de instrucción en todos los grados de las escuelas. Se puede preguntar: ¿No es esto, entonces, educación cristiana? Respondemos: ¿Restaura en los hombres la imagen de Dios? Si lo hace, pasa la prueba. Pero no se puede decir que haga esto, y por lo tanto se queda corta. ¿Dónde radica, entonces, la dificultad de la enseñanza moderna de la naturaleza, o de las ciencias en general? Lea algunos de nuestros libros de texto modernos de ciencias. Revelan fácilmente la respuesta.

En el libro de Astronomía General de Young se puede leer: "Sección 908. Origen de la Hipótesis Nebular. Ahora bien, ésta [la condición actual] es evidentemente una buena distribución para un sistema planetario, y por lo tanto algunos han inferido que la Deidad la hizo así, perfecto desde el principio. Pero para quien considere la forma en que otras obras perfectas de la naturaleza suelen llegar a la perfección, sus procesos de crecimiento y desarrollo, esta explicación parece improbable; parece mucho más probable que el sistema planetario creciera a que fuera construido directamente.... En su idea principal de que el sistema solar existió una vez como una masa nebulosa, y ha alcanzado su estado actual como resultado de una serie de procesos puramente físicos, parece ciertamente demostrar que es correcta, y constituye el fundamento de todas las especulaciones actuales sobre el tema.

"Sección 909. La teoría de La Place: (a) Supuso que en algún momento pasado, que puede tomarse como punto de partida de la historia de nuestro sistema,... la materia reunida en el sol y los planetas estaba en forma de nebulosa. (b) Esta nebulosa era una nube de gas intensamente calentado, tal vez más caliente, como él suponía, que el sol en la actualidad. (c) Esta nebulosa, bajo la acción de su propia gravitación, asumió una forma aproximadamente globular, con una rotación alrededor de su eje", etc., etc.

El estudiante debe decidir si basará su estudio de los cielos y la tierra, a saber, el estudio de la astronomía, la geografía, la geología árida, así como la zoología y la botánica indirectamente, en esta hipótesis, que, se nos dice, "constituye el fundamento de todas las especulaciones actuales sobre el tema"; "o si se apartará de estas explicaciones razonables de la existencia de las cosas, y tomará la clara Palabra de la verdad, que dice: "Por la palabra de Jehová fueron hechos los cielos"; "Porque él dijo, y fue hecho; Él mandó, y existió", junto con la explicación tal como se da en el Génesis y en otras partes de las Escrituras.

La fe y la razón finita se enfrentan; la educación del mundo toma la razón; la educación cristiana se basa sobre la fe en la Palabra de Dios. ¿Cuál desarrollará el carácter? ¿Por qué el estudio de la ciencia moderna no conduce a Dios? En la enseñanza evolutiva de la hipótesis nebular tiene una respuesta.

Tomando un libro de texto ordinario de zoología, leemos: "El primer miembro de la serie que conduce directamente al caballo fue el eohippus, una forma más antigua del Eoceno, del tamaño de un zorro, que tenía cuatro dedos bien desarrollados y los rudimentos de un quinto en cada pata delantera, y tres dedos detrás. En yacimientos posteriores del Eoceno apareció un animal de tamaño similar, pero con sólo cuatro dedos por delante y tres por detrás. En yacimientos más recientes, es decir, del Mioceno inferior, se encuentran los restos de Mesohippus, que era tan grande como una oveja y tenía tres dedos y la férula de otro en cada pie delantero.... Las formas siguientes eran aún más parecidas a los caballos".[187] A continuación encuentran un animal parecido al burro, y más tarde "un verdadero Equus, tan grande como el caballo actual, aparece justo por encima del horizonte, y la serie está completa".[188]

Si la tribu de los caballos ha evolucionado a partir de un animal parecido al zorro, no es de extrañar que los hombres rastreen su origen a la tribu de los monos; pero los que desean el carácter de Dios, toman por fe la declaración de que "a imagen de Dios lo creó".

Tales teorías constituyen la base de la clasificación generalmente adoptada de todo el mundo vegetal y animal. La educación cristiana exige nuevos libros de texto, basados en las verdades de la Palabra de Dios. De Dana, la reconocida autoridad en geología, se citan las siguientes frases: "La vida comenzó entre las plantas, en las algas marinas; y terminó en las palmeras, los robles, los olmos, el naranjo, la rosa, etc. Comenzó entre los animales en los lingulae (moluscos de pie sobre un tallo como una planta), los crinoides, los gusanos y los trilobites, y probablemente antes en los simples protozoos sin sistema; y terminó en el hombre". Para este desarrollo, dice, "el tiempo es largo".

En un párrafo sobre "El progreso siempre es el desarrollo gradual de un sistema", están las palabras: "A lo largo de todas las épocas fueron apareciendo especies superiores e inferiores, pero las poblaciones sucesivas seguían siendo, en su gama general, de grado cada vez más alto; y así, el progreso fue siempre ascendente. El tipo o plano de la vegetación, y los cuatro grandes tipos o planos de la vida animal, el radiado, el molusco, el articulado y el vertebrado, quedaron expuestos cada uno de ellos bajo multitudes de tribus y especies, subiendo de rango con el progreso del tiempo.... Su progreso debía ser, como atestigua la historia zoológica, un desarrollo, un despliegue, una evolución".

En el estudio de esta evolución en la vida animal, dice: "El progreso en el sistema de vida es un progreso en la civilización", y da varias ilustraciones, como el paso de renacuajo a rana; de langosta a cangrejo, de gusano a insecto, etc. Tales maestros hablan siempre de la evolución de las formas de vida inferiores a las superiores, pero dejan la regresión totalmente fuera de su cálculo.

A los que ofrecen el Registro Sagrado en oposición a sus supuestas pruebas geológicas, Dana dice: "El estudiante bíblico encuentra, en el primer capítulo del Génesis, declaraciones positivas con respecto a la creación de los seres vivos. Pero estas declaraciones son a menudo malinterpretadas; pues, en cuanto a la operación de las causas naturales, realmente dejan la cuestión en su mayor parte abierta, tal como lo afirman Agustín, entre los padres de la iglesia y algunos intérpretes bíblicos de la actualidad.

A la vista de todo el tema, las siguientes parecen ser las conclusiones que más probablemente se sostengan con más investigaciones: La evolución del sistema de vida avanzó mediante la derivación de especies a partir de especies, según métodos usuales, aún no claramente comprendidos, y con pocas ocasiones de intervención sobrenatural", etc.

Así, las verdades del gran libro de lecciones de Dios sobre la naturaleza han sido malinterpretadas. Fue un paso en la dirección correcta cuando se abandonó el ejercicio mecánico de los clásicos y se sustituyó el estudio de la naturaleza; pero la Palabra de Dios debe ocupar su lugar como intérprete de la naturaleza y los fenómenos naturales, o la teoría de la evolución es el resultado natural, y ésta no formará parte de la educación cristiana.

Padres protestantes, ¿están aprendiendo sus hijos a ver en las cosas visibles que los rodean los emblemas de lo Invisible, aun el Poder eterno y la Divinidad? Si no es así, ¿por qué no los ponen donde aprenderán tales cosas? Esta es su salvación.

La exaltación del detalle y el menosprecio de los principios es un error común en los sistemas educativos. Esto se ve en todos los departamentos del aprendizaje. No sólo se ejemplifica en la exaltación de lo mental y lo físico por encima de lo espiritual, sino que el mismo método se emplea en el trabajo de detalle del aula. Esto es en esencia la educación papal. La educación cristiana requiere que los maestros vean siempre la frontera a lo largo de todo el curso de instrucción.

Para ilustrar el pensamiento: Hay algunos principios fundamentales que rigen el universo. Tal es el enunciado de la verdad, "El amor de Cristo nos constriñe", que contiene dentro de sí toda la explicación de la fuerza de gravedad, la adhesión, la cohesión, la atracción molecular, la afinidad química, el amor humano y la ley del sexo, y por lo tanto se ilustra en la física, la química, la mineralogía, la biología; de hecho, en todas las ciencias. Además, el segundo gran mandamiento,

"Amarás a tu prójimo como a ti mismo", es la declaración de un principio que subyace toda la historia, el gobierno civil y la ciencia política y social. Si se sigue, resolverá todas las dificultades internacionales, así como impedirá la animosidad personal; borrará los males de la sociedad, derribando la barrera entre la pobreza y la riqueza; los fideicomisos nunca existirían, los sindicatos serían innecesarios, y los monopolios desconocidos, si sólo se aprendiera la una ley de Jehová. De cuánto mayor valor es, entonces, el estudio de tales principios que todas las teorías que puedan proponer los hombres para el arbitraje internacional, o todas las leyes que puedan aprobarse en los salones legislativos sobre la igualdad de derechos de los hombres y los medios adecuados para gobernar estados, territorios o posesiones adquiridas.

Pero ésta es la educación cristiana, y lecciones como ésta sólo se aprenden cuando la verdad es escrita en el corazón por la pluma del Espíritu. Es así que, una educación espiritual, el nacimiento superior del que habló el Salvador, se eleva por encima de la educación del mundo tanto como el cielo está por encima de la tierra. Cuando estos y otros principios afines se convierten en el pensamiento central, todos los hechos que el alumno pueda aprender a lo largo de su vida no servirán más que para imprimir la verdad más firmemente en su vida.

Todos los hechos que es posible que el hombre reúna en una vida, sumados a todos los que se reúnen por generación tras generación, no son más que ilustraciones de unos pocos principios. La enseñanza moderna se ocupa casi por completo de los hechos; requiere que los niños, desde que entran en la escuela hasta que se gradúan, amontonen hechos. El proceso es el gran tema de las matemáticas; hechos, hechos, hechos, son lo que se busca en todo el ámbito de las ciencias naturales. "La historia no es más que el estudio de más hechos todavía, y donde se hacen generalizaciones o clasificaciones que son teorías formuladas a partir de los hechos reunidos. Pero el hombre nunca es capaz de recoger todos los hechos; nunca está seguro de que sus conclusiones hayan alcanzado la verdad absoluta. La verdad del asunto es que las clasificaciones así formadas son sólo parcialmente correctas, y el descubrimiento de unos pocos hechos más echa por tierra las finas teorías de los mejores científicos. Así es constantemente en la astronomía, en la botánica, en la zoología y en la biología. A causa de los nuevos descubrimientos, el médico de ayer está totalmente equivocado a los ojos del médico de hoy. Mañana la luz brillante de hoy será sustituida por alguna otra luminaria. Este es el resultado del razonamiento inductivo basado en la percepción de los sentidos.

Este pensamiento está bien expresado por Hinsdale, que dice: "Observamos y registramos fenómenos, clasificamos hechos, deducimos conclusiones y leyes, y construimos sistemas; pero en la ciencia y la filosofía volvemos al tema una y otra vez; buscamos verificar nuestros hechos y probar nuestras conclusiones, y cuando hemos terminado, no estamos seguros, salvo en una esfera limitada de nuestros resultados. Algunas de las ciencias más conocidas se han reorganizado en gran medida en los últimos años. Tenemos la 'nueva química', la 'nueva astronomía', la 'nueva economía política' e incluso las 'nuevas matemáticas'. En particular, en el campo de la conducta humana, donde la voluntad del hombre es la facultad que gobierna, a menudo no estamos seguros de nuestro camino y a veces estamos totalmente perdidos".[189]

El fundamento movedizo sobre el que descansa tal conocimiento queda bien ilustrado por las pruebas que el ser humano es capaz de hacer con los órganos de los sentidos. El agua de 98°F es caliente para la mano que ha estado acostumbrada a una temperatura de 45°F, pero fría para la mano que acaba de sacar del agua de 112°F. Una naranja es dulce para el hombre que ha estado comiendo un ácido más fuerte, pero agria para el paladar acostumbrado al azúcar. El ojo que se ha acostumbrado a ver en una habitación poco iluminada se ve deslumbrado por el resplandor del mediodía, y al juzgar el tamaño de una estrella por la vista no la concebiríamos como un sol. El conocimiento obtenido por los sentidos es sólo parcialmente verdadero, no es la verdad absoluta; y las teorías científicas propuestas por mentes que han razonado a partir de estos datos inexactos no pueden dejar de estar lejos de la verdad absoluta. Puede ser conocimiento; no es sabiduría.

La educación cristiana aborda la naturaleza desde la dirección opuesta. Con una mente abierta a recibir la verdad, capta por fe la declaración de un principio universal. La ley espiritual es lo que se busca, y la ley física correspondiente se compara con ella. Una vez encontrada, cada hecho aprendido, cada observación realizada, no hace sino mostrar más claramente la obra de esa ley en el mundo espiritual. Para tal enseñanza, la fe es un atributo indispensable. No se desalienta el experimento, sino que se alienta fuertemente; no se deja de lado la razón, sino que se llama a la mente a razonar sobre temas más grandes y más nobles que cualquier deducción que pueda resultar de la manera opuesta de abordar la verdad.

Este es el ideal en la educación cristiana, el punto hacia el que el maestro cristiano conduce a sus alumnos. En caso de incredulidad, o al tratar con los paganos, la mente debe ser abordada primero a través de las avenidas de los sentidos, hasta que el Espíritu de Dios despierte el ojo interior de la fe. Esto es meramente preliminar, y no debe continuar por mucho tiempo. No se da crédito a los niños por tener la fe que realmente poseen, y por lo tanto son mantenidos en el método inductivo por los educadores mucho después de que sus mentes y corazones son capaces de captar la verdad, y cuando se encontraría que el método deductivo produciría un crecimiento mucho más rápido del poder mental y espiritual de lo que se ve ahora.

Esto sugiere las calificaciones necesarias por parte de un maestro. Recordando que esta educación es de naturaleza espiritual, el propio maestro debe estar conectado con la verdad por una fe inquebrantable. Cuando Nicodemo, el representante de la educación superior en las escuelas de Jerusalén, entrevistó a Cristo, el nuevo Maestro que había aparecido en medio de ellos, y cuya enseñanza estaba acompañada de un poder desconocido por los educadores de la época, el hombre culto dijo: "Rabí, sabemos que ha venido de Dios como maestro." "Pero ¿cómo pueden ser estas cosas?" El Maestro celestial le esbozó los secretos de su sistema educativo, diciéndole a

Nicodemo que no se basaba en la vista, sino en la fe; que lo espiritual era lo primero, y que, cuando se hiciera así, lo demás vendría después. Entonces vino la pregunta: "¿Cómo puede ser?". A lo que Cristo respondió: Si os he dicho cosas terrenales, y no creéis, ¿cómo creeréis si os dijere las celestiales?" "¿Eres tú maestro de Israel, y no sabes estas cosas?"

En vista de estos pensamientos, no es de extrañar que el estudio de las ciencias en una escuela cristiana difiera mucho del curso ofrecido en el mismo departamento de aprendizaje en una institución donde el objeto de la educación es totalmente diferente.

Descartando la teoría evolucionista que impregna la enseñanza de todas las instituciones donde la educación no se basa totalmente en la Palabra de Dios, el hombre, creado en la imagen de Dios, es reconocido como la más alta manifestación del poder creativo. La vida de Dios es el primer estudio; esa vida, tal como se manifiesta en el hombre, es el siguiente, y la fisiología toma su lugar como centro de todo estudio científico. Este es un estudio de la vida en todas sus manifestaciones, comenzando por lo espiritual y extendiéndose a lo mental y lo físico. Aquí, como en otras partes, las leyes que rigen la naturaleza espiritual tienen sus tipos en las otras dos naturalezas; y cuando la verdad central de vida, a saber, la abundancia de vida, es comprendida, el estudio de la fisiología se convierte no en el estudio de formas muertas, meros hechos, sino en un estudio del alma, que incluye el hogar del hombre interior y toda la maquinaria que el alma manipula. Así considerada, desde este centro (la fisiología) se extienden rayos, como los radios de una rueda, cada uno de los cuales representa otra ciencia, hasta que, dentro de ese amplio círculo representado por estos radios, se incluyen todas las ciencias físicas, así como todas las metafísicas.

Se verá que este modo de correlacionar las ciencias cura de una vez el error de la época, la práctica de empollar, que resulta de un descuido de la formación manual y del estudio de una multiplicidad de libros, atestados con hechos que deben ser almacenados en la mente del estudiante.

Al colocar la fisiología como centro del círculo, y

correlacionar con ella todas las otras ciencias, surge otra ventaja, pues ese círculo incluye dentro de sí las lenguas y las matemáticas. Estas últimas no son más que ayudas en el estudio de las materias portadoras del pensamiento, la Biblia y las ciencias, y en lugar de ser estudiadas como materias primarias, deben ser utilizadas como medio para un fin. La lectura, la escritura, la ortografía, la gramática, la retórica y la literatura, y las matemáticas, desde la aritmética hasta la geometría general y el cálculo, no son más que medios para expresar las verdades obtenidas en el estudio de la Palabra revelada y del libro de la naturaleza. La simplicidad del sistema atraerá la mente de cualquier educador, pues es un plan buscado durante mucho tiempo. Lo único que falta entre los que han experimentado con tales métodos ha sido el tema central, la Palabra de Dios. Teniendo la verdad como base de la correlación, el problema, en lo que respecta a los métodos, está prácticamente resuelto.

La gran y apremiante necesidad es de profesores que puedan ejecutar el plan. Ninguna mente estrecha estará a la altura de la tarea. De nuevo, al acercarse a un sistema de verdadera educación, se ve la posición exaltada a la que están llamados los que enseñan.

Antes de pasar al tema de la fisiología es bueno considerar el significado de la expresión de que esta materia "debe ser la base de todo esfuerzo educativo". Está claro que el estudio de la fisiología en los libros de texto no puede cubrir este requisito. El hecho es que el estudio de libros no es más que una pequeña parte de la educación cristiana. La verdadera educación es vida, y el que aprende mucho debe vivir mucho. Los alimentos ingeridos, la forma de vestir el cuerpo, el estudio, el ejercicio, los hábitos mentales, los hábitos físicos, la formación manual, y de hecho, cada fase de la vida es una parte del estudio de la fisiología y la higiene, y estos temas deben recibir todos y cada uno la debida consideración por parte del educador cristiano.

La formación manual se está haciendo popular en muchas de nuestras escuelas de la ciudad, pero la obra que se ofrece en una escuela cristiana diferirá de la de la escuela mundana en esto: esta última está adiestrando la mano o el ojo solamente, la primera está formando el carácter al dar un oficio que permite al estudiante ser autosuficiente e independiente. Como los objetivos son diferentes, los métodos deben diferir, aunque la materia enseñada sea en muchos casos idéntica.

La vida sana está recibiendo atención en muchas escuelas. La escuela cristiana, aunque enseñe la misma materia, tendrá como objeto una preparación para la vida eterna. La asignatura, enseñada sin fe, sólo traerá una mayor actividad física y mental. La naturaleza espiritual sólo puede ser alcanzada por aquella educación que se basa en la fe.

Simplemente una investigación casual del tema de la educación cristiana revela la necesidad de libros para la guía de los maestros que se comprometen a dirigir el crecimiento del niño. Con libros de estudio adecuados, basados en los principios eternos de la verdad revelados en las Escrituras, la obra que ahora está en su infancia haría un progreso mucho más rápido y sustancial.

Los padres que sienten la responsabilidad que recae sobre ellos en la crianza de los hijos para el reino de los cielos están ansiosos para saber cuándo y dónde se pueden llevar a cabo los principios de la educación cristiana. La belleza del sistema no se retrata más vivamente que en el reconocimiento que da al hogar y al deber de los padres hacia sus hijos en materia de educación.

A pesar del hecho de que se habla mucho de la importancia de la educación para el estado, las palabras de Herbert Spencer dan una idea clara del hogar como centro del verdadero sistema. Dice: "Como la familia está antes que el Estado en orden de tiempo, ya que la crianza de los hijos es posible antes de que exista el Estado, o cuando éste ha dejado de serlo, mientras que el Estado sólo es posible por la crianza de los hijos, se deduce que los deberes de los padres exigen una atención más estrecha que los de los ciudadanos." El plan de la educación cristiana va un poco más allá, y reconociendo a la familia terrenal como un tipo de la celestial, coloca a los padres en el lugar de Dios para los niños pequeños; de ahí que el hogar deba ser la única escuela y "Los padres deben ser los únicos maestros de sus pequeños hasta que éstos hayan cumplido de ocho a diez años."

"La madre … [debería] encontrar tiempo con el fin de cultivar, en ella y en sus hijos, un amor por los capullos hermosos y las flores que se abren. La única aula para niños de ocho a diez años debería ser al aire libre, en medio de las flores que se abren y de las hermosas escenas de la naturaleza. Y su único libro de texto debería ser el de los tesoros de la naturaleza."

Con tal formación, los primeros diez años el niño debería desarrollar un cuerpo y una mente fuertes. Entonces debería ser capaz de pasar los siguientes cinco o seis años bajo la instrucción de un maestro cristiano consagrado en una escuela elemental, donde maestro y padres puedan cooperar. La triple naturaleza debe desarrollarse de manera que cuando se alcance la edad de la virilidad o la feminidad, se haya ganado también la fuerza de carácter.

El joven debe entonces continuar su cultura mental en alguna escuela industrial, situada en el campo, donde haya libertad de los males de la vida en la ciudad, y donde la naturaleza física, que se está desarrollando rápidamente, pueda ser guiada correctamente hacia las líneas de deberes prácticos que le capaciten para la vida real. Mientras tanto, se continúa con la cultura mental y la formación espiritual, pues se está formando el carácter para la eternidad.

El joven o la joven de veinte o veintidós años debe estar preparado para elegir una obra de vida, y la formación especial necesaria puede recibirse en una escuela de formación, que en la educación cristiana será para trabajadores cristianos. Tal escuela será necesaria; porque la educación así delineada, que se extiende desde la infancia hasta los veinte años, no puede fracasar en el desarrollo de un carácter que elija la obra cristiana como la ocupación de su vida. Un breve entrenamiento en una institución superior, que en carácter es una escuela de los profetas, debería redondear de tal manera la naturaleza que ya se está formando, que el joven salga como un embajador de Cristo, dispuesto a ser utilizado en cualquier capacidad por el Comandante de la hueste celestial, ya sea en la granja, en el banco del carpintero o en el púlpito; porque su alma está unida al Rey del cielo, como lo estaba la de David a la de Jonatán. Tal estudiante está preparado para el servicio activo, ya sea en la tierra o en el reino de nuestro Dios; porque es uno con el Padre y su Hijo.

"Comenius dividió los primeros veinticuatro años de vida en cuatro períodos, a cada uno de los cuales asignaría una escuela especial, así –

1. Para la infancia, la escuela debe ser la rodilla de la madre.
2. Para la niñez, la escuela debería ser la escuela local.
3. Para la juventud, la escuela latina o secundaria.
4. Para el joven adulto, la universidad y los viajes.

"Debería existir una madre en cada casa, una escuela local en cada aldea y pueblo, una escuela secundaria en cada ciudad y una universidad en cada reino o en cada provincia.... La madre y la escuela local abarcan a todos los jóvenes de ambos sexos. La escuela latina da una educación más completa a los que aspiran a algo más alto que el taller; mientras que la universidad forma a los maestros y a los hombres cultos del futuro, para que nuestras iglesias, escuelas y estados nunca carezcan de líderes adecuados."

En el sistema conocido como educación cristiana, la división es más o menos la misma, los años de la vida estudiantil se extienden quizás hasta treinta en lugar de veinticuatro, con esta división: los primeros diez años se pasan en la escuela del hogar; de diez a quince en la escuela de la iglesia; de quince a veinte en la escuela industrial, y los años de veinte a veinticinco o hasta treinta se dedican al estudio y a la obra activa en la escuela de formación para trabajadores.

Ha llegado el momento en que los verdaderos protestantes exigirán una educación cristiana, y en que ningún sacrificio se considerará demasiado grande para la consecución de ese objetivo. La profecía de Zacarías, registrada en el noveno capítulo, da las palabras de Dios sobre la contienda que tendrá lugar cerca del fin del tiempo entre los hijos de Grecia y los hijos de Sión. "Volveos a la fortaleza, oh prisioneros de la esperanza; hoy también os anuncio que restauraré el doble. Porque he entesado para mí a Judá como arco, e hice a Efraín su flecha, y despertaré a tus hijos, oh Sión, contra tus hijos, oh Grecia, y te pondré como espada de valiente."

Grecia es reconocida en las Escrituras como emblema de la sabiduría mundana,[190] pero por esa sabiduría el mundo no conoció a Dios; de hecho, por esa sabiduría el mundo fue alejado de Dios. Dios, entonces, levantará a los hijos de Sión, los representantes de su sabiduría, la filosofía divina, contra los hijos de Grecia, o los estudiantes de la sabiduría del mundo; y en el conflicto final, cuando la verdad gane, será evidente que los que se cuenten con los vencedores han abandonado la sabiduría de Grecia por la sabiduría de Dios. No es teoría, sino el hecho más solemne, que la preparación para una vida con Dios exige que nosotros y nuestros hijos recibamos una educación muy diferente a la que se ha ofrecido en el pasado. Si deseamos la más alta cultura, si anhelamos el desarrollo del alma, nuestra educación debe ser de naturaleza espiritual; debemos dejar las aguas bajas y turbias del valle por las aguas nevadas del Líbano. Esto es la educación cristiana.

Los protestantes de hoy en día ven a sus hijos escabullirse del redil. Se utilizan todos los incentivos en forma de entretenimientos, formas, ceremonias y oratoria para atraer a los jóvenes a la iglesia, pero aún el mundo los seduce. Los ministros están empezando a buscar la razón, y la atribuyen al carácter de la educación que se imparte ahora en nuestras escuelas; al decir esto, dan en la raíz del problema. El protestantismo está muriendo; la forma de piedad que niega la eficacia de la misma, está extendiendo su oscuro manto sobre la tierra. Es en vano que señalemos los edificios majestuosos o los clérigos célebres; si no podemos reconocer la dificultad, eso no hace sino probar que nosotros mismos estamos bajo la nube, y la recuperación es casi imposible.

Hablamos de la difusión del cristianismo; damos nuestros recursos para la conversión de los paganos, mientras nuestros hijos perecen dentro de nuestros propios hogares. El espíritu y el poder de Elías, que iba a acompañar la predicación del reino de Cristo, era "para hacer volver los corazones de los padres a los hijos". Grita el profeta Joel, "Reunid al pueblo, santificad la reunión, juntad a los ancianos, congregad a los niños y a los que maman.... Entre la entrada y el altar lloren los sacerdotes ministros de Jehová, y digan: Perdona, oh Jehová, a tu pueblo, y no entregues al oprobio tu heredad, para que las naciones se enseñen de ella".

Ministros, padres, madres, busquen el bienestar de sus hijos, o la causa del protestantismo estará perdida en América. Asuman su primer, su importantísimo deber, y den a sus hijos una educación cristiana, y en lugar de una disminución en la membresía de la iglesia como se informa ahora, habrá un aumento; en lugar de formalismo, habrá vida. Este será el medio de traer a los paganos a su puerta, y al conocimiento del evangelio.

"Alza tus ojos alrededor, y mira: todos estos se han reunido, han venido a ti. Vivo yo, dice Jehová, que, de todos, como de vestidura de honra, serás vestida; y de ellos serás ceñida como novia. Porque tu tierra devastada, arruinada y desierta, ahora será estrecha por la multitud de los moradores.... Aun los hijos de tu orfandad dirán a tus oídos: Estrecho es para mí este lugar; apártate, para que yo more. Y dirás en tu corazón: ¿Quién me engendró éstos? Porque yo había sido privada de hijos y estaba sola, peregrina y desterrada... He aquí yo había sido dejada sola; ¿dónde estaban éstos? Así dijo Jehová el Señor: He aquí, yo tenderé mi mano a las naciones, y a los pueblos levantaré mi bandera; y traerán en brazos a tus hijos, y tus hijas serán traídas en hombros. Reyes serán tus ayos, y sus reinas tus nodrizas; con el rostro inclinado a tierra te adorarán, y lamerán el polvo de tus pies.... y tu pleito yo lo defenderé, y yo salvaré a tus hijos".[191]

¿Cómo salvará a los niños? "Y todos tus hijos serán enseñados por Jehová." ¿Cuándo vendrán los gentiles trayendo a sus hijos para suplir los lugares de los que ahora están perdidos? Cuando los protestantes puedan mostrar a los gentiles que tienen un sistema de educación que está libre de los errores que ahora prevalecen tanto; cuando puedan enseñar a los gentiles la verdad.

"Regocíjate, oh estéril, la que no daba a luz; levanta canción y da voces de júbilo, la que nunca estuvo de parto; porque más son los hijos de la desamparada que los de la casada, ha dicho Jehová. Ensancha el sitio de tu tienda, y las cortinas de tus habitaciones sean extendidas; no seas escasa; alarga tus cuerdas, y refuerza tus estacas. Porque te extenderás a la mano derecha y a la mano izquierda; y tu descendencia heredará naciones".[192]

¿Cuándo serán estas cosas? El mismo capítulo de Isaías responde. Cuando "todos tus hijos serán enseñados por Jehová". Cuando los protestantes eduquen según los principios del verdadero protestantismo, entonces se cumplirán las palabras del mismo profeta, registradas en el capítulo sesenta "Levántate, sé iluminado, porque tu luz viene.... Los gentiles vendrán a tu luz y los reyes al resplandor de tu nacimiento.... Tus hijos vendrán de lejos y tus hijas serán amamantadas a tu lado".[193]

Cristo vino, cumpliendo en todos los detalles las profecías citadas. "Como tú me enviaste al mundo, así yo los he enviado al mundo", son las palabras de Cristo a su iglesia. Como Cristo fue un maestro, así esa iglesia que hace la obra que la iglesia cristiana debe hacer, tendrá un sistema de educación, y sus miembros serán realmente educadores.

De Cristo como maestro está escrito: "Se elevó por encima de todos los demás a quienes millones de personas consideran hoy en día como sus más grandes maestros. Buda, Confucio, Mahoma, por no hablar de los sabios griegos y romanos, no son dignos de ser comparados con Cristo". Dice Paroz: "Jesucristo, al fundar una nueva religión, ha sentado las bases de una nueva educación en el seno de la humanidad."

"En la pequeñez y la humildad", escribe el Dr. Schaff, "en la forma de un siervo en cuanto a la carne, pero refulgente con la gloria divina, el Salvador salió de un rincón despreciado de la tierra; destruyó el poder del mal en nuestra naturaleza; realizó en su vida inmaculada, y en sus sufrimientos, la idea más elevada de la virtud y la piedad, levantó con sus manos traspasadas el mundo de su angustia; reconcilió a los hombres con Dios, y dio una nueva dirección a toda la corriente de la historia."

Es la educación que Él enseñó, que fue su vida misma incluso en los atrios del cielo, la que ahora se ruega a los protestantes que acepten. "Si oyereis hoy su voz, no endurezcáis vuestros corazones".

¿Dónde están los protestantes que son fieles a este nombre? ¿Dónde están las escuelas que enseñan las cosas de Dios? ¿Dónde están los maestros que abandonan los métodos seculares, como hicieron los reformadores, para convertirse en maestros para Cristo?

La tierra con sus habitantes es para el corazón de Dios la parte más preciosa de la creación. Como un hijo recreativo atrae más la simpatía de los padres, así el mundo, a causa de la sinceridad del pecado, ha puesto en contacto el cielo y la tierra. El universo ve emanar del trono rayos de luz y de amor señalando al único punto de toda la creación en el que abunda el pecado. Cuentan la historia de la cruz. La perfecta armonía que forma la "música de las esferas", que se estropeó cuando el hombre cayó, volverá a penetrar todo el espacio cuando el plan de salvación esté completo, y nuestra tierra se una de nuevo en el gran coro de los hijos de Dios.

Hace seis mil años que la creación gime esperando nuestra redención. La culminación del plan se aproxima, y para la lucha final todo asume ahora una intensidad nunca antes vista. Los principios de la verdad, durante siglos ocultos, o conocidos sólo en parte, volverán a brillar en su esplendor original. La sabiduría de los siglos se manifestará en la era final de la historia del mundo. Es cierto que esta sabiduría a menudo no parecerá más que una "tontería" a los ojos de los que se oponen a la verdad; pero las cosas espirituales se disciernen espiritualmente, y el Espíritu del Santo se extenderá una vez más por toda la tierra, estableciendo su morada en aquellos corazones que laten al unísono con los compases del cielo. La educación cristiana vincula la tierra con el cielo. Los sabios de corazón volverán al sistema de educación dado por Dios, eligiendo "fuente de agua viva" en lugar de labrar "para sí cisternas, cisternas rotas que no retienen agua".[194]

Autoridades a las que se hace referencia o son citadas en este libro

BUCKLEY, editor de Christian Advocate.
BOONE, "Education in the United States." BOK, editor de Ladies' Home Journal
D'AUBIGNÉ, "History of the Reformation."
DANA, "Geology."
DRAPER, "Intellectual Development of Europe."
DABNEY, presidente de la Universidad de Tennessee.
EMERSON, "Representative Men."
FISKE, "Beginnings of New England."
FENTON, "Epistles of Paul."
GIBBON, "Decline and Fall of the Roman Empire."
HINSDALE, "Jesus as a Teacher."
HARRIS, Comisionado de Educación de los EE.UU.
HARPER, presidente de la Universidad de Chicago.
HARTMAN, "Religion or No Religion in Education."
KAREL, Consul General de Rusia en los EE.UU.
LAURIE, "Rise and Constitution of Universities."
MOSHEIM, "Church History."
MESCHERSKI, del Departamento de Agricultura de Rusia.
NEANDER, "Church History."
PAINTER, "History of Education."
RANKE, "History of the Popes."
ROSENKRANZ, "Philosophy of Education."
STUMP, "Life of Melanchthon."
THOMPSON, "Footprints of the Jesuits."

Notas a pie de página

1. Job 28.
2. I Corintios 2:6, R. V., mar.
3. Salmos 33:9.
4. Ezequiel 28:12-14.
5. Ezequiel 28:14, 17.
6. Isaías 14:13, 14.
7. Salmos. 33:9.
8. Génesis 1:2, R. V.
9. Génesis 1:20, R. V., mar.
10. Génesis 21:26-8.
11. Génesis 2:17.
12. Apocalipsis 2:7.
13. 2 Pedro 3:5-7.
14. Lucas 17:26.
15. Hebreos 11:8-10; Romanos 4:20.
16. Génesis 15:23.
17. Gálatas 4:22, 25.
18. Deuteronomio 4:5, 6.
19. "History of Education," página 29.
20. "Jesus as a Teacher," páginas 28-30.
21. "Jesus as a Teacher," página 31.
22. "History of Education," página 28.
23. "Jesus as a Teacher," página 30.
24. "Jesus as a Teacher," página 31.
25. "History of Education," página 29.
26. "History of Education," página 27.
27. Deuteronomio 28.
28. Proverbios 31.
29. Ver 2 Crónicas 17:6-13.
30. Daniel 10.
31. Deuteronomio 4:20. 2
32. Mateo 2:15.
33. Romanos 1:18-20, traducción de Fenton.
34. Idem. versos 21-25.
35. I Corintios 1:18-26, traducción de Fenton.
36 "History of Education," páginas 32, 34.
37 "History of Education," página 65.
38. Emerson, "Representative Men."
39. 1 Corintios 2:1-5, traducción de Fenton.
40. Colosenses 2:8.
41. Hebreos 11:13.
42. Isaías 11:12.
43. "History of Education," página 121.
44. Hebreos 11:3.
45. 2 Reyes 17:15-17; Jeremías 19:4, 5.
46. Ver Juan 1:14, R. V., mar.
47. Proverbios 22:6.
48. Juan 3.
49. "Jesus as a Teacher," páginas 48, 49.
50. Juan 4.
51. "Jesus as a Teacher," página 72.
52. Apocalipsis 1:10.
53. History of Education," página 84.
54. Juan 16:29, 30.
55. Juan 17:15-17.
56. Apocalipsis 2:2, 3.
57. Apocalipsis 6:2
58. "History of Education," Apocalipsis 90.
59. Church History, cent. 1, part 2 chap. 3, sec. 7
60. 2 Timoteo 2:2.
61. Idem.
62. "Decline and Fall of the Roman Empire," chap. 23, par. 21.
63. "Church History," cent. 2, part 2, cap. 1, par. 6.
64. Apocalipsis 2:4, 5.
65. 1 Corintios. 2:3-5, 13, Fenton's translation.
66. "Church History," cent. 3, part 1, cap. 1, par. 5.
67. "Church History," Torrey's trans, vol. 1, páginas 71, 73.
68. "Church History," traducción de Maclain, cent. 1, part 2, cap. 3, par. 10.
69. Idem.
70. Ver traducción de Torrey, vol. 2, página 237.
71. "Church History," vol. 2, páginas 224, 225.
72. Idem, página 226.

73. Idem, página 238.
74. Idem, página 242.
75. Ver Enciclopedia de Chambers.
76. Citado por Neander, "Church History," vol. 2, páginas. 463, 464.
77. Apocalipsis 13:1.
78. "Church History," traducción de Maclain, cent. 3, cap. 3, par. 1.
79. Idem, traducción de Murdock, cent. 3, part 2, cap. 3, par. 5.
80. Mosheim, "Church History," traducción de Maclain, cent. 3, cap. 3, par. 2.
81. "Intellectual Development of Europe," vol. 1, páginas 432, 434.
82. "History of the Reformation," libro 1, cap. 1.
83. "Rise and Constitution of Universities," página 55.
84. Idem, página 56.
85. W.T. Harris, Comisionado de Educación de los EE.UU.
86. Idem.
87. "Intellectual Development of Europe," vol. 2, página 191.
88. "Church History," cent. 11, part 2, cap. 1, sec. 5.
89. "History of Education," página 100.
90. "Church History," cent. 11, part 2, cap. 1, sec. 5.
91. "Intellectual Development of Europe," vol. 2, página 159.
92. "Intellectual Development of Europe," vol. 2, página 121.
93. Idem.
94. Idem.
95. Idem, página 125.
96. Idem, páginas 125, 126.
97. "Church History," cent. 12, part 2, cap. 1, par. 4.
98. "History of Education," página 114
99. Idem.
100. Laurie, "Rise and Constitution of Universities," página 168.
101. Idem, páginas 219, 220.
102. Idem, página 169.
103. Idem, página 222
104. Idem, página 227.
105. Idem, página 220.
106. Rev. B. Hartman, "Religion or No Religion in Education," página 43.
107. "History of Education," páginas 115, 116.
108. (Ver "Students in Riot," en la Universidad de Chicago, Registro de Chicago, dic. 2, 1899.
109. "Rise and Constitution of Universities," página 288.
110. "History of Education," página 119.
111. Idem, página 121.
112. "History of Education," páginas 125-128.
113. "History of Education," página 138.
114. Idem, páginas 139, 140.
115. "History of Education," páginas 142, 143.
116. "History of the Reformation," book 10, chap. 9.
117. Ibid.
118. Ibid.
119. "History of Education," página 143.
120. Idem.
121. D'Aubigné, libro 10, cap. 9.
122. Citado en "History of Education," página 145.
123. "History of Education," página 149.
124. Idem, página 135.
125. "History of the Reformation," libro 4, cap. 3.
126. "History of the Reformation," libro 4, cap. 3.
127. "Life of Melanchthon," página 81.
128. "History of the Reformation," libro 3. cap. 9.
129. "History of the Popes," traducción de Kelley, libro 5, páginas 132-135.
130. Idem, página 134.
131. "History of Education," página 155.
132. Idem.
133. "History of Education," páginas 154, 155.
134. Idem.
135. Idem, página 156.

136. "History of Education," página 160.
137. Idem, página 162.
138. Idem, página 163.
139. "Philosophy of Education," página 267.
140. "History of Education," páginas 165, 166.
141. "Philosophy of Education," página 270.
142. Idem, páginas 271, 272.
143. "History of Education," páginas 171, 172.
144. Idem, páginas 172, 173.
145. "History of the Popes," libro 5, páginas 134, 137-139.
146. Idem, página 146.
147. "Footprints of the Jesuits," página 133.
148. "History of the Popes," libro 5, página 152.
149. Idem, página 252.
150. Fiske, "United States History," página 54.
151. "Papacy and Civil Powers," página 685.
152. Idem, página 98.
153. "Footprints of the Jesuits," página 419.
154. Idem, página 408.
155. Boone, "Education in the United States," página 8.
156. "Beginnings of New England," páginas 62, 63.
157. E. E. White, "Proceedings of National Educational Association," 1882.
158. Idem, página 66.
159. "Beginnings of New England," página 146.
160. "Education in the United States," página 30.
161. Idem, página 20.
162. "Education in the United States," páginas 23, 24, 29.
163. Idem, página 25.
164. "Education in the United States," páginas 76, 77.
165. "Education in the United States" página 104.
166. "Education in the United States," páginas 158, 159.
167. Ladies' Home Journal, January, 1900.
168. The Christian Advocate, February, 1900.
169. "Education in the United States," página 190.
170. Idem.
171. "Education in the United States," páginas 267, 268.
172. "History of Education," página 173.
173. Citado por Painters "History of Education," página 191.
174. "The Murder of the Modern Innocents," Ladies' Home Journal, febrero de 1900.
175. North American Review, abril de 1900,
176. "Encyclopedia Britannica," Art. Socrates.
177. Outlook, abril 21, 1900.
178. Literary Digest, mayo 26, 1900.
179. Informe para 1896-97, vol. l, Introducción
180. Informe del Comisionado de Educación, 1896-97, vol. I, página 369.
181. "History of Education," página 217.
182. Ver Cosmopolitan, febrero de 1900.
183. Arena, octubre de 1894.
184. Informe del Comisionado de Educación, 1897-98, vol. 2, páginas 1632, 1633.
185. "History of Education," página 1.
186. Idem, página 274.
187. Packard's "Brief Course," página 277, (publicado por Henry Holt & Co.) de Nueva York.
188. Marsh.
189. "Jesus as a Teacher," página 48.
190. I Corintios 1.
191. Isaías 49:18-25.
192. Isaías 54:1-3.
193. Isaías 60:1-4, mar.
194. Jeremías 2:13.

www.ingramcontent.com/pod-product-compliance
Lightning Source LLC
Chambersburg PA
CBHW060206070426
42447CB00035B/2722